जीवन एक ऐसा खेल है जिसमें जीतना जरूरी है

तो रोक कौन रहा है?

3 आसान स्टेप्स में जीवन को जीतो

दीप त्रिवेदी

बेस्टसेलर्स "मैं मन हूँ" और "मैं कृष्ण हूँ" के लेखक द्वारा लिखित

अनुक्रमणिका

दीप त्रिवेदी

दीप त्रिवेदी एक प्रसिद्ध लेखक, वक्ता और स्पीरिच्युअल सायको-डाइनैमिक्स के पायनियर हैं जो एक व्यापक दृष्टिकोण से ना सिर्फ लिखते हैं, बल्कि विभिन्न विषयों पर लेक्चर्स और वर्कशॉप्स भी कंडक्ट करते हैं। इनकी सबसे बड़ी विशेषता यह है कि इन्हें पढ़ने व सुनने-मात्र से मनुष्य में आमूल सकारात्मक परिवर्तन आ जाता है। वे अपने कार्यों द्वारा आजतक लाखों लोगों को सुख और सफलता के मार्ग पर लगा चुके हैं।

दीप त्रिवेदी ने अपने इन कार्यों द्वारा प्रकृति, उसके नियम, उसका आचरण, उसकी सायकोलॉजी और उसके मनुष्यजीवन पर पड़नेवाले प्रभाव को बड़ी ही गहराई से समझाया है। जीवन का ऐसा कोई पहलू नहीं है जिसे उन्होंने न छूआ हो। वे कहते हैं कि सायकोलॉजी के बाबत कम ज्ञान और कम समझ होना ही मनुष्यजीवन के तमाम दु:खों और असफलताओं का मूल कारण है।

वे बेस्टसेलर्स 'मैं मन हूँ' और 'मैं कृष्ण हूँ' समेत कई अन्य किताबें लिख चुके हैं। उनके द्वारा लिखी गई बेस्टसेलिंग किताब, 'मैं मन हूँ' कई राष्ट्रीय एवं अंतर्राष्ट्रीय भाषाओं में प्रकाशित हो चुकी हैं। समाज में उनके असीमित योगदान के लिए दीप त्रिवेदी को साल 2018 के Times Power Men Award से सम्मानित किया गया है।

मनुष्यजीवन की गहरे-से-गहरी सायकोलॉजी पर उनकी पकड़ का अंदाजा इसी बात से लगाया जा सकता है कि मनुष्यजीवन पर सर्वाधिक लेक्चर्स और 'भगवद्गीता' पर सर्वाधिक लेक्चर्स देने का रेकॉर्ड उन्हीं के नाम पर है जिसमें उन्होंने 58 दिनों में गीता पर 168 घंटे, 28 मिनट और 50 सेकंड तक एक लंबी चर्चा करी है। इसके अलावा अष्टावक्र गीता और ताओ-ते-चिंग पर भी सर्वाधिक लेक्चर्स देने का रेकॉर्ड उन्हीं के नाम पर दर्ज है। ये सारे रेकॉर्ड्स राष्ट्रीय एवं अंतर्राष्ट्रीय रेकॉर्ड बुक्स में दर्ज है। साथ ही मनुष्य के जीवन, सायकोलॉजी, आत्मा, प्रकृति के नियम, भाग्य तथा अन्य विषयों पर सर्वाधिक (लगभग 12038) कोटेशन लिखने का रेकॉर्ड भी उन्हीं के नाम दर्ज है। भगवद्गीता पर उन्हें उनके सायकोलॉजिकल कार्यों के लिए ऑनरेरी डॉक्टरेट की उपाधि भी प्रदान की गई है। उनके द्वारा लोगों के रोजमर्रा के जीवन की समस्याओं पर करी गई इंटरैक्टिव वर्कशॉप्स ने सभी के जीवन में क्रांतिकारी ट्रांसफॉर्मेशन लाया है। ये तमाम लेक्चर्स और वर्कशॉप्स भारत में लाइव ऑडियन्स के सामने दिये गए हैं।

दीप त्रिवेदी की खास बात यह है कि वे जीवन के गहरे-से-गहरे पहलुओं को छूते हैं और उन्हें सरलतम भाषा में लोगों के सामने प्रस्तुत करते हैं जिससे कन्फ्यूजन की कहीं कोई गुंजाइश ही नहीं बचती है। वे अपने किताब, लेक्चर्स और वर्कशॉप्स में जिस अनोखी स्पीरिच्युअल-सायकोलॉजिकल भाषा और एक्सप्रेशन का इस्तेमाल करते हैं उससे उन्हें पढ़ने तथा सुनने वालों में उसका तात्कालिक प्रभाव भी होने लगता है और यही बात उन्हें इस क्षेत्र का पायनियर बनाती है।

दीप त्रिवेदी के बारे में और अधिक जानने के लिए विजिट करें: www.deeptrivedi.com

दीप त्रिवेदी मशहूर वक्ता

दीप त्रिवेदी सायको-स्पीरिच्युअल कॉन्टेंट, आवाज, भाषा और एक्सप्रेशन का ऐसा मिश्रण प्रस्तुत करते हैं जिससे उन्हें देखने और सुनने वालों में तत्काल परिवर्तन आता है। लाखों लोग सिर्फ उन्हें सुनने-मात्र से परिवर्तित हो चुके हैं।

दीप त्रिवेदी जीवन से जुड़े हर विषय पर प्रकाश डालते हैं। उनके द्वारा लोगों के रोजमर्रा के जीवन की समस्याओं पर करी गई इंटरैक्टिव वर्कशॉप्स ने सभी के जीवन में क्रांतिकारी ट्रांसफॉर्मेशन लाया है। जीवन का ऐसा कोई पहलू नहीं है जिसे उन्होंने न छूआ हो। वे विभिन्न विषयों पर बोल चुके हैं जैसे भगवद्गीता, ताओ-ते-चिंग, अष्टावक्र गीता, कुदरत के रहस्य, मन के रहस्य, आत्मा के रहस्य, भाग्य के रहस्य, इत्यादि, और:

- **प्रकृति के नियम**
- **टाइम एण्ड स्पेस**
- **धर्म**
- **डीएनए-जीन्स**
- **जीवन की राह**
- **डे-स्लीप**
- **मन और बुद्धि**
- **व्यक्तित्व**
- **हीनता**
- **डर**
- **गिल्ट**
- **इन्वोल्वमेंट**
- **पक्षपात**
- **अपेक्षा**
- **स्वीकार्यशक्ति**
- **नेचरल इंटेलिजेंस**
- **पावर ऑफ ट्रान्स्फर्मेशन**
- **विवाह**
- **स्वतंत्रता**
- **भविष्य**
- **हिपोक्रेसी**
- **क्रिएटिविटी**
- **कोन्सन्ट्रेशन**
- **सुख और सफलता**
- **समृद्धि**
- **अच्छा-बुरा**
- **भगवान**
- **अहंकार**
- **क्रोध**
- **सेल्फ-कॉन्फिडेंस**
- **प्रेम**
- **कन्फ्यूजन**

अनुक्रमणिका

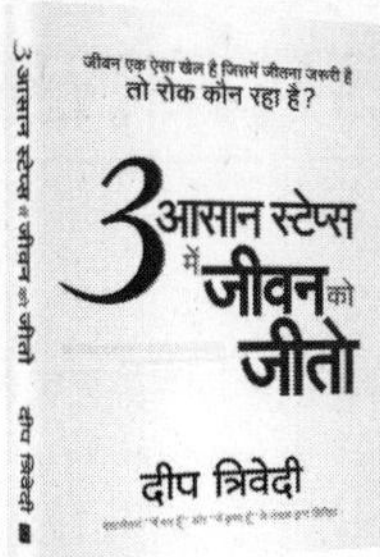

प्रथम संस्करण: 2022
मूल्य: ₹299/-

भारत में मुद्रित

संकल्पना, चित्रण व साज-सज्जा:

www.aatmaninnovations.com

प्रकाशक: आत्मन इनोवेशन्स् प्रा. लि.
प्रकाशन का स्थान: मुंबई

ISBN 978-93-84850-59-3

अपने डॉक्टर स्वयं बनने की ओर...

मनुष्य के लिए सबसे महत्त्वपूर्ण क्या है? निश्चित ही उसका जीवन। और इसलिए हरकोई पूरे-पूरी तवज्जो भी उसे ही देता है। जीवन बनाने हेतु पूरी जी-जान लगाता है। तो क्या इससे परिणाम में जीवन बन रहा है? बिल्कुल नहीं। जीवन बनाने हेतु पूरे-पूरी ताकत लगाने के बावजूद कोई इसे एक पहेली समझता है तो कोई इसे एक गहरी उलझन। जिसे देखो वह एक या दूसरी बात के लिए परेशान है। हरेक को एक या दूसरी चीज की खोज रहती ही है। और फिर इन सबका कारण पूछो तो कोई एक को दोष देता है तो कोई दूसरे को। लेकिन इससे भी मामला कहां सुलझ रहा है? इससे भी जीवन की परेशानियां दूर कहां हो रही है? सवाल यह कि क्या वास्तव में यही सब जीवन है? क्या हँसते-गाते शांति से एक सफल जीवन नहीं गुजारा जा सकता है? बिल्कुल गुजारा जा सकता है और इतिहास में कइयों ने ऐसा जीवन गुजारा ही है। और आज भी हजारों-लाखों लोग ऐसा हसीन जीवन गुजार ही रहे हैं। तो फिर ऐसे में प्रश्न यह उठता है कि क्यों अधिकांश लोग परेशानी से भरा जीवन गुजारने को मजबूर हैं? प्रश्न तो यह भी कि कैसे चन्द लोग बड़ी आसानी से मस्ती से भरा जीवन गुजार लेते हैं? आखिर एक और दूसरे के जीवन में इतना भेद क्यों है? तो इस बाबत यह स्पष्ट समझ लो कि भेद जीवन का

नहीं, जीवन के शिल्पकार का है। इसमें दोष जीवन का नहीं, जीवन को दिशा दिखाने वाले का है। और मनुष्य के जीवन को दिशा कौन दिखा रहा है? निश्चित ही यहां हर मनुष्य स्वयं अपने जीवन को दिशा दिखा रहा है। जीवन बनाने हेतु क्या करना व क्या नहीं करना के हजार निर्णय वह स्वयं ही ले रहा है। और लिये गए उन्हीं निर्णयों के आधार पर मनुष्य के जीवन का फैसला हो रहा है। अब यह एक ऐसा सीधा गणित है जो सबकी समझ में आ ही गया होगा। कुल-मिलाकर हरेक के जीवन में सफलता-असफलता का यह जो भेद दिखाई पड़ रहा है, वह उसके स्वयं के द्वारा लिये गए निर्णयों के कारण है।

खैर, अब जबकि जीवन का सारा दारोमदार शिल्पकार पर ही है, यानी मनुष्य के स्वयं पर है तो मनुष्य के बाबत भी थोड़ा विस्तार से समझ लिया जाए। क्योंकि मनुष्य स्वयं भी एक ऐसा खिलौना है जिसके लाखों स्वरूप हैं। और इसी कारण हर मनुष्य के कार्य करने की पद्धति भी भिन्न-भिन्न है। इसी कारण किसी के निर्णय करने का आधार एक है तो किसी का दूसरा। यही कारण है कि चारों ओर एक भ्रम की स्थिति हमेशा मौजूद रहती है। हरकोई हमेशा इस कन्फ्यूजन में रहता है कि वह सही कर रहा है या मैं? और यह परखने हेतु हरहमेशा हरेक की निगाह भी दूसरे मनुष्यों पर लगी ही रहती है। हरकोई यह समझना चाहता है कि कौन सही कर रहा है और कौन गलत? क्या सही है और क्या गलत, यह हरकोई जानना चाहता है। क्योंकि हरकोई सही कर्म करके जीवन बनाना चाहता है। फिर भी आजतक कोई दावे से नहीं कह सकता है... कि क्या सही है और क्या गलत? क्योंकि यहां हर मनुष्य की सोच और कार्यप्रणाली में इतना भेद है कि पूछो ही मत! और अंत में इन सबके कारण एक भ्रम की स्थिति पैदा हो जाती है। बस इसी कारण अपने किये बाबत हरकोई हमेशा कन्फ्यूज्ड रहता है। करता है तो भी पछताता है और नहीं करता है तो भी पछताता है। करूं या न करूं के दरम्यान हरकोई चौबीस घंटे झूलता रहता है। और उसपर मजा यह कि करे तो भी टोकने वाले मिल जाते हैं और न करे तो भी टोकने वाले मिल जाते हैं। ऐसे में मनुष्य करे तो क्या करे? जीवन बनाए कैसे? तो बस फिर हजारों राय देने वाले उपलब्ध हो जाते हैं। पचासों संप्रदाय, हजारों सलाहकार तथा लाखों पुस्तक हाथ फैलाये ऐसे कन्फ्यूज्ड लोगों का इन्तजार करते

रहते हैं। और फिर ऐसा ही कन्फ्यूज्ड मनुष्य इन सबसे राय-मशवरे हेतु चक्कर काटने लग जाता है। क्योंकि खुद कन्फ्यूज्ड है तो दूसरे की सलाह से ही सही, पर जीवन तो बनाना ही है। यानी जीवन के शुरुआती दौर में जो मनुष्य अपने निर्णय स्वयं ले रहा था, वह दूसरों के मशवरों पर निर्भर होना शुरू हो जाता है। लेकिन इससे फिर एक नयी ही उलझन खड़ी हो जाती है। क्योंकि एक संप्रदाय कुछ कहता है तो दूसरा कुछ। एक सलाहकार एक बात करता है तो दूसरा कुछ दूसरी। एक पुस्तक कुछ करने को कहती है तो दूसरी पुस्तक कुछ और करने को कहती है। और अंत में कन्फ्यूजन दूर करने निकला मनुष्य और भी ज्यादा कन्फ्यूज्ड हो जाता है। जीवन में पहले से भटका हुआ मनुष्य और भी भटक जाता है। और गौर से देखोगे तो अधिकांश मनुष्यों का यही हाल पाओगे।

अब ऐसे में सवाल यह कि किया क्या जाए? ...वही जो प्रकृति की रचना है। वही जो महान लोग करते आ रहे हैं। क्योंकि कन्फ्यूज्ड व्यक्ति के तो कहीं पहुंचने का सवाल ही नहीं उठता है। और यह भी तय है कि जो जितने ज्यादा लोगों से पूछेगा, वह उतना ही कन्फ्यूज्ड रहेगा। और इस बात के सबूत हेतु कहीं जाने की जरूरत नहीं है। अधिकांश लोग मार्गदर्शन हेतु धर्मों, शास्त्रों, सलाहकारों, विचारकों और मोटिवेशनल स्पीकरों पर निर्भर हैं ही। और वे ही जीवन को लेकर ज्यादा कन्फ्यूज्ड हैं। वे ही लोग जीवन में ज्यादा परेशान हैं। तो फिर किया क्या जाए? कहा तो सही कि वही, जो प्रकृति की रचना है। हां-हां लेकिन वह रचना क्या है? अरे भाई, उसी पे आता हूँ - परंतु वह एक वाक्य में समझाना उचित नहीं होगा। बात महत्त्वपूर्ण है, सो उसकी पूरी प्रस्तावना गढ़नी पड़ेगी। सो पहले यह बताओ कि जीवन के निर्णय लेने किसे चाहिए? निर्णय हेतु किसे अंतिम ऑथोरिटी माना जाना चाहिए? माता-पिता, बुजुर्ग, समझदार व्यक्ति, धर्म, शिक्षक, शास्त्र, विचारक, बुद्धिमान, मोटिवेशनल स्पीकर... किसे? जल्दी मत करना, सोच के बताना। चाहो तो यहां आधे घंटे का विराम ले लेना। आराम से सवाल पे मनन करना। क्योंकि इस एक सवाल के उत्तर पर ही जीवन का पूरा दारोमदार टिका हुआ है।

खैर, कोई दो का नाम लेगा तो कोई चार का। और शायद कोई सभी का। यूं भी आपमें से अधिकांशों ने अनेक बाबत इन सबकी बातें सुनी ही होगी। इन सबने

कभी-न-कभी आपके निर्णयों को प्रभावित किया ही होगा। ऐसे में सोचो इतना कि क्या इन सबसे मार्गदर्शन लेने पर जीवन बन गया? नहीं ही बना। क्यों? क्योंकि ये तो वो लोग हैं जो प्रकृति के विरुद्ध की बात करते हैं। और उसपर मजा यह कि ऐसे लोग मार्गदर्शन देने हेतु बड़े उतावले भी रहते हैं। इनमें से कई लोग तो बिन मांगे भी दिन-रात मार्गदर्शन देते रहते हैं। और फिर इन सबसे मार्गदर्शन लेने की कसक आपमें भी कम नहीं है। परिणामस्वरूप दोनों का कहीं-न-कहीं मिलन हो ही जाता है। और सबूत के तौर पर कहूं तो आज अधिकांश लोग इनमें से एक या दूसरे से प्रभावित हैं ही। अब यह तो अच्छा है जो जीवन के खेल में मनुष्य अकेला नहीं है। वह तो एक-से-एक धुरंधरों की फौज लिये जीवन बनाने में लगा हुआ है। यह वाकई बड़ी खुशी की बात है। परंतु ऐसे में सवाल यह कि तो फिर यहां किसी का जीवन बन क्यों नहीं रहा है? क्यों हरकोई यहां एक या दूसरी परेशानी में उलझा ही रहता है? बस इस सवाल का जवाब खोज लो तो सही दिशा पकड़ना आसान हो जाएगा। और न समझ पाये हों तो मैं सहायता करने हेतु खड़ा ही हुआ हूँ। तथा इस संबंध में सौ बातों की एक बात यह कि यह पूरा झमेला ही प्रकृति के नियमों के खिलाफ है। इतने ज्ञान और इतनी सलाहें, यह बात ही सायकोलॉजी के परमसिद्धांत के विपरीत है। और इन दोनों के खिलाफ जाकर कभी कुछ सकारात्मक किया ही कैसे जा सकता है? नहीं ही किया जा सकता है। फिर भी अधिकांश लोग प्रकृति व सायकोलॉजी के विरुद्ध के प्रयास कर ही रहे हैं। और इसी कारण सबके जीवन उलझे हुए हैं।

हां-हां, मैं जानता हूँ कि आप कहेंगे कि बात को इधर घुमा रहे हो और उधर उलझा रहे हो, पर मुद्दे पर नहीं आ रहे हो। सीधे-सीधे बताओ न कि सब लोग गलती कहां कर रहे हैं? अरे भाई, मुद्दे पर आता हूँ... लेकिन पहले प्रस्तावना तो ठीक से गढ़ लूं। पहले यह तो स्पष्टतापूर्वक समझा दूं कि मनुष्य अपना एक जीवन बनाने हेतु कितने बड़े-बड़े महारथियों का मार्गदर्शन ले रहा है। और यह मार्गदर्शन मनुष्य आज से नहीं, युगों से लेता आ रहा है। फिर भी जीवन युगों से एक पहेली बना ही हुआ है। उलझन है कि किसी के जीवन से जाने का नाम ही नहीं ले रही है? उसपर मजा यह कि फिर भी कोई इस बाबत सोचता-विचारता नहीं है। कोई मशवरे देने वालों के बाबत शंकित या भ्रमित नहीं होता है। किसी के मन में यह सवाल ही

नहीं उठता है कि एक जीवन बनाने हेतु क्या वाकई इतने रायचंदों की जरूरत है? बस इतनी नाकामियों के बाद भी हरकोई पूरी फौज के साथ जीवन बनाने में लगा ही रहता है। न खुद के मरने से सबक लेता है और न दूसरे के मरने से। हरकोई फिर-फिर महारथी मार्गदर्शकों के पास पहुंच जाता है। और इसी से मुझे ऐतराज है। महान लोग ऐसा नहीं करते हैं। आप कहेंगे कि ठीक है, पर अब तो बताओ कि महान लोग क्या करते हैं? अब तो बताओ कि हम लोग गलती कहां कर रहे हैं? हमने मान लिया कि हम सभी ज्ञानचंदों के भरोसे जीवन बनाने में लगे हैं। मान लिया कि उससे मनचाहा जीवन नहीं बन रहा है? पर अब करें क्या? जीवन बनेगा कैसे? महान लोग करते क्या हैं? मेहरबानीकर अब तो बताओ कि प्रकृति की रचना क्या है? जीवन बनाने का सायकोलॉजिकल सिद्धांत क्या है? हम सब गलती कहां कर रहे हैं?

अब ठीक है! शायद मैं झकझोरने में कामयाब हो गया हूँ। सो, अब मैं मुद्दे की बात पे आता हूँ। क्योंकि उससे पहले मैं यह ठसा देना चाहता था कि महारथी मार्गदर्शकों के भरोसे जीवन नहीं ही बन रहा है, उल्टा इससे भटकाव ही बढ़ रहे हैं। कन्फ्यूजन में बढ़ोत्तरी ही हो रही है। और वह होगी ही। क्योंकि प्रकृति की रचना में फोर्सफुल मार्गदर्शकों की व्यवस्था ही नहीं है। और ऊपर से बात-बात पर मार्गदर्शन लेना सायकोलॉजी के सिद्धांत के भी खिलाफ है। और यह समझाने हेतु ही मैं इतनी प्रस्तावनाएं गढ़ रहा था। हालांकि यह बात थोड़ी गहरी है। इसलिए इसे गहराई से ही समझना। ...तो इस संदर्भ में सबसे पहले यह बताओ कि निर्णय लेना किसको चाहिए? निश्चित ही जिसके पास ऑथोरिटी हो! इस बात को सामान्य उदाहरण से समझने हेतु यह बताओ कि राजदरबार में निर्णय लेता कौन है? निश्चित ही राजा। मंत्री, साथी, सलाहकार वहां भी होते हैं। पर वे सिर्फ अपनी राय देकर रुक जाते हैं। अंतिम निर्णय राजा स्वयं अपने विवेक से लेता है। अब यह बताओ कि आपके जीवन का राजा कौन है? निश्चित ही आप स्वयं। तो फिर यह सारे मार्गदर्शक क्या हुए? निश्चित ही दरबारी। अब जब दरबारी हैं तो मशविरा दें, और वह भी मांगने पर। लेकिन जीवन में सब उलट-पुलट हो गया है। सारे बाह्य-दरबारी आपके सर चढ़ गए हैं। आपने सबको इतना सर चढ़ा रखा है कि अब ये सब सीधे फैसला सुनाने लग गए हैं। धर्म अब आपको आदेश देता है कि आप हैं कौन तथा आपकी पहचान क्या

है? माता-पिता आपको आपकी जात व औकात बताते हैं। धर्मशास्त्र आपको कब मंदिर-मस्जिद-चर्च जाना तथा वहां जाकर क्या करना, उसके आदेश सुनाने में लगे हैं। और समाज आपको बताने में लगा है कि कब...कहां...कैसा व्यवहार करना। कहां कितना हँसना व कहां कितना नहीं हँसना। डायटीशियन आपकी खुराक तय कर रहे हैं और आपके पालक आपको क्या बनना, यह तय कर रहे हैं। सो थोड़ा सोचो कि जिस किसी राज्य के सारे दरबारी अपना-अपना आदेश सुना रहे हों तथा राजा चुपचाप बैठा हो तो उस राज्य का क्या होगा? आप कहेंगे, बंटाधार हो जाएगा। बिल्कुल सही। तो फिर समझते क्यों नहीं कि इसी चक्कर में आपका भी बंटाधार हो चुका है। मुझे यकीन है कि इस एक सामान्य उदाहरण से आप यह बात अच्छे से समझ गए होंगे।

चलो, अब इसी बात को प्रकृति की रचना के सहारे समझो। प्रकृति की रचना यह है कि निर्णय राजा को लेने चाहिए। अब बताओ यह कि आपके जीवन का राजा कौन है? कौन है आपके जीवन का मालिक? आपके जीवन की अंतिम सत्ता कौन है? जल्दी मत करना? जवाब आराम से सोच-समझकर देना। चाहो तो उपरोक्त सवालों को बार-बार पढ़ लेना। फिर उन्हें अपने जीवन के तराजू पर तौल लेना। एकांत में बैठकर अच्छे से इसपर गौर करना। खोजना कि कौन है आपके जीवन का मालिक? चलो मैं सहायता कर देता हूँ। एकांत में बैठकर एक-एक नाम अपने भीतर डालो और उसपर चिंतन करो। चिंतन करो कि क्या आपके माता-पिता आपके जीवन के मालिक हैं? जब इस प्रश्न का उत्तर मिल जाए तो दूसरा प्रश्न भीतर भेजो। क्या शिक्षक आपके जीवन के मालिक हैं? फिर तीसरा प्रश्न भीतर भेजो। क्या समाज आपके जीवन का मालिक है? क्या पत्नी आपके जीवन की मालिक है? क्या धर्मशास्त्र आपके मालिक हैं? क्या भगवान आपका मालिक है? अब देखना यह है कि इनमें से कितनों को आप मालिक समझते हो और कितनों को नहीं? और यहां मालिक का अर्थ भी अच्छे से समझ लो। मालिक यानी वे सभी जिनकी उपस्थिति, जिनके आदेश और जिनके विचार आपके निर्णयों को प्रभावित करते हैं। इसका अर्थ यह हुआ कि जितनों के निर्णय आपको प्रभावित करते हैं, उतने आपके मालिक हो गए। अब बताओ, आपके जीवन के कितने मालिक हैं? उत्तर सही-सही व ईमानदारी

से देना। क्योंकि इस सही आकलन पर ही आपके जीवन का सारा दारोमदार टिका हुआ है। और सही आकलन यही है कि इनमें से अधिकांश सबके मालिक हैं। बहुत कम होंगे जो कह सकें कि मेरे दो-चार ही मालिक हैं। और ऐसे तो ना के बराबर होंगे जो कह सके कि इनमें से कोई मेरा मालिक नहीं।

खैर, अब सवाल यह कि वास्तव में आपके जीवन का मालिक कौन है? तो प्रकृति की रचना में तो वही मालिक है, जिसे अंतिम निर्णय की सत्ता हो। और आपके जीवन की अंतिम सत्ता किसके हाथ में है? आराम से सोचकर बताओ। शायद आप कहेंगे कि भाग्य या भगवान। निश्चित ही जब अंतिम सत्ता पूछूंगा तो छोटी-मोटी चीजें तो आप हटा ही देंगे। अब सवाल यह कि क्या वाकई वे आपके मालिक हैं? क्या आपके जीवन के अंतिम निर्णय उनके ही हाथ में है? चलो, आप ज्यादा सोचो मत। मैं इस प्रश्न की उलझन को सुलझाने का प्रयास करता हूँ। तो यह बताओ कि आप भगवान किसे मानते हैं? आप कहेंगे कृष्ण, क्राइस्ट, बुद्ध वगैरह-वगैरह। ठीक है, ऐसे में इस प्रश्न का उत्तर इन्हीं के जीवन में झांककर खोज लेते हैं। यह तो सभी जानते हैं कि जीसस क्राइस्ट को जीते-जी सूली पर लटका दिया गया था। अब यह बताओ कि यह फैसला क्राइस्ट ने लिया था या सूली पर लटकाने वालों ने? निश्चित ही यह फैसला सूली पर लटकाने वालों ने लिया था। यानी क्राइस्ट जीवित थे, उनके सामने थे... फिर भी उन्होंने क्राइस्ट की नहीं सुनी थी। इसका अर्थ क्या हुआ? इसका अर्थ यह हुआ कि क्राइस्ट के मारने वालों को क्या करना उसकी अंतिम सत्ता उनके स्वयं के हाथ में थी, क्राइस्ट के हाथ में नहीं। यानी अपने मालिक वे स्वयं थे, क्राइस्ट नहीं। अब जब जीवित क्राइस्ट दूसरे के मालिक नहीं थे तो वे आज आपके मालिक कैसे हो सकते हैं? नहीं ही हैं। अतः सौ बातों की एक बात यही कि प्रकृति की परम रचना में यहां हर मनुष्य स्वयं अपना इकलौता मालिक है।

चलो, इसी बात को कृष्ण के जीवन के उदाहरण से समझते हैं। यह तो आप सभी जानते हैं कि कृष्ण चाहते थे कि अर्जुन महाभारत का युद्ध करे। युद्ध से पलायन न करे। और उस हेतु उन्होंने अर्जुन को समझाना प्रारंभ किया। पूरी गीता के दरम्यान कृष्ण ने अर्जुन से दसियों बार कहा कि चल, अब युद्ध के लिए तैयार हो जा। पर हुआ क्या? अर्जुन युद्ध करने के लिए तैयार नहीं हुआ तो नहीं ही हुआ। और

कृष्ण को सात सौ श्लोक तक गीता खींचनी पड़ी। पूरे अठारह अध्याय कहने पड़े। यानी कृष्ण साक्षात जीवित थे तब भी अर्जुन के जीवन बाबत अंतिम सत्ता अर्जुन के हाथ में थी, कृष्ण के हाथ में नहीं। अब सिर्फ सोचो इतना कि क्या आपके जीवन बाबत कृष्ण को आज कोई सत्ता है? बिल्कुल नहीं है। और ना ही कृष्ण को आप पे शासन करना है।

अब सवाल यह कि कृष्ण व क्राइस्ट जैसे महापुरुषों को भी जब दूसरे मनुष्यों बाबत रत्तीभर सत्ता नहीं है तो ऐसे में आपके जीवन के इतने मालिक हो कैसे गए? सवाल तो यह भी कि कृष्ण व क्राइस्ट जैसे महाज्ञानियों को सामान्य मनुष्यों के जीवन बाबत कोई सत्ता क्यों नहीं है? और यह दोनों ही सवाल बड़े महत्त्वपूर्ण हैं। सो पहले आप इनपर चिंतन करो, फिर मैं जवाब देता हूँ। हो सके तो इसके आगे पन्द्रह-बीस मिनट मत पढ़ो। पहले अपनी अंतःचेतना से इन दोनों सवालों के जवाब खोजने की कोशिश करो। इससे आपकी चिंतन शक्ति बढ़ेगी। और सवालों के सही उत्तर पा लोगे तो आपकी जागी चेतना भी सिद्ध हो जाएगी। खैर, अब मैं जवाब देता हूँ। पहला सवाल यह कि क्राइस्ट व कृष्ण जैसे महाज्ञानियों को भी दूसरे मनुष्यों के जीवन बाबत रत्तीभर सत्ता क्यों नहीं है? ...क्योंकि यही प्रकृति की रचना है। यहां हर मनुष्य अपना इकलौता मालिक है। उसके जीवन बाबत किसी को भी निर्णय लेने का कोई अधिकार नहीं है। और वास्तव में यही वो गरिमा है जो प्रकृति ने हर मनुष्य को प्रदान की है। और इसी कारण मनुष्य प्रकृति की अंतिम व सर्वश्रेष्ठ रचना है। दूसरा कोई भी यहां आपके शरीर के साथ तो जबरदस्ती कर सकता है, पर आपके मन के साथ कतई नहीं। दूसरा आपके शरीर को बंधक बना सकता है, पर आपके मन को नहीं। दूसरा आपके शरीर को हाथ जोड़कर नमस्कार करने को मजबूर कर सकता है, पर आपके मन को नमस्कार करने के लिए कोई मजबूर नहीं कर सकता है। और यही आपकी गरिमा है। और अपनी इस गरिमा को पहचानोगे तो ही आगे की यात्रा प्रारंभ हो पाएगी। उम्मीद है कि सबको स्पष्टतः समझ में आ गया होगा कि वह स्वयं ही अपने जीवन का इकलौता मालिक है।

खैर, चलो यह तो समझ लिया कि हम अपने इकलौते मालिक हैं। पर फिर सवाल यह कि आपके इतने मालिक हो कैसे गए? फिर जिसे देखो वह आप पे

शासन कैसे कर पा रहा है? अब पहले इस उत्तर का जवाब एकबार फिर आप स्वयं खोजने की कोशिश करो। क्योंकि इससे आपकी चिंतन-क्षमता विकसित होगी। और जीवन बनाने हेतु मनुष्य की चिंतन-क्षमता का विकास बहुत जरूरी है। चलो, इस बाबत आपको एक टिप दे देता हूँ। सायकोलॉजी की कोई भी बात समझनी हो तो एक-एक कदम कर पीछे लौटते चले जाओ। पीछे जाते-जाते आप मूल कारण पर पहुंच जाओगे। यही सायकोलॉजी का परम-सिद्धांत है। सो चलो, अब चिंतन शुरू करो। पहले स्वयं सवाल का जवाब खोजने की कोशिश करो! खैर, अब मैं बताए देता हूँ कि आपके जीवन से आपकी मालकियत जा कैसे रही है? तो वह आपकी चाहों के कारण जा रही है। और इसीलिए धर्म की पुराने-से-पुरानी सायकोलॉजी में 'इच्छा' को मनुष्य का सबसे बड़ा शत्रु कहा गया है। आप इच्छा करते हैं और दूसरा लोभ पकड़ा के आप पर शासन स्थापित कर लेता है। संप्रदाय, समाज, व्यापारी... सभी आपकी इस कमजोरी का फायदा उठा रहे हैं। और इसी कारण उन लोगों का आप पर शासन स्थापित हो गया है। वैसे ही इस बाबत आपका दूसरा शत्रु अहंकार है। उस चक्कर में आप विचार व मान्यताएं ओढ़ लेते हैं। फिर उनका आप पर शासन स्थापित हो जाता है। वैसे ही आपकी निर्भरता व अपेक्षाएं भी दूसरों को आप पर शासन स्थापित करने का मौका देती है। और इस सबके चक्कर में आपका जीवन एक मजबूरी से भरा जीवन हो जाता है। और फिर उस मजबूरी के चक्कर में आप पर अनेक दूसरे लोगों के शासन स्थापित हो जाते हैं। अब यह किताब कोई सायकोलॉजी पर तो है नहीं जो मैं इससे ज्यादा विस्तार से आपकी गुलामी की पूरी श्रृंखला समझाऊं! मैंने संक्षेप में इशारा कर दिया कि चाह, अहंकार व निर्भरता के चक्कर में आप पर दूसरों का शासन स्थापित हो जाता है। आगे आप समझदार हैं ही, और समझदारों को इशारा ही काफी होता है।

चलो, यह तो समझ गए कि किन चक्करों में दूसरों का हमारे जीवन पे शासन स्थापित हो रहा है। पर सवाल यह कि उससे फर्क क्या पड़ गया? वे हमसे ज्यादा समझदार व ज्ञानी हैं। यदि उनको शासन स्थापित करने देते हैं तो अच्छा ही है न। बस यही तो मैं सुनना चाहता था। दूसरे आपसे ज्यादा जानते हैं या आपसे बेहतर हैं, यह आपकी अपनी सोच नहीं है। यह सोच तो शासन करने वालों ने आपके दिमाग

में ठूंस दी है। यह मनुष्यों को गुलाम बनाकर लूटने का एक बहुत बड़ा मायाजाल है। ऐसे लोग ही आपको समझा देते हैं कि आप सज्जन नहीं हैं। तो फिर आप पूछते हैं कि हम क्या करें तो सज्जन हो जाएं? और आपके इस सवाल के साथ ही आप गुलाम बना लिये जाते हैं। फिर कोई कहता है कि आपमें आत्मविश्वास और ध्यान की कमी है और आप यह बात भी मान लेते हैं। वह भी बिना समझे कि यह आत्मविश्वास और ध्यान है क्या? इनकी सायकोलॉजी क्या है? और जैसे ही आप मान लेते हैं कि आप फिर गुलाम बना लिये जाते हैं। वैसे ही आपको समझाया जाता है कि आप धार्मिक नहीं हैं। और बिना जाने कि धर्म क्या है, आप मान लेते हैं कि आप धार्मिक नहीं हैं। और फिर क्या खाना से लेकर कहां जाना तक का सबकुछ आपको समझा दिया जाता है। और दुख की बात यह है कि अधिकांश लोग इस चक्रव्यूह में फंस जाते हैं। सो मैंने एक मजबूत इशारा कर दिया। बस आप सावधान हो जाओ। बाकी क्या करना, यह मैं आपको आगे समझा ही दूंगा। अभी तो हम किताब की प्रस्तावना ही गढ़ रहे हैं।

खैर, एक महत्त्वपूर्ण बात और समझ लें। प्रकृति की ऐसी रचना क्यों है कि यहां हर मनुष्य अपने जीवन का इकलौता मालिक है? तो यही तो जीवन का खेल है। हरकोई अपने जीवन का मालिक है और अपने किये का उसे ही भुगतना है। यानी करना भी अपने को है तथा भरना भी अपने को है। अपने अच्छे किये की मलाई भी हमको खानी है तथा बुरे किये की सजा भी अपने को पानी है। यहां न तो कोई किसी का पा सकता है और न ही कोई किसी का भुगत सकता है। यदि ऐसी कोई कनेक्टीविटी आप बिठाये चले जा रहे हैं तो यह आपका भ्रम है। और यह जो मैंने कहा, इसे अच्छे से अपने जहन में बिठा लो। मैं एक के बाद एक सारे महत्त्वपूर्ण इशारे कर रहा हूँ। और इस संदर्भ में आगे एक बात और समझ लो। यदि कुदरत की ओर से मनुष्य अपना इकलौता मालिक है तो अपना जीवन बनाने हेतु आवश्यक तमाम शक्तियां भी उसे प्रकृति से उपलब्ध हैं। यानी कुदरत की ओर से मनुष्य के साथ बिल्कुल नाइन्साफी नहीं हुई है। अपना जीवन बनाने हेतु तमाम प्रकार की शक्तियां मनुष्य लेकर ही पैदा होता है। अर्थात वास्तव में वह जीवन बनाने हेतु कुछ बहुत ज्यादा दूसरों पर निर्भर नहीं है। लेकिन इसमें एक पेंच भी है। और पेंच यह कि ये

शक्तियां एक्टिव तभी होती हैं जब मनुष्य स्वयं अपने जीवन का इकलौता मालिक हो। यदि उसके जीवन पर हजारों लोग शासन कर रहे हैं तो साथ लायी यह शक्ति ताउम्र सुप्त ही पड़ी रह जाती है। फिर ऐसे लोग ही महारथियों की शरण जाने को मजबूर होते हैं। फिर ऐसे लोग ही रायचंदों व ज्ञानचंदों के भरोसे रहने लगते हैं। लेकिन यह प्रकृति के सिद्धांत के खिलाफ है। तथा यही कारण है कि फिर ऐसे लोग जीवन में बहुत कुछ ज्यादा कर नहीं पाते हैं। एक तरफ दुख, चिंता, फ्रस्ट्रेशन व टेन्शन उनका भाग्य हो जाता है तो दूसरी तरफ बात-बात पे संघर्ष उनकी डेस्टिनी हो जाती है। अब मैंने तो अपनी ओर से प्रकृति का परम रहस्य समझा दिया। मैंने समझा दिया कि यहां आप ही अपने जीवन के इकलौते मालिक हैं। और मालिक बने रहोगे तो मन की तमाम शक्तियां व प्रज्ञा आपको स्वत: उपलब्ध होती रहेगी। फिर जीवन बनाने हेतु आपकी सारी निर्भरताएं भी समाप्त हो जाएगी। और ऐसा होगा तो ही जीवन में सुख, शांति, आनंद व सफलता की राह पर लग पाओगे। यह प्रकृति की ओर से मनुष्य के लिए स्थापित पहला सिद्धांत है। यहां हर प्रकार की निर्भरता मनुष्य की प्रगति में बाधा है। बस आप तो इस बात को समझकर जहन में बिठा लो। बाकी हमारी चर्चा तो जारी ही है। सो इस संदर्भ में आवश्यक अन्य सारी बातें हम समझ ही लेंगे।

अरे, आगे मत बढ़ो! जल्दी मत करो! पहले यह बताओ कि कैसे हम अपनी अंतिम सत्ता हैं? कैसे हम अपने इकलौते मालिक हैं? यह बात थोड़ा विस्तार से समझाओ। ठीक है, समझाता हूँ। पहले आप मेरे चंद सवालों के जवाब दो कि वह कौन है जो आपके बाबत सबकुछ जानता है? ...वही आपका मालिक हुआ तथा उससे ही आपको राय लेनी चाहिए। तो बताओ वह कौन है? ज्यादा यहां-वहां की सोचो मत, वह आप स्वयं हैं। यही प्रकृति की आपके लिए रचना है। यहां आपका आपके अलावा कोई मालिक नहीं, यही इस जगत की व्यवस्था है। यहां आपको आपसे बेहतर कोई नहीं जानता, यही कुदरत का आपके लिए कमाल है। सो आपको हरहाल में समझना जरूरी है कि आप ही आपके इकलौते मालिक हैं। क्योंकि उसके बगैर तो कोई बात बनने वाली ही नहीं है। चलो, यह समझाने हेतु मैं एक सामान्य उदाहरण देता हूँ। आपके सर में दर्द हुआ तो सबसे पहले किसे मालूम पड़ेगा? निश्चित ही आपको। अब जिन्हें आप ज्ञानी, महात्मा, डॉक्टर या वैज्ञानिक कहते हैं, क्या वे

आपके कहे बगैर बता सकते हैं कि आपके सर में दर्द है? नहीं, और कतई नहीं। इसका स्पष्ट अर्थ यह हुआ कि महात्मा हो या वैज्ञानिक, आपके बाबत आपसे ज्यादा ज्ञानी नहीं हो सकते। चलो आपके सर में दर्द हुआ तो आगे क्या करना यह कौन तय करता है? निश्चित ही आप तय करते हैं कि आपको दवाई लेना है, डॉक्टर के पास जाना है या ऐसे ही दर्द के अपनेआप ठीक होने का इन्तजार करना है। वैसे ही सरदर्द ठीक हुआ कि नहीं, यह भी आप ही बता सकते हैं। यानी आपके अलावा आपसे ऊपर कोई नहीं है।

खैर, आश्चर्य यह है कि इतना स्पष्ट होने के बावजूद हजारों चीजें आप पर शासन कर रही हैं। जानते हैं क्यों? क्योंकि जो विधि आप शरीर के संबंध में अपनाते हैं वह अपने मन या अपने जीवन के विषय में नहीं अपनाते हैं। यहां दूसरा आपको बता जाता है कि आप धार्मिक नहीं हैं। यहां दूसरा आपको आपकी जात व धर्म बाबत समझा जाता है। यहां दूसरा बताता है कि आप स्टाइलिश हैं या नहीं? यहां दूसरा बताता है कि आपमें आत्मविश्वास है या नहीं? यानी आप अधार्मिक, असामाजिक और अव्यावहारिक हैं... यह आपकी खोज नहीं है, यह दुनिया आपको आकर समझा गई है। यानी आपके सर में दर्द है, यह पहले आपको पता चलता है तथा आप धार्मिक नहीं हैं, यह दूसरे को पता चलता है। यह वाकई कमाल की बात है! और यह कमाल एक दो नहीं, करीब-करीब सभी ने किया है। और बस, फिर यहीं से सर्कस चालू हो जाता है। धार्मिक, सामाजिक व व्यावहारिक बनने हेतु आप हजारों की शरण चले जाते हैं। और फिर यह सिलसिला कभी थमता ही नहीं है। फिर आपका यह सर्कस जीवनपर्यंत चालू रहता है। यकीन न हो तो एकबार फिर अपने वर्तमान जीवन पर गौर फरमा लो। आप समझ जाएंगे कि आप अब दूसरों के सर्कस में खेल दिखाये चले जा रहे हैं।

खैर, सोचो यह कि क्या यह वाकई दुखद परिस्थिति नहीं है? है, और बिल्कुल है। यह वाकई अत्यंत गंभीर मामला है। क्योंकि इस चक्कर में आप प्रकृति की एक और रचना का अपमान कर रहे हैं। और वह यह कि यहां हर मनुष्य अद्वितीय है, इकलौता है और नवीन है। उस जैसा कोई कभी पैदा नहीं हुआ। अरे, जब दो चेहरे नहीं मिलते तो दो मन या जीवन के मिलने का सवाल ही कहां पैदा होता है? फिर

भी मशवरे लेने के चक्कर में सब एक-दूसरे की कॉपी करने लग गए हैं। परिणामस्वरूप फिर एक ही जगह व एक ही कारण से हजारों की भीड़ इकट्ठी हो जाती है। यानी मनुष्य, जिसे इंडिविज्युअल होना था, वह भीड़ का हिस्सा हो गया। मनुष्य जिसे अपने जैसा होना था, वह अनेकों जैसा हो गया। अब ऐसा व्यक्ति जिसका अपना कोई व्यक्तित्व ही नहीं, वह क्या बन पाएगा और कहां पहुंच पाएगा? और खुद ही देख लो, ना तो कोई कुछ बन पा रहा है और ना कोई कहीं पहुंच पा रहा है। सो मेहरबानीकर यह बात जहन में बिठा ही लो कि आपका आपके अलवा कोई मालिक नहीं। और आपको अपने जैसा ही बनना है। इन दो बातों को समझ जाओगे, तभी आगे कोई बात बनेगी।

खैर, आप कहेंगे कि चलो मान लिया कि हम अपने इकलौते मालिक हैं। मान लिया कि हम जैसा कोई कभी नहीं हुआ। यह भी मान लिया कि हमें अपने जैसा ही बनना है। चलो, वह सब कर भी लिया तो फायदा क्या? तो फायदा यह कि यह सब करोगे तो ही मन की शक्तियां सक्रिय होंगी। यह सब करोगे तो ही प्रकृति की परमसत्ता से कनेक्ट हो पाओगे, और तभी जीवन कोई सकारात्मक करवट लेगा। वरना कड़ी मेहनत के बावजूद दुख व असफलता के भंवरों में हिचकोले खाते रह जाओगे। समझते क्यों नहीं कि हम प्रकृति की वह अनोखी संतान हैं जिसके लिए प्रकृति की अपनी एक रचना है। और उस रचना का सम्मान करने से ही जीवन हसीन हो सकता है। कोई ऊपरी बातों या बेतुके उपायों से जीवन थोड़े ही बनाया जा सकता है?

चलो, जो हो गया सो हो गया, अब आगे क्या? तो आगे यही कि जीवन हसीन व शानदार बनाने हेतु हमें फिर से अपना सबकुछ ठीक करना होगा। और वह अलग से कुछ करने से नहीं होगा। यह बात बड़ी महत्त्वपूर्ण है। दरअसल प्रकृति की ओर से हर मनुष्य के पास उसका अपना सिर्फ उसका 'जीवन' है। अतः मनुष्य के साथ जो कुछ भी होना होगा, वह नॅचरल जीवन जीते-जीते हो ही जाएगा। उस हेतु उसे अलग से कोई उपद्रव मचाने की जरूरत नहीं है। अलग से उपद्रव मचाने जाएंगे तो जीवन की पेस व जीवन का ट्रैक, दोनों बदल जाएंगे। यदि समझ में न आया हो तो ऊपर कहा वाक्य बार-बार पढ़ लेना। क्योंकि यही मनुष्य के लिए टाइम और स्पेस

का परम-सिद्धांत है। हालांकि हम अभी कोई टाइम और स्पेस जैसे गहरे विषयों पर चर्चा नहीं कर रहे हैं। अभी मेरा मकसद सिर्फ आपके जीवन को और हसीन बनाना ही है। और उस हेतु इतना समझो कि जीवन में भटकाव आया है तो वह अपना ट्रैक छोड़ने के कारण आया है। अगर अपने जीवन के साथ बहते रहते तो यह भटकाव कभी नहीं आता। चलो, इसी बात को एक उदाहरण से समझाता हूँ। अब एक या दूसरे संप्रदाय में अधिकांश लोग मानते ही हैं। अपनी आस्था हेतु वे नियमित मंदिर-मस्जिद व चर्च भी जाते ही हैं। उस हेतु शास्त्र भी पढ़ते हैं व मंत्र भी। सोचते हैं कि इससे मन और जीवन हसीन हो जाएगा। लेकिन बताओ यह कि इससे कितनों के दुख-दर्द दूर हो गए? कितनों की जलन मिट गई? कितनों ने दूसरों का बुरा करना बंद कर दिया? अरे, रोज न जाने कितने पंडित, मौलवी, पादरी स्वयं अपराधों में लिप्त पाये जाते हैं। क्यों? क्योंकि अलग से कुछ करना, यह टाइम और स्पेस के सिद्धांत में ही नहीं है। इससे तो उलटा मन में विकृति ही पैदा होगी। अत: स्पष्ट समझ लो कि धर्म सिर्फ आपका 'जीवन' है। धर्म निभा सकते हैं तो अपने जीवन के साथ बहते-बहते ही निभा सकते हैं। अब यह थोड़े ही है कि हरेक के जीवन की राह में फिलोसॉफी या स्पीरिच्युअलिटी आए ही आए। हर व्यक्ति का अपना जीवन है तथा उसकी अपनी राह है। सो, मेहरबानीकर राह से भटक के कुछ करने की आदत तो छोड़ ही दो। यह मैं इसलिए कह रहा हूँ क्योंकि आप धर्म ही नहीं, पचासों कार्य राह से भटक के करने के आदी हैं। और इसी चक्कर में सब आप पर शासन जमा लेते हैं। सो उम्मीद है कि मेरा इशारा आप समझ गए होंगे। अत: आप मतलब सिर्फ अपने बहते जीवन से रखो। बहते जीवन की राह में जो आ जाए वह ठीक, तथा जो न आए वह भी ठीक।

खैर, जब इतनी बात चली है तो एक बात और कह दूं। दरअसल तो किसको क्या करना, यह कहने का अधिकार ही यहां किसी को नहीं है। फिर वह कितना ही बड़ा ज्ञानी क्यों न हो? यह तो हमेशा मनुष्य का स्वयं का फैसला ही होना चाहिए। और किसी महान व्यक्ति ने कभी ऐसी कोई कोशिश भी नहीं की है। बुद्ध, कृष्ण, क्राइस्ट, लाओत्से, कबीर सरीखे अनेकों ज्ञानी हुए हैं और उन सभी को ईश्वर का दर्जा प्राप्त है। लेकिन क्या इनमें से किसी ने आपको मंदिर-मस्जिद-चर्च जाने

के लिए उकसाया है? सवाल ही नहीं उठता! यह सारी कोशिश तो अहंकारियों ने उटपटांग शास्त्र लिख-लिख के करी है। और ऐसे ही अहंकारियों ने फिर ऊल-जुलूल सामाजिक ढांचे बनाये हैं। आप समझते क्यों नहीं कि आपको कब व कितना खाना इसकी खबर सिर्फ आपके पेट से आ सकती है। और वह भी सिर्फ आपको। इस बाबत न तो दूसरे को पता चल सकता है और न इस बाबत दूसरे को कुछ कहने का अधिकार है। और ऐसा ही सभी मामलों में है। सो महान, बुद्धिमान या समझदार लोग बहुत हुआ तो गाइड कर सकते हैं। फोर्स नहीं ही कर सकते हैं। और आपको भी बहुत हुआ तो गाइडंस ही लेना चाहिए। दबाव में कभी नहीं आना चाहिए। और अंतिम निर्णय तो हरहाल में आपका ही होना चाहिए। और यही आपके लिए श्रेष्ठ है। कुल-मिलाकर गाइडेंस लो, समझने की कोशिश करो, मशवरा लो... पर अंतिम निर्णय अपना ही रखो। क्योंकि आपके बाबत आपसे ज्यादा ज्ञानी दूसरा कोई नहीं। और प्रकृति की इस रचना का सम्मान करो ही करो। और जो दबाव बनाए, अपनी बात फोर्सफुली कहे, उनसे दूर ही रहो। अब मैंने तो अपनी ओर से एक छोटा-सा इशारा कर दिया।

खैर, अब सीधे हम इसपर आते हैं कि आगे क्या करें? तो यदि आप अपना जीवन हसीन व शानदार बनाना चाहते हैं तो आज, अभी और यहीं से जीवन के साथ बहते चले जाएं। अलग से कोई हाथ-आजमाईश करें ही मत। मैं आपको अपना रूटीन जीवन जीते-जीते ही करने हेतु कुछ प्रैक्टिकल एप्लीकेशन्स दूंगा। बस आप उनपर अमल करते चले जाएं। इससे सबकुछ अपनेआप सेट हो जाएगा। इससे एकबार फिर आप पर आपका अच्छाखासा शासन स्थापित हो जाएगा। और इतना ही नहीं, आपके भीतरी मन भी सक्रिय होने शुरू हो जाएंगे। फिर आपके आनंद, मस्ती व ध्यान तेजी से बढ़ेंगे। कार्य बेहतर होंगे और जल्द ही आपका जीवन बड़ी सकारात्मक करवट लेगा। और यह सबकुछ अपनेआप हो जाएगा। आप तो बस हर प्रैक्टिकल एप्लीकेशन को ध्यान से समझना, उसे भीतर तक ग्रहण करना और उसपर ज्यादा-से-ज्यादा अमल करने की चेष्टा करना। यह जगत ऑटोमैटिक है, ऑटोमैटिक था व ऑटोमैटिक ही रहेगा। वैसे ही इन सब प्रैक्टिकल एप्लीकेशन्स का सकारात्मक असर भी आपके जीवन पर ऑटोमैटिक आता रहेगा। क्योंकि यह

कोई हवाई या बेतुकी एप्लीकेशन्स नहीं है। ये सारे प्रैक्टिकल एप्लीकेशन्स प्रकृति की रचना व सायकोलॉजी के सिद्धांत के तहत दी जा रही हैं। अत: इनका हरेक के जीवन पर बड़ा गहरा सकारात्मक असर होगा। बस आप तो एक के बाद एक दी जा रही प्रैक्टिकल एप्लीकेशन पर अमल करते चले जाएं, बाकी का आप अपनेआप समझ जाएंगे।

चलो, एक अंतिम बात और बताता हूँ। गौतम बुद्ध का नाम तो आपने सुना ही होगा। उन्हीं के जीवन का एक किस्सा आपको उन्हीं की भाषा में सुनाता हूँ। इस किस्से का शीर्षक है ''मेरे अंतिम शब्द-बुद्ध''।

मेरे अंतिम शब्द – बुद्ध

आप मानो-न-मानो, मैं बुद्ध बोल रहा हूँ। मुझे अच्छी तरह याद है, मेरी तबीयत बुरी तरह बिगड़ गई थी, मुझे समझ आ ही गया था कि वो मेरी अंतिम सांसें चल रही हैं। उस समय पच्चीस वर्षों से मेरे साथ रह रहा मेरा शिष्य आनंद भी मेरे साथ था। निश्चित ही मेरी यह हालत देख वह बहुत दुखी हो गया था। इधर उसका यह हाल देख मैं आश्चर्यचकित था कि यदि उसे सिर्फ मेरी संभावित मृत्यु से इस कदर दुख पकड़ रहा है तो फिर उसने जीवनभर मुझसे सीखा क्या? मेरे साथ पच्चीस वर्ष रहने वाले शिष्य तक का यदि दुख से छुटकारा नहीं हुआ है, तो फिर बाकियों ने मुझसे क्या ग्रहण किया होगा?

और मजा यह कि अभी मैं इस आश्चर्य से बाहर आया भी नहीं था कि आनंद ने मुझे दूसरे आश्चर्य में डाल दिया। उसने मुझसे पूछा, मुझे वह सत्य दीजिए कि मेरा हमेशा के लिए उद्धार हो जाए। अब मैंने क्या जीवनभर असत्य कहा था जो अंतिम वक्त कोई महान सत्य अपने प्रिय शिष्य को देकर जाता? और फिर मैं किसी को सत्य देने वाला कौन? मैं तो सिर्फ राह दिखा सकता हूँ, बाकी तो सही मार्ग पर चलकर 'सत्य' मनुष्य को स्वयं पाना होता है। किसी मनुष्य के पास किसी को कुछ देने की या किसी से कुछ छीनने की क्षमता ही कहां होती है? सो, मैंने उससे कहा- भाई आनंद ''अप्प दीपो भव'' यानी ''अपने दीप स्वयं बनो।''

अब जब मैं साक्षात था तब भी मेरे अंतिम शब्द यही थे, और आज पच्चीस सौ वर्ष बाद भी मैं आपसे यही कह रहा हूँ कि ''अप्प दीपो भव'' यानी अपने दीये स्वयं बनो। और सच कहूं तो यह मेरे मुख से निकले तमाम शब्दों और व्यवहारों का सार है। मैं दावे से कहता हूँ कि यदि आप इसे गांठ बांध लेंगे तो आपका तत्क्षण उद्धार हो जाएगा। मुझे राह दिखानी थी, सो दिखाकर चला गया। अब उस राह पर चलकर अपना सत्य आपको पाना है। इसमें मैं कुछ और नहीं कर सकता। सोचो यह कि जब मैं साक्षात था तब कुछ नहीं कर सकता था, तो अब मेरी मूर्तियां या मेरे जैसे वस्त्र पहनना क्या कर लेगा? सो, इन सब नौटंकियों से छूटो और स्वयं को भ्रम में डालने से बचो। सीधे-सीधे मेरे बताये मार्ग पर चलकर अपने जीवन का सत्य खोजने में लग जाओ। विश्वास जानो कि अपने द्वारा अपना उद्धार करने के अलावा आपके पास अन्य कोई मार्ग नहीं। आपको अपना 'दीप' स्वयं बनकर अपने को रोशन करना ही पड़ेगा।

खैर, आपने बुद्ध की बात सुन ली। अब आप समझ ही गए होंगे कि अपने दीप स्वयं बनना ही जीवन का अंतिम ज्ञान है। यह नहीं है तो सब ज्ञान व्यर्थ है। तभी तो कहता हूँ कि आपके वे सारे प्रयोग जिनमें रोशनी की उम्मीद किसी और से हो, सिवाय बेतुकी बात के और कुछ नहीं है। और दिक्कत यह है कि आप ऐसे हजारों प्रयोगों में व्यस्त हैं जहां दर्द कोई और बता रहा है व उम्मीद कोई और जगा रहा है। जबकि प्रकृति की रचना में मरीज भी आप हैं व डॉक्टर भी आप ही हैं। तभी तो बुद्ध कह रहे हैं कि अपने दीप स्वयं बनो। और आगे मैं आपको जितने भी प्रैक्टिकल एप्लीकेशन्स देने जा रहा हूँ, उन सबमें आपको स्वयं ही अपना डॉक्टर बनना है। इसमें आपसे ज्यादा समझदार, ज्ञानी या ताकतवर अन्य कोई नहीं है। इन सारी प्रैक्टिकल एप्लीकेशन्स में बीमार भी आप हैं, बीमारी का पता भी आप ही को चल रहा है और उसका इलाज भी आप ही को करना है। यही आपके लिए जगत की त्रिगुणी माया है। और यही जीवन बनाने का एकमात्र सही व प्रभावशाली तरीका है। तभी तो कह रहा हूँ कि ये सारे प्रैक्टिकल एप्लीकेशन्स प्रकृति की रचना व सायकोलॉजी के सिद्धांत के तहत दी जा रही हैं। इसीलिए कह रहा हूँ कि आप बस इनपर अमल करते जाइए, इनके एक-से-एक सकारात्मक परिणाम आपको स्वत: मिलते चले जाएंगे। हां, एक

बात और...। ये सारे प्रैक्टिकल एप्लीकेशन्स तीन स्टेप में दिये जा रहे हैं। स्टेप-1 को आप अपनी स्कूली शिक्षा कह सकते हैं। वह पास कर लेंगे तो आप स्टेप-2 में प्रविष्ट कर जाएंगे। जिसे आप अपना ग्रेजुएशन कह सकते हैं। और यह स्टेप भी पास कर लिया तो फिर आप मन व जीवन के डॉक्टर हो जाएंगे। फिर प्रकृति स्वयं आपको डॉक्टरेट की उपाधि से सम्मानित करेगी। और एकबार प्रकृति का सहयोग मिल गया तो फिर 'महान' बनने से कौन रोक सकता है? यह तो आप ही बेकार की बातों में आ के अपने को महान बनने से रोके हुए हैं, वरना अपने डॉक्टर स्वयं बन जाओ, अपनी परफेक्ट सर्जरी कर लो... और अपने शानदार जीवन की नींव रख दो, रोकने वाला कौन है? महत्त्वपूर्ण सिर्फ अपना डॉक्टर स्वयं बनना है। बाहर की दुनिया एक पागलखाना था और रहेगा। अत: अपना इलाज स्वयं करना होगा। और मेरे द्वारा तीनों स्टेप में दी जा रही सारी प्रैक्टिकल एप्लीकेशन्स आपको अपना डॉक्टर स्वयं बनाने हेतु ही हैं। सो बस अब मैं सीधे स्टेप-1 के प्रैक्टिकल एप्लीकेशन्स पर आता हूँ।

प्रैक्टिकल एप्लीकेशन्स स्टेप-१

जहां हो वहां अच्छे से सेट हो जाओ

अब यह बताओ कि यात्रा शुरू कहां से की जा सकती है? तो निश्चित ही जहां अभी आप हैं। यदि आप दिल्ली में है और न्यूयॉर्क जाना है तो यात्रा की शुरुआत कहां से होगी? निश्चित ही दिल्ली से...। पर जीवन में आप प्राय: ऐसा नहीं करते हैं। जीवन में अक्सर आप चाहों की ऐसी-ऐसी उड़ानें भरते हैं कि यात्रा आप जहां हैं वहां से नहीं बल्कि कहीं और से करने की प्लानिंग करने लग जाते हैं। और यह सोचा तो जा सकता है पर प्रैक्टिकली संभव नहीं है। अत: सबसे पहले फिजूल की लंबी-लंबी उड़ानें भरना बंद कर दो। आप दिल्ली में हैं तो यात्रा दिल्ली से ही शुरू करनी पड़ेगी। और इसे अपने जीवन के सबसे पहले सबक के तौर पर ले लें। वरना बड़ी-बड़ी बातें करते रह जाओगे और जिंदगी हाथ से फिसल जाएगी। और अंत में एक सामान्य जीवन जीने के भी लाले पड़ जाएंगे।

अत: जीवन का पहला सिद्धांत अच्छे से समझ ही लो। यात्रा वहीं से शुरू हो सकती है, जहां आप हैं। खैर, अब यह बताओ कि यात्रा अच्छे से कौन कर सकता है? निश्चित ही वही जिसके हाथ-पांव सलामत हैं। जिसका स्वास्थ्य अच्छा है व स्फूर्ति बरकरार है। बस यही जीवन में है। जीवन है तो चलने का नाम, जीवन

बनेगा तो यात्रा करने से ही, परंतु उस हेतु यात्रा करने की स्थिति में भी तो होना जरूरी है। अत: आगे बढ़ने के इरादे करने से पूर्व यह बेहतर है कि आप जहां हैं, वहां अच्छे से स्थापित हो जाएं। क्योंकि तभी आप हर यात्रा अच्छे से कर पाएंगे। वरना बेतुकी बातें व व्यर्थ की भागा-दौड़ियां करते रह जाएंगे और अंत में थक-हारकर बैठ जाएंगे। अत: हवा में उड़ने की कोशिश करो ही मत। जमीन पर जी रहे हो, सो जमीन पर ही बने रहो। यानी कुल-मिलाकर कहने का तात्पर्य इतना ही कि सबसे पहले आप जहां हैं, वहां अच्छे से स्थापित हो जाइए। और आप कहां हैं, यह जानने हेतु मैं आपकी सहायता कर देता हूँ:

सूची	उदाहरण
वर्तमान कार्य	पढ़ाई, नौकरी, व्यवसाय
आपकी पूंजी	घर, गाड़ी
आपकी आय	1 लाख रुपये
परिवार	माता-पिता, पत्नी व बच्चे
स्वास्थ्य	ठीक-ठीक
शौक	घूमना व खाना
मित्र	राकेश, सुचिता व आनंद

सूची	सेल्फ–एनालिसिस

वर्तमान कार्य

आपकी पूंजी

आपकी आय

परिवार

स्वास्थ्य
शौक

मित्र

....

....

....

....

....

....

....

....

....

....

....

....

....

....

....

चलो, अब आपने अपने वर्तमान जीवन बाबत इन सात मानकों की सूची तो बना ली। अब देखें यह कि आप अपने शौक, अपने मित्रों, अपने परिवार व अपनी वस्तुओं के पूरे-पूरे मजे ले रहे हो कि नहीं? उन सबके साथ पूरा-पूरा इन्साफ कर रहे हो या नहीं? और अगर नहीं कर रहे हो तो करने लग जाओ। किसका इन्तजार कर रहे हो? साथ ही जो भी आपकी आय है, उसमें खुशी-खुशी एकबार एडजस्ट हो जाओ। यानी जहां हो, वहां अच्छी तरह से दृढ़तापूर्वक स्थापित हो जाओ। मानसिक रूप से भी व शारीरिक रूप से भी। इस हेतु मैं आपको एक महीने का वक्त देता हूँ। चाहो तो अपनी सहायता हेतु अपनी वर्तमान परेशानियों की लिस्ट बना लो। मानो आय कम है, तो क्या? मर-मर के जिओगे या जो व जितनी आय है, उसमें एडजस्ट होकर मजे लेने शुरू करोगे? छोटी गाड़ी है तो क्या, चलती तो वो भी है। बीवी बहुत सवाल पूछती है, तो चुप करा दो या सवालों के जवाब देते रहो। पर सेट हो जाओ। एक महीने बाद मुझे परेशानी की लिस्ट ही नहीं चाहिए। कुल-मिलाकर जहां सुधार सकते

हो, सुधार लो और जहां नहीं सुधार सकते उसमें मेन्टली एडजस्ट हो जाओ। लेकिन हरहाल में अपने वर्तमान जीवन में पूरी तरह से सेट हो जाओ। इस कदर सेट हो जाओ कि अगर वैसा ही जीवनभर चलता रहे तो भी कह सको कि मजे की लाइफ है। और जब ऐसी मजे की लाइफ हो जाए तो समझ लेना कि अब आप आगे की यात्रा के लिए पूरी तरह से फिट हैं। अब आगे कुछ भी क्यों न आए, आप मुकाबले के लिए तैयार हैं। और यह मनोदशा होते ही आगे की यात्रा में आपकी विजय सुनिश्चित है। क्यों? क्योंकि अब आप सायकोलॉजिकली सेट हैं। आप जानते हैं कि सायकोलॉजी की खूबी क्या है? सायकोलॉजी है बटन, एक जगह दबाना व परिणाम दूसरी जगह लाना। कहीं पे निगाहें व कहीं पे निशाना का नाम सायकोलॉजी है। सामान्य भाषा में आप समझेंगे कि मैंने आपको अपने वर्तमान जीवन में सेट होने को कहा। जो, जितना व जैसा है, उसमें खुश रहने को कहा। जो है उसमें एडजस्ट होने को कहा। जो बहुत उतावला होगा उसे यह भी लग सकता है कि इस चक्कर में तो आगे बढ़ने से ही चूक जाएंगे। लेकिन ऐसा कुछ नहीं है। सायकोलॉजी एक जादू है, एक शक्ति है जो मनुष्य को कई गुना पावरफुल बना देती है। इसके बटन ऐसे होते हैं कि दबाओ कहीं और बम कहीं और फूटते हैं। लेकिन दुर्भाग्य से गहरी सायकोलॉजी का आज भी विश्व में अभाव है। चलो, मैंने जो कहा वह तो आपने पढ़ा। लेकिन मैं परिणाम क्या चाहता हूँ... यह समझ लोगे तो सबकुछ साफ हो जाएगा। और यदि आप वाकई सायकोलॉजी सीखना चाहते हैं तो इसके आगे एकाध घंटा पढ़ें ही मत। पहले एकान्त में बैठकर अपने को वर्तमान जीवन में सेट होने का अनुभव करें। यदि आपने वाकई ऐसा कर लिया तो वे सारे परिणाम आपके भीतर छलकेंगे, जो मैं चाहता हूँ। अत: सेट होने का अनुभव होते ही आप अब भीतर क्या महसूस कर रहे हैं, यह पहले लिख लें। और उसके बाद मेरी दी परिणामों की सूची पढ़ें। यदि दोनों एक समान हो जाए तो समझ लेना कि आपकी सायकोलॉजिकल शक्ति का विकास होना प्रारंभ हो गया है। और यह स्पष्ट समझ लो कि सायकोलॉजिकल ज्ञान व उसके पावर से बढ़कर मनुष्य के लिए दूसरी कोई असरकारक सत्ता इस विश्व में नहीं है।

खैर, अब अपने वर्तमान जीवन में पूरी तरह सेट हो जाने से आपके जीवन में आने वाले सायकोलॉजिकल परिवर्तन पर भी गौर कर लो। क्योंकि आपको ऐसा करने

का कहके मैं आपके मन को सेट करना चाहता हूँ। आपके मन में कुछ ऐसे परिवर्तन लाना चाहता हूँ कि जिनके बलपर आप मजबूती से विकास की यात्रा प्रारंभ कर सकें। अत: सेट होने पर आपके मन की स्थिति पर गौर फरमाएं:

1) चूंकि आपने हर जगह अपने को एडजस्ट करके सेट कर लिया है, इससे आपके दुख, टेन्शन व झगड़ों में तत्काल कमी आ जाएगी।
2) आप बेकार की बातों को एवॉइड व लेट-गो करना सीख जाएंगे।
3) आपकी ऊर्जा व प्रसन्नता बढ़ेगी।
4) बढ़ी हुई ऊर्जा व कम हुए टेन्शन के कारण आपसे कार्य बेहतर तरीके से होंगे। यानी ऑफिस में आपका परफॉर्मन्स सुधरेगा, और उससे निश्चित ही विकास के द्वार खुल जाएंगे।
5) वतर्मान में सेट होने के कारण आप बेकार की जगहों पर हाथ-आजमाना एवॉइड करेंगे। इससे बेमतलब के नुकसानों और टेन्शनों से आपका छुटकारा हो जाएगा।
6) एकबार वर्तमान में दृढ़तापूर्वक सेट हो जाओगे तो फिर जीवन में कभी पीछे हटने का मौका नहीं आएगा।
7) वर्तमान में सेट होते ही आप अपने दोस्तों व परिवार के साथ-साथ अपने शौकों के साथ भी इन्साफ कर पाएंगे।
8) और सबसे बड़ी बात यह कि वर्तमान में सेट होने पर आप हमेशा तरोताजा रहेंगे। किसी भी बड़े मार्च हेतु हमेशा तैयार रहेंगे। यानी मौका मिलते ही आप दिल खोलकर उसे भुना पाएंगे। और उससे रातोरात आपके बड़ी छलांग लगाने के अवसर बढ़ जाएंगे। वरना थके, हारे, दुखी व उदास रह जाओगे क्योंकि ऐसा थका-हारा व्यक्ति तो मौका मिलने पर भी कुछ नहीं कर पाता है। कभी पत्नी तो कभी बॉस के टेन्शन में ही उसका जीवन पूरा हो जाता है।

सो, कुल-मिलाकर मुझे यकीन है कि आप सायकोलॉजी के वार को समझ गए होंगे। सायकोलॉजी के कहीं पे निगाहें, कहीं पे निशाना वाले चरित्र को समझ गए होंगे। साथ ही अपने को वर्तमान जीवन में बिना भ्रम के दृढ़तापूर्वक सेट करने के महत्त्व को भी पूरे-पूरा समझ ही गए होंगे। न समझे हों तो एकबार फिर स्पष्टतापूर्वक

समझ लो कि वर्तमान जीवन में ज्यादा-से-ज्यादा सेट हुए बगैर विकास की कोई यात्रा संभव होने वाली नहीं है। और गलती से दो-चार कदम बढ़ा भी लिये तो उस हेतु अनगिनत कष्ट उठाने पड़ेंगे। उस हेतु अनेक चीजें खोनी पड़ेंगी। अत: एक महीने का वक्त देता हूँ। सेट हो ही जाओ। जो है उसमें एडजस्ट हो जाओ। आज के जीवन का मजा लो और कल के विकास के द्वार खोलो। क्योंकि यात्रा शुरू तो वहीं से होगी, जहां आप खड़े हो। और वह भी दृढ़तापूर्वक तथा तरोताजे मन से...।

चलो, आपको सेट होने का एक और आसान तरीका बताता हूँ। वैसे तो मैं यह बात कह ही चुका हूँ, पर उसे और आसान कर देता हूँ। आप निम्नलिखित चार्ट बनाएं:

1 परेशानी क्या है? ....

....

....

....

....

....

....

....

....

....

परेशानी दूर हो सकती है या अपने को एडजस्ट होना है?

☐ **परेशानी दूर हो सकती है** ☐ **अपने को एडजस्ट होना है**

दूर हो सकती है तो, दूर करने के बाद ✔ टिक मारो और
एडजस्ट होना हो तो, एडजस्ट होने के बाद **x** क्रॉस मारो

☐ **परेशानी दूर हूई** ☐ **अपने को एडजस्ट किया**

2 परेशानी क्या है ?

परेशानी दूर हो सकती है या अपने को एडजस्ट होना है?

☐ **परेशानी दूर हो सकती है** ☐ **अपने को एडजस्ट होना है**

दूर हो सकती है तो, दूर करने के बाद ✔ टिक मारो और
एडजस्ट होना हो तो, एडजस्ट होने के बाद **x** क्रॉस मारो

☐ **परेशानी दूर हूई** ☐ **अपने को एडजस्ट किया**

3 परेशानी क्या है?

परेशानी दूर हो सकती है या अपने को एडजस्ट होना है?

☐ **परेशानी दूर हो सकती है** ☐ **अपने को एडजस्ट होना है**

दूर हो सकती है तो, दूर करने के बाद ✔ टिक मारो और
एडजस्ट होना हो तो, एडजस्ट होने के बाद **x** क्रॉस मारो

☐ **परेशानी दूर हूई** ☐ **अपने को एडजस्ट किया**

4 परेशानी क्या है?

परेशानी दूर हो सकती है या अपने को एडजस्ट होना है?

☐ **परेशानी दूर हो सकती है** ☐ **अपने को एडजस्ट होना है**

दूर हो सकती है तो, दूर करने के बाद ✔ टिक मारो और
एडजस्ट होना हो तो, एडजस्ट होने के बाद **x** क्रॉस मारो

☐ **परेशानी दूर हूई** ☐ **अपने को एडजस्ट किया**

5 परेशानी क्या है?

परेशानी दूर हो सकती है या अपने को एडजस्ट होना है?

☐ **परेशानी दूर हो सकती है** ☐ **अपने को एडजस्ट होना है**

दूर हो सकती है तो, दूर करने के बाद ✔ टिक मारो और
एडजस्ट होना हो तो, एडजस्ट होने के बाद **x** क्रॉस मारो

☐ **परेशानी दूर हूई** ☐ **अपने को एडजस्ट किया**

आप चाहें तो इस चार्ट को इसी किताब में भर लें। समझो इतना कि आपकी जो परेशानियों की सूची है, वही आपको अपने वर्तमान जीवन में सेट होने हेतु एक बाधा है। सो बस एक-एक कर उस बाधा को दूर करो। दूर नहीं हो सकती हो तो उसके साथ एडजस्ट होकर जी लो। अपने मन को समझा दो कि यह परेशानी जीवन का हिस्सा है ही। मन को स्थिर कर हालपूरता उस परेशानी को झेल लो। देखो, शायद कल कुछ हो जाए। पर आज के पूरता तो हर परेशानी सॉल्व कर ही लो। जो-जो परेशानी सॉल्व होती जाए उसपर टिक लगाते चले जाओ। जिस परेशानी के साथ अपनेआप को एडजस्ट कर लो, उसके सामने क्रॉस लगाते चले जाओ। और जिस रोज सारी परेशानी खत्म हो जाए, समझ लेना कि अब आप अपने वर्तमान जीवन में सेट हो गए हैं। और सेट होने पर जो सकारात्मक सायकोलॉजिकल प्रभाव मैंने बताये हैं, उनपर गौर कर लेना। यदि वे प्रभाव आप महसूस कर पा रहे हैं तो समझ लेना कि आपके जीवन का जहाज अब एक बड़ी उड़ान हेतु तैयार है। और आज मजे की लाइफ है, वह अलग।

खैर, प्रकृति का एक नियम और भी समझ लो। यहां कुछ भी हवा में पैदा नहीं होता है। हरकोई यहां सोचता है कि सेट कल हो जाएंगे, पहले यह-यह कर लें व यह-यह पा लें। सभी इस चक्कर में हैं; इसलिए भी लोग सेट नहीं हो पा रहे हैं। क्योंकि प्रकृति का तो सीधा नियम है, जो आज सेट नहीं-वह कभी सेट नहीं। इसलिए यदि अपना जीवन हँसते-गाते गुजारना चाहते हो तो आपको उस हेतु अपने वर्तमान जीवन में सेट होना बहुत जरूरी है क्योंकि तभी आपके जीवन पर आपका अच्छा-खासा शासन स्थापित हो पाएगा। समझते क्यों नहीं कि आप अपसेट हैं ही इसलिए कि आपके जीवन पर आपका शासन नहीं बचा है। सो हर प्रकार से अपने वर्तमान जीवन में सेट हो जाना, आपके विकास की पहली सीढ़ी है। मुझे उम्मीद है कि इसकी महत्ता को समझते हुए एक महीने में आप अपने को सेट कर लेंगे। हँसते-गाते, ऊर्जा से भरे एक अद्‌भुत व्यक्तित्व में अपने को रूपांतरित कर लेंगे।

अपने को अच्छे से पहचान लो

अब दूसरा काम यह करो कि अपने को अच्छे से पहचान लो। आप किस प्रकार के मनुष्य हैं तथा क्या आपकी सायकोलॉजी है, इसे अच्छे से जान लो। यही

स्टेप-1 में सेट होने हेतु दूसरी एप्लीकेशन है। आपकी सुविधा हेतु मैं आपको चार्ट दे रहा हूँ। भरने की जल्दी मत करना। अपने को अच्छे से समझने के बाद भरना। लेकिन चाहे जो हो जाए, अपने को जानने का यह मौका खाली मत जाने देना:

बातें मन में रखने वाले हैं या एक्सप्रेसिव हैं?
यानी जो मन में है वह प्रकट कर देने वाले हैं या नहीं?

....
....
....
....
....
....
....
....
....
....
....

कम बोलते हैं या ज्यादा?

....
....
....
....
....
....
....
....
....
....
....

बोलने में प्रभावशाली हैं या सामान्य?

बिंदास हैं या शर्मीले?

एकान्त में रहना पसंद है या भीड़ में?

सोबर हैं या उपद्रवी?

व्यक्तित्व सामान्य है या प्रभावशाली?

अपने को होनहार समझते हैं या सामान्य?

मित्र बना पाते हैं या नहीं? ....

....

....

....

....

....

रिश्ते टिकते हैं या बात-बात पे बिगड़ जाते हैं? ....

....

....

....

....

....

आप उपरोक्त टेबल को भरने की जल्दी मत करना। शांति से भरना। भरने के बाद उसपर एकबार फिर गौर कर लेना। फिर यह मनन करना कि इनमें से किसी को आप अपनी कमजोरी तो नहीं मानते हैं? कहने का तात्पर्य यह कि मानो आप बोलने में कमजोर हैं यानी अपने को अच्छे से एक्सप्रेस नहीं कर पाते हैं, तो आप उसे अपनी कमजोरी तो नहीं मानते हैं? मानते हैं तो बड़ी गड़बड़ कर रहे हैं आप! दुनिया में हर प्रकार के मनुष्य होते हैं, और आप अपने प्रकार के मनुष्य हैं। सो, इसमें कमजोर होने की कोई बात है ही नहीं। बात सिर्फ अपने को पहचानने की है। क्योंकि जबतक अपने को नहीं जानोगे तबतक दुनिया से व्यवहार करोगे कैसे? बस इतनी-सी बात है कि गाड़ी चलाना हो तो गाड़ी का मैकेनिज्म मालूम होना चाहिए। ठीक वैसे ही आपको भी अपने जीवन की गाड़ी चलाने हेतु अपने को अच्छे से पहचान लेना चाहिए। मैं ऐसा हूँ, बात समाप्त। और जैसा भी हूँ, कमजोर नहीं ही हूँ। क्योंकि अपने में कोई कमजोरी मानेंगे तो उसे बदलने में लग जाएंगे। और वहीं से आपका शोषण

होना शुरू हो जाएगा। लोग-बाग आपको परिवर्तित करने के नाम पे आपकी छाती पर चढ़ बैठेंगे। आप पर शासन जमा लेंगे। और आप पर दूसरों का शासन जम जाए, यह असली कमजोरी है। अत: ऐसा होने मत दो। आप जैसे भी हैं, अपने को स्वीकार लें। आप परफेक्ट हैं, यह मान लें। न बदलने की कोशिश करें न सुधरने की। दुनिया मतलबी है। वह अपने फायदे के लिए आपकी कमजोरियां आपको गिनवाती रहेगी। बात-बात पे आप पर उंगली उठाती रहेगी। पर आप इन सबपर ध्यान ही मत दो। इन सबकी अवहेलना करो। बदलने की चेष्टा ही मत करो, वरना अपनेआप को शोषण के लिए खुला छोड़ देंगे आप...। और फिर समझते क्यों नहीं हैं कि हर प्रकार के मनुष्य होते ही हैं इस जहान में। तो क्या कम बोलने वाले महान नहीं हुए हैं? अनेक हुए हैं। क्या जो अपने को एक्सप्रेस नहीं कर पाते थे, वे महान नहीं हुए हैं? वे भी महान हुए ही हैं? यहां तो सामान्य व्यक्तित्व के मनुष्यों ने भी सफलता के शिखर छूए हैं तथा उपद्रवी लोगों ने भी इस संसार में झंडे गाड़े हैं। अत: आप चिंता करें ही मत। आप जैसे हैं, अपने को जान लें। जैसे भी हैं, अपने को परफेक्ट मान लें। और जब परफेक्ट हो तो बदलने की जरूरत नहीं। और बदलने की जरूरत नहीं तो शोषण नहीं।

खैर, बाकी रहा सवाल बदलाहट का, तो वह तो जीवन की राह पे चलते-चलते कब कितना अपनेआप बदल जाओगे, आपको पता भी नहीं चलेगा। आपने भी उपद्रवियों को शांत व शांत को उपद्रवी होते देखा ही होगा। और यह बदलाहट जीवन की राह चलते-चलते नॅचरली आती है। आपका मन आपके जीवन की जरुरियात को जानता है। उसे जब व जितना बदलना होगा, अनुभवों से स्वत: बदलता चला जाएगा। और वह स्वत: बदले तो ही अच्छा है। अत: आप जबरदस्तीपूर्वक अपने को बदलने के चक्कर में पड़ो ही मत। जीवन बनाने हेतु अपने को अच्छे से जान लेना पर्याप्त है। फिर क्यों बदलाहट लाने के चक्कर में अपने को दुनिया के सामने एक्सपोझ करना? सो उम्मीद है कि आप यह काम आसानी से कर लेंगे। आपके खुशहाल जीवन के लिए यह अति आवश्यक है।

और फिर मैं सायकोलॉजी के वार के बाबत समझा ही चुका हूं। बटन कहीं और दबाये जाते हैं व परिणाम कहीं और लाने होते हैं। कहीं पे निगाहें - कहीं पे निशाना, यही सायकोलॉजी की स्टाइल है। सो कह मैं अपने को पहचानने के लिए

रहा हूँ पर इसके परिणाम में मैं आपको एक कॉन्फिडेन्ट व्यक्तित्व में परिवर्तित कर रहा हूँ। जैसे ही आप अपने को पहचान के स्वीकार लेंगे, तथा बदलाहट की सारी चाहें छोड़ देंगे कि आप तत्काल शांति, सुकून व मस्ती से भर जाएंगे। जीवन के प्रति आपका विश्वास कई गुना बढ़ जाएगा। और यह कोई छोटी-मोटी उपलब्धि नहीं होगी। इससे आप में ऊर्जा बढ़ेगी। काम करने की तरंग बढ़ेगी। इतना ही नहीं, जीवन के प्रति बढ़ा हुआ विश्वास आपको सफलता की राह पे भी लगा देगा। और इतनी सारी उपलब्धियां आप इतनी आसानी से पा लेंगे कि आप स्वयं चकित हो जाएंगे। यह उपलब्धि आप अन्य किसी भी जगह कितनी भी मेहनत करेंगे, नहीं पा पाएंगे। कितना ही खर्चा करेंगे, सब व्यर्थ जाएगा। क्योंकि वहां डॉक्टर कोई और होगा। जबकि इलाज आपको अपना करना है। और इसीलिए मैं आपको आपका डॉक्टर बना रहा हूँ। क्योंकि यही प्रकृति की आपके लिए रचना है। इसी में आपकी भलाई है। और परिणाम भी इसी से संभव है। सो अपने डॉक्टर बनो और अपने को अच्छे से पहचान लो। पहचानने के बाद अपने को पूरी तरह से स्वीकार लो। अपने को स्वीकारने के कुछ समय में ही आप एक अद्भुत व्यक्तित्व के मालिक हो जाएंगे। और यह सब फटाफट व हाथोहाथ होगा। यूं भी फटाफट व हाथोहाथ हो तो ही काम का। क्योंकि जीवन है कितना? यहां सकारात्मक परिवर्तन के लिए इन्तजार किया ही कैसे जा सकता है? सो, उम्मीद है कि यह महान परिवर्तन आप अपने में तत्काल ले आएंगे।

अपने प्लस-माइनस पहचान लो

कायदे से आपको अपने प्लस व माइनस का पूरे-पूरा अंदाजा होना ही चाहिए। और यह सारे प्लस-माइनस आपके अपने सेल्फ असेसमेंट के लिए है। इसे आप स्वयं तय करेंगे, और वह भी सिर्फ अपने लिए। दुनिया को इससे कुछ लेना-देना नहीं है। और जीवन की किसी भी प्रगति हेतु यह बहुत जरूरी है। परंतु ध्यान इतना रखना कि वे अपने स्वयं के जज किये होने चाहिए, दूसरों के बताये नहीं। डॉक्टर तो पूरे-पूरा आप ही को अपना बनना है। सो अपने प्लस-माइनस पर गौर करो। क्योंकि जीवन का खेल सीधा व साफ है। यहां आपके प्लस का आपको

मिलेगा तथा माइनस का चुकाना पड़ेगा। सो सबसे पहले नीचे दिये चार्ट में पूरे सोच-विचार के बाद अपने प्लस व माइनस भर लो। मानो आप लोगों को कन्वीन्स करने में अच्छे हैं तो प्लस, वरना माइनस। आप बोलने में प्रभावशाली हैं तो प्लस, वरना माइनस। देख लो, आपका मैनेजमेन्ट अच्छा है या कमजोर? कुल-मिलाकर कोई यहां परफेक्ट नहीं होता है। बड़े-से-बड़े संत हों, कलाकार हों, वैज्ञानिक हों या व्यवसायी हों... सबमें प्लसेस और माइनसेस होते ही हैं। फर्क सिर्फ इतना है कि महान लोगों को अपने प्लस और माइनस का पूरे-पूरा अंदाजा होता है। सो आप भी अपने पांच प्रमुख प्लस तथा पांच प्रमुख माइनस की लिस्ट बना लो। यह लिस्ट किसी गलतफहमी के सहारे मत बनाना। लिस्ट पक्की बनाना।

आपके प्लस	आपके माइनस
1	1 ....

2

3

2

3

4

4

5

5

चलो, लिस्ट तो आपने बना ली। अब बनायी लिस्ट पर अच्छे से गौर करो। अपने प्लस-माइनस अच्छे से पहचान लो। और बात समाप्त...। मेहरबानीकर अपने माइनस को बदलने की कोशिश मत करना। आप बोलने में अच्छे नहीं हैं या आपका कन्विसिंग पावर कमजोर है तो रहने दो। अपने माइनस को सुधारने के चक्कर में पड़ोगे तो फिर भटक जाओगे। फिर आपका शोषण होना चालू हो जाएगा। ध्यान इतना रखो कि दुनिया में बड़े-से-बड़े माइनस वाले लोग सिर्फ अपने चंद प्लसेस की बदौलत सफलता की सीढ़ियां चढ़े हैं। सो आप भी ध्यान अपने प्लसेस पर दो। माइनस को दूर करने की बजाए अपना ध्यान प्लस को निखारने में लगाओ। माइनस को दूर करना एक लंबी यात्रा है, जबकि प्लस को निखारना आसान है। अत: कृपाकर अपना पूरा ध्यान अपने प्लस को निखारने में लगाओ।

खैर, आगे एक समझदारी की बात और बताता हूँ। आप हो सके उतना अपने प्लस की फील्ड में ही खेलो। जिस क्षेत्र में आप कमजोर हैं, बने वहां तक आप उस क्षेत्र में हाथ-आजमाईश करो ही मत। मानो आपकी इंग्लिश कमजोर है तो लोगों के सामने इंग्लिश बोलना टालो। बेहतर है कि हिंदी या अन्य भाषा में बात करो, जिसमें आपकी कमांड है। यदि आप बोलने में कमजोर हैं तो ज्यादा बोलना टालें। दो वाक्य में टू-द-पॉईंट कम्यूनिकेशन करने की आदत रखें। हां, बोलने की या अंग्रेजी सुधारने की प्रैक्टिस करनी ही है तो अपनों में करें। लेकिन बाहर वालों के सामने अपनी कमजोरी के क्षेत्र में हाथ कभी मत आजमाओ। क्योंकि मनुष्य एक ऐसी खुराफाती चीज है कि वह किसी के प्लस को तो सराहता नहीं है, पर माइनस पर ध्यान जरूर देता है। इसीलिए कह रहा हूँ कि अपने माइनस के क्षेत्र में हाथ-आजमाईश करो ही मत। अब यह इतनी सीधी बात है कि आप गांठ बांध ही लेना। तय कर लेना कि जब भी छोड़ेंगे, अपना प्रभाव ही छोड़ेंगे। प्रदर्शन अपने प्लस का ही करेंगे। बात माइनस पर आएगी तो चुप बैठकर टाल जाएंगे। समझते क्यों नहीं कि जीवन में प्रगति 'मौके' मिलने पर मिलती है। और मौके दूसरे ही देते हैं। अत: दूसरों पर प्रभाव रहेगा तो मौके जल्दी मिलेंगे। और प्रभाव जमाना हो तो सिर्फ प्लस का प्रदर्शन करते रहना जरूरी है। चलो, यह सीधी बात तो आपने समझ ही ली। अब एक चालाकी भरी बात और समझा देता हूँ। यदि आपको दूसरों को प्रभावित करना है तो उसे उसकी माइनस की

फील्ड में घेरो। मानो किसी की इंग्लिश कमजोर है और आपने उससे इंग्लिश में ही बात करना शुरू की तो वह कम-से-कम आप पर हावी नहीं हो पाएगा। ऐसे में उसका ध्यान आपके अन्य माइनस पर भी नहीं लग पाएगा। साथ ही कमजोर इंग्लिश के चक्कर में वह आप पर अपना प्रभाव भी नहीं जमा पाएगा। कुल-मिलाकर हो सके उतना अपने प्लस व दूसरे के माइनस की फील्ड में खेलो, आपका प्रभाव चौतरफा बढ़ता चला जाएगा। और फिर यही बढ़ा हुआ प्रभाव आपको अनेक मौके भी दिलवाएगा।

अब यह सब छोटी-मोटी प्रैक्टिकल एप्लीकेशन्स हैं, परंतु इतनी सटीक हैं कि पूछो ही मत। क्योंकि यह सब सायकोलॉजिकली करेक्ट है। बेतुकी या हवाई नहीं है जो आकर्षित तो करती है पर परिणाम में शून्य। यह अपने डॉक्टर आप बनने की बात है। रोजमर्रा का जीवन जीते हुए अपने मन और जीवन का मास्टर बनने की बात है। सो मुझे यकीन है कि एक-एक कर हर एप्लीकेशन पर आप अच्छे से अमल कर ही लोगे। और बात पर पक्के से अमल करने हेतु अपनी ही भाषा में लिखकर एक रिसोल्यूशन पास कर लो। उसमें लिखो कि आज के बाद मैं अपने प्लस की फील्ड में ही खेलूंगा। अपने प्लस को निखारने की निरंतर कोशिश करता रहूंगा। क्योंकि अब मैं समझ गया हूँ कि मेरे प्लस ही मुझे प्रगति की राह पर लगा सकते हैं। बस इन सब चीजों को तथा जो अन्य बातें असरकारक जान पड़ रही हों, उन सबको मिला के अपनी भाषा में लिख लो। इससे आप अपने इस निर्णय हेतु दृढ़ हो जाएंगे। अपनी भाषा में लिखने से बात हमेशा के लिए आपके जहन में बैठ जाएगी।

अपना रिसोल्यूशन

....

....

....

....

....

....

....

अपने होने की एक परिभाषा बना लो

अब आप हैं कौन? सच कहूं तो अधिकांश लोगों को तो इसको लेकर ही बड़ा भ्रम रहता है। किसी से भी उसका इन्ट्रोडक्शन पूछो तो वह कहता है कि मैं डॉक्टर हूँ, यह मेरी जात है तथा यह मेरा देश है, यह मेरा धर्म है और यह मेरा क्लीनिक है। आप भी गौर करना, शायद आप भी अपना ऐसा ही कुछ इन्ट्रोडक्शन देते होंगे। इसके अलावा का भी आपका कोई इन्ट्रोडक्शन हो सकता है, शायद इसका आपको अंदाजा भी नहीं होगा। और सच कहूं तो यह भी मनुष्य का अपनेआप में एक बहुत बड़ा कमाल है। यह जो आप बता रहे हैं न - वह आपका दूसरे की दृष्टि से देखा जाने वाला परिचय है। यह सांसारिक कामकाज निपटाने हेतु दिया जाने वाला व्यावहारिक इन्ट्रोडक्शन है। सो, संसार में अपना यह इन्ट्रोडक्शन दो, इसमें कोई बुराई नहीं। लेकिन फिर भ्रम में पड़कर स्वयं भी अपना यही इन्ट्रोडक्शन मान बैठो, तो गड़बड़ है। अधिकांश लोग यह गड़बड़ कर रहे हैं। और इसीलिए वे ऊपरी जीवन जीने को मजबूर हैं। यहां बहुत कम लोग हैं जो गहरे से जी रहे हैं। अब जब आप गहरे से जी ही नहीं रहे हैं तो कुछ परिणामकारी कर कैसे पाएंगे? और अधिकांश लोग कुछ परिणामकारी नहीं ही कर पा रहे हैं। ऑफिस का काम हो या परिवार के साथ समय बिताना हो, सब ऊपरा-ऊपरी चल रहा है। सब बेमन से कर रहे हैं। अब जब सब बेमन से कर रहे हैं तो जीने का मजा ही क्या बचा?

सो यदि आप मन से कार्य करना चाहते हो व दिल खोलकर जीना चाहते हो तो अपने लिए अपनी एक परिभाषा बना लो। संसार की परिभाषा संसार के लिए रहने दो। क्योंकि आपकी वर्तमान परिभाषा आपके अहंकार की परिभाषा है, आपकी नहीं। आप अपने अहंकार से बहुत ऊंची व गहरी चीज हैं। आपकी वर्तमान परिभाषा यह नहीं बताती कि आप क्या हैं? वह यह बताती है कि आपके पास यह डिग्री है, आपका यह धर्म है, आपकी यह पूंजी है- वगैरह...वगैरह। लेकिन आप कौन हैं? इस बाबत यह परिभाषा चुप हो जाती है। और आप अहंकार नहीं, मन हैं। आप कर्ता नहीं, क्रिया हैं। और यह गहरी बात है। लेकिन समझना जरूरी है। अत: स्पष्ट समझ लो कि क्रिया आपका ज्यादा गहरा अस्तित्व है। कर्ता, आपका बड़ा ऊपरी अस्तित्व है। और ऊपरी जीने में कुछ मजा नहीं है। अत: अपनी एक नयी परिभाषा बना लो। अपने पूरे

व्यक्तित्व को एक क्रिया में परिवर्तित कर लो। डिग्री, धर्म, जात, घर, गाड़ी यह सब जमाने के लिए छोड़ दो। आप तो क्रियाओं के आधार पर अपनी एक नयी परिभाषा गढ़ लो। उस हेतु निम्नानुसार सोच-विचारकर अपने स्वयं के जीवन बाबत एक सूची बनाओ और इसमें आपके वर्तमान कार्य, रिश्ते, शौक वगैरह सम्मिलित कर लो:

विषय	सूची
आपके वर्तमान कार्य	* इसमें आप अपने वे सारे कार्य लिखें, जो आप अक्सर करते रहते हैं।

आपके वर्तमान प्रेमपूर्ण रिश्ते

* इसमें उन तमाम व्यक्तियों के नाम लिखें जिनसे आप दिल से अटैच्ड हैं।

आपके शौक

* इसमें वे सारे पसंद के कार्य लिखें जिन्हें करने में आपको मजा आता है।

आपकी अन्य प्रायोरिटी

* इसमें उन तमाम बातों का समावेश कर लें, जिन्हें आप न कार्यों की सूची में डाल सकते हों और न शौकों में।

आपके कर्तव्य

* इसमें आप अपनी वे तमाम जवाबदारियां लिख लें, जिन्हें आप करना जरूरी समझ रहे हों।

चार्ट मैंने दे दिया है। आप बड़े ध्यान से इसे भर लें। आप इसे अपने वर्तमान मन व जीवन के आधार पर ही भरें। यूं भी वर्तमान ही आपका जीवन है। भविष्य भी आएगा तो वर्तमान से ही। सो बस, अब इस चार्ट को आधार बनाकर आप अपने मन के अनुसार अपनी एक परिभाषा बना लो। उदाहरण के तौरपर समझाऊं तो लिखें- मैं सर्जरी करने की एक क्रिया हूँ, सर्जरी ही मेरा जीवन है तथा वही मेरा प्रमुख आनंद भी है। इसके साथ ही मैं अपने व अपने परिवार की खुशी में लगा हुआ एक मन हूँ, जो कि मौका मिलने पर चेस खेलने, मूवी देखने तथा खाने-पीने के भी आनंद लेता रहता है। मैं अपने स्वास्थ्य तथा अपनी खुशी की रक्षा में लगा हुआ मन हूँ। मैं अपने परिवार की प्रगति चाहने वाला एक ऐसा दिल हूँ जो दिन-रात उसके इर्द-गिर्द धड़कता रहता है। यह मैंने अपनी परिभाषा खुद बनाने का एक उदाहरण दिया। आप अपनी यह परिभाषा थोड़ी विस्तार से बनाइए जिसमें कि आपकी सारी क्रियाएं शामिल हो जाए... तथा परिभाषा भी क्रिया के रूप में ही बनाएं।

मेरी परिभाषा

....

....

....

....

....

....

....

चलो, आप कहेंगे कि परिभाषा तो बना ली, पर इसका फायदा क्या? लो, आपको हाथोहाथ कोई फायदा नजर नहीं आया? आया ही होगा, इतने बेहोश तो आप नहीं ही हैं। मेरे द्वारा क्रिया की भाषा में बनवायी गई यह एक छोटी-सी परिभाषा आप पर तथा आपके जीवन पर एक बहुत गहरा प्रभाव छोड़ेगी। सबसे पहले तो यह कि इससे आप अपने को पूरे-पूरा और तहेदिल से पहचान लेंगे। साथ ही इससे आप

अपने वर्तमान जीवन को भी अच्छे से समझ लेंगे। और इसका सबसे बड़ा फायदा यह होगा कि इससे आपका अहंकार तत्काल कमजोर पड़ जाएगा। क्योंकि आगे से आप अपनी अहंकारी परिभाषा दुनियादारी तक ही सीमित रखेंगे। इससे आपका मन हल्का हो जाएगा। ऐसा लगेगा कि सिर से एक बड़ा बोझ कम हुआ। जिसके चलते आप ज्यादा-से-ज्यादा नॅचरली जीना शुरू कर देंगे। और सबसे बड़ी बात तो यह कि चूंकि आपने अपने को एक क्रिया मान लिया है, इसलिए हर काम आप मन से तथा दिल लगाकर करने लगेंगे। अब आपको काम भी मजा देगा, परिवार भी व अपने शौक भी। क्योंकि अब वही...आप हैं। और जब सबकुछ मन लगाकर व दिल से करेंगे तो ऊर्जा भी बनी रहेगी व कार्य भी बेहतर तरीके से निपटेंगे। फिर निश्चित ही इससे विकास के मार्ग पर लगना आपके लिए आसान हो जाएगा।

खैर, इस पूरी बात में सबसे महत्त्वपूर्ण बात यह कि अपनी जो परिभाषा आपने बनायी है, हालपूरता उसी को अपनी लक्ष्मण रेखा मान लें। यानी हो सके वहां तक ज्यादा-से-ज्यादा समय इसी के इर्द-गिर्द बिताने की कोशिश करें। क्योंकि जब यही आप हैं तो धीरे-धीरेकर इतनी क्रियाएं आप से हँसते-गाते निपटनी शुरू हो जाएगी। लेकिन कुछ अलग से करना पड़ा तो कष्ट महसूस होगा। अलग से जो भी करोगे वह बेमन से ही होगा। हालांकि जीवन है, बहुत कुछ यहां करना ही पड़ सकता है। सो अगर सर पे ही आ जाए तब तो ठीक है, पर अपनी ओर से अपने को इस लक्ष्मण रेखा के भीतर ही रखने की कोशिश करना। इस एक प्रैक्टिकल एप्लीकेशन में अपने को ढालने से आपका जीवन आपको हसीन जान पड़ने लगेगा। जीवन बोझ है, यह खयाल कमजोर हो जाएगा। आपकी थकान भी छू हो जाएगी तथा सबसे बड़ी बात यह कि अपने वर्तमान मन व जीवन को लेकर आपको क्लेरिटी भी आ जाएगी।

प्लानिंग मौत की करो

अब तक की प्रैक्टिकल एप्लीकेशन से यह तो तय है कि आपने अपने को अच्छे से समझ लिया है। यह भी तय है कि अब आप अपने वर्तमान जीवन में अच्छे से सेट हो गए हैं, और वह भी दृढ़तापूर्वक। अब एक अंतिम उपाय और कर लो। अपनी पूरी लाइफ परफेक्टली सेट कर लो। और उस हेतु थोड़ा उल्टा चलो।

पूरी दुनिया जीवन की प्लानिंग करती है, आप मौत की प्लानिंग करो। प्लानिंग क्या करो, तय करो कि आपको किस हालत में मरना है? अपनी अंतिम सांस आपको किन मानसिक, शारीरिक व सांसारिक कंडीशन में लेना है? और यह तय आप अपने स्वभाव से करो। यानी इस हेतु भी पूछना आपको अपने आप से ही है। इस हेतु भी डॉक्टर तो आपको ही अपना बने रहना है।

सो बस, मौत की प्लानिंग करने हेतु तैयार हो जाओ। इस बाबत बस इतना समझ लो कि आपकी खुशी उसी में है, जो आपका स्वभाव है। आपकी शांति वहीं है, जहां आपका मन है। अत: उस आधार पर ही तय करो कि आपको किन हालात में अपनी अंतिम सांस लेनी है? और उस हेतु एक चार्ट बनाकर प्रारंभिक सहायता मैं कर देता हूँ। आप अपने वर्तमान को अच्छे से परखकर अपने अंतिम क्षण बाबत इतनी चीजें तय कर लो। आगे क्या करना, यह फिर बताता हूँ:

आपके ऑप्शन	आप जो चाहते हैं, वह अपनी भाषा में पूरे विस्तार से लिख लें
आप अंतिम समय तक कार्य करना चाहते हैं या अंतिम बीस वर्ष रिटायर्ड लाइफ गुजारना चाहते हैं?	

आप अंतिम सांस तक
स्वस्थ व चलते-फिरते
रहना चाहते हैं
या
बीमारी की हालत में
अपना अंतिम वक्त बिताना
चाहते हैं?

आप अंतिम समय तक
किन-किन लोगों से मधुर
रिश्ते चाहते हैं?

आप क्या जाने व समझे बगैर मरना नहीं चाहते हैं?

आप क्या-क्या किये बगैर मरना नहीं चाहते हैं?

बस उपरोक्त पांच चीजों के बाबत आप तय कर लो। और एकबार तय कर लो, फिर उस अनुसार वर्तमान लाइफ सेट भी कर लो। आप अपने जीवन के राजा हैं, थे और रहेंगे। आपको यहां-वहां मांगते फिरने की या बेकार की जगहों पर आसरे खोजने की जरूरत ही नहीं है। आप अपनी मरजी से अपनी लाइफ जिओ व अपनी इच्छानुसार मृत्यु के पल गुजारो। आप अपनी इस महासत्ता का उपयोग करो। इसी में आपकी शान है। अब रहा सवाल अंतिम समय बाबत तय करके पूरे जीवन को कैसे सेट करना, तो यह मैं आपको बताता हूँ:

1) अंतिम बीस वर्ष रिटायर्ड लाइफ गुजारना चाहते हैं

मानो आप अपने अंतिम बीस वर्ष एक शांतिपूर्ण, रिटायर्ड लाइफ गुजारना चाहते हैं, तो उस हेतु आप दो काम अभी से प्रारंभ कर दो। एक, आज वर्तमान में दिल लगाकर कार्य करो। तमाम प्रकार की कामचोरी व आलस से बचो। दूसरा, भविष्य के बीस वर्ष हेतु नियमित बचत करो। यह आप ही की चॉइस है, आप ही के हाथ में है और आपको ही तय करना है।

2) अंतिम समय तक स्वस्थ रहना चाहते हैं

यदि आप अंतिम समय तक स्वस्थ रहना चाहते हैं तो फिर रोज कम-से-कम तीस मिनट व्यायाम करें। भोजन अपनी शारीरिक रचना के अनुसार ग्रहण करें और नींद पूरी करें। हालांकि यह शरीर एक शरारती इन्स्ट्रूमेन्ट है, इसलिए कई बार यह सबकुछ सही करने वालों के जीवन में भी उपद्रव मचा देता है तो कई बार यह सबकुछ गलत कर रहे को भी हमेशा के लिए बख्श देता है। अब यह तो जीवन की वह लीला है जो किसी के हाथ में नहीं है। फिर भी अच्छी नींद व नियमित व्यायाम से आप एक सही दिशा तो पकड़ ही लेंगे।

3) अंतिम समय इन-इन लोगों से बेहतर रिश्ते चाहते हैं

यह भी आपको ही तय करना है कि आप किन-किन लोगों से अंतिम समय तक प्रेमपूर्ण व मधुर रिश्ते चाहते हैं? और यह आपको अपने दिल से तय

करना है। निश्चित ही जो-जो आपके निकट हैं उनसे संबंध बिगाड़ना तो आप नहीं ही चाहेंगे। जैसे पति, पत्नी, माता-पिता, बच्चे, मित्र... वगैरह-वगैरह। तो कोई बात नहीं, आप तय कर लो कि किन-किन लोगों से आप अंतिम समय तक हसीन रिश्ते चाहते-ही-चाहते हैं। बस तो फिर उन लोगों से लंबे विवाद में कभी मत उलझो। और छोटी-मोटी बातों पे लेट-गो करने की आदत डाल लो। फिर आपके इन लोगों से रिश्ते कभी नहीं बिगड़ेंगे। लो, हो गए ना रिश्ते भी सेट।

4) यह-यह जानना व समझना चाहते हैं

अब हरकोई अपने जीते-जी बहुत कुछ जानना व समझना चाहता है। तो यहां-वहां समय व्यर्थ गंवाना बंद क्यों नहीं कर देते हो? चुपचाप जो कुछ भी जानना-समझना चाहते हैं, उस हेतु समय क्यों नहीं देते हैं? निश्चित ही कोई डीएनए-जीन्स के बारे में जानना चाहता है तो कोई चांद-तारों के बाबत समझना चाहता है। कोई स्पीरिच्युअलिटी समझना चाहता है तो कोई सायकोलॉजी। ...तो इन्तजार किस बात का है? जब भी समय मिले, उसमें भिड़ जाओ। अंतिम समय इस पछतावे में गुजारो ही मत कि यह नहीं कर पाये। तय आपको करना है कि क्या अंतिम समय ऐसे दर्द में जीना चाहते हो? अगर नहीं, तो फिर अभी से कुछ-कुछ समय इस हेतु निकालना शुरू कर दो।

5) यह-यह करना चाहते हैं

हर किसी को दो-चार शौक होते ही हैं। इसमें खेलने से लेकर खाने तक का सबकुछ आ गया। इसमें पेंटिंग से लेकर गिटार बजाने तक का भी सबकुछ आ ही गया। सो जब मौका मिले, अपने वे शौक पूरे करो। इस बाबत चुको ही मत। जीवन इतना लंबा नहीं है कि आपको अनंत तक मौका मिलता रहेगा। कुल-मिलाकर यह नहीं कर पाये और वह नहीं कर पाये जैसे भावों के साथ अंतिम समय ना ही बिताओ तो अच्छा है। आगे आप समझदार हैं ही और इशारे मैं कर ही चुका हूँ।

उपरोक्त कुल बातों का तारण इतना समझो कि आप अपने जीवन के राजा हैं। कुदरत ने आपको यह सम्मान दिया है। तो फिर राजा की तरह जीते व राजा की

तरह मरते क्यों नहीं हो? राजा यानी क्या? उसने जो जैसा चाहा, वैसा कर लिया। तो आपको भी कौन रोक रहा है? कोई नहीं बस अपने को पहचानो, मृत्यु के समय की प्लानिंग करो और एक राजा की तरह मौत की शरण में जाओ। जहां कह सको कि जो चाहा... कर लिया, जो चाहा... पा लिया व जैसा चाहा... वैसा जी लिया। बस, परम संतोष के इसी भाव में अंतिम समय गुजारने की प्लानिंग कर लो। सच कहूं तो जो अपना अंतिम समय ऐसे परम संतोष के भाव में गुजार लेता है उसी का जीवन सफल कहा जा सकता है। सफलता की बाकी बातों को आप ऊपरी ही समझो...। उम्मीद है कि आप मौत की परफेक्ट प्लानिंग कर अपना पूरा जीवन सेट कर लेंगे। इसका सबसे बड़ा फायदा तो यह होगा कि आप यहां-वहां के जो हजार बेकार के काम करते हैं, उसे धीरे-धीरे बंद कर देंगे। अपने मन के मुताबिक एक टार्गेटेड जीवन जीना शुरू कर देंगे। और यही करना चाहिए। मृत्यु के समय किसी बात की अतृप्ति रह ही नहीं जानी चाहिए। सो जीवन के हर पहलू बाबत आप अपने डॉक्टर स्वयं बनकर अपनी मृत्यु सेट कर लो। जिसकी मृत्यु सेट उसका जीवन भी सेट। बस तो फिर तय कर लो कि कुदरत ने राजा बना के भेजा था, सो राजा की ही जिंदगी जीएंगे व एक राजा की ही मौत मरेंगे।

जीवन बनाना है तो अपना शास्त्र खुद लिखें

मनुष्यों के जीवन बनाने हेतु हजारों शास्त्र व लाखों विचार युगों से उपलब्ध हैं। अधिकांश लोग गहरे से इसका मनन भी करते हैं। परंतु सवाल यह कि फिर उनके जीवन बन क्यों नहीं रहे हैं? उत्तर एक ही है कि दूसरे के बनाये शास्त्रों से अपना जीवन नहीं बन सकता है। क्योंकि हर शास्त्र लिखने वाले की मानसिकता भी उसके विचारों पर हावी रहती ही है। ऐसे में आज उससे सर्वथा भिन्न मानसिकता वाला व्यक्ति कैसे तालमेल बिठा सकता है? और वह भी बिल्कुल भिन्न समय, संजोग व परिस्थिति वाले वातावरण में तो नहीं ही बिठा सकता है। लेकिन फिर भी बेहोशी ऐसी छायी है कि जिसे देखो वह दूसरों के लिखे शास्त्रों का बोझ उठा रहा है। और सच कहूं तो इसी चक्कर में अधिकांशों का अपना जीवन एक बोझ हो चुका है। ऐसा नहीं है कि इतिहास में ज्ञानी नहीं हुए हैं। ज्ञानी हुए हैं और उन्होंने भी सबको अपना डॉक्टर स्वयं

बनने को कहा है। ज्ञानियों ने शास्त्र रचकर किसी को भ्रमित करने की कोशिश नहीं की है। वेद, कृष्ण ने नहीं लिखे हैं। ना ही क्राइस्ट ने बाइबल लिखी है... और ना तो बुद्ध ने बौद्ध शास्त्र लिखे हैं। बुद्ध कहते हैं कि अपने दीप स्वयं बनो। तो कृष्ण समझाते हैं कि यहां मनुष्य आप अपना मित्र व आप अपना शत्रु है। लाओत्से कहते हैं कि समझदार व्यक्ति अपना गुरु स्वयं होता है। पर ज्ञानियों की सुने कौन? खो जाते हैं दूसरों के विचार ग्रहण करने में।

खैर, आप समझदार हैं। सो आपको अपना डॉक्टर भी स्वयं बनना है तथा अपने शास्त्र भी स्वंय रचने हैं। यानी अपने ''Do's & Don'ts'' स्वयं तय करने हैं। और इस लिहाज से समझें तो आप न सिर्फ यह किताब पढ़ रहे हैं, बल्कि इसके जरिए हाथोहाथ आप अपना शास्त्र भी गढ़ ही रहे हैं। जो कुछ भी इस किताब में आप लिख रहे हैं, वही आपका शास्त्र है। निवेदन मैं इतना करूंगा कि आप सारी बातें पेन्सिल से लिखें। क्योंकि आप जो कुछ भी लिख रहे हैं, वह अपने वर्तमान मन और जीवन के आधार पर लिख रहे हैं। लेकिन लगातार इसे फॉलो करते-करते आपके मन और जीवन, दोनों परिवर्तित होते चले जाएंगे। दोनों बेहतर होते चले जाएंगे। तब आप ही की लिखी बहुत-सी चीजों में परिवर्तन आ जाएगा। तो क्या, पुराना मिटाकर नया लिख दो। यह किताब आपका अपना शास्त्र है। आपको बार-बार रेफर भी इसे ही करना है तथा बदलते वक्त के साथ इसे बदलते भी रहना है। यूं भी जो बदलते वक्त के साथ बदल न सके वह शास्त्र कभी उपयोगी नहीं हो सकता है। और इसीलिए अधिकांश शास्त्र नाकाम साबित हो रहे हैं। यही कारण है कि मैं आपको अपना शास्त्र पेन्सिल से लिखने को कह रहा हूँ, ताकि वक्त के अनुसार आप उसे बदल सकें। उम्मीद है कि जीवन बनाने हेतु स्वयं के शास्त्र रचने की अहमियत आप समझ गए होंगे। मुझे यकीन है कि आज के बाद आप अपना शास्त्र स्वयं रचेंगे और इसके जरिए अपने सम्पूर्ण जीवन की कमान अपने हाथ में ले लेंगे। वह लेनी ही पड़ेगी। क्योंकि जीवन के इस खेल में मरीज भी आप हैं व डॉक्टर भी आप हैं। जीवन की इस लीला में भक्त भी आप हैं तथा भगवान भी आप। सो, जीवन के इस खेल को सही तरीके से खेलने हेतु तैयार हो जाओ। दूसरों के लिखे शास्त्रों से जान छुड़ाकर अपना स्वयं का शास्त्र लिख लो।

अब आप पहला मजबूत कदम बढ़ाने हेतु तैयार हैं

मुझे यकीन है कि आपने अबतक की दी गई सारी प्रैक्टिकल एप्लीकेशन्स पर पूरे-पूरा अमल कर लिया होगा। और इसके जरिए निश्चित ही अब आप अपने को अच्छे से पहचान भी गए होंगे। निश्चित ही अब आप अपने मन को अच्छे से समझ गए होंगे। तथा अपने जीवन को लेकर भी आपके अधिकांश कन्फ्यूजन दूर हो ही गए होंगे। और साथ ही आपके आनंद, मस्ती व शांति में भी अच्छीखासी बढ़ोतरी हुई ही होगी। वहीं आपके आत्मविश्वास व दृढ़ता भी निखरे ही होंगे। और यदि यह सब नहीं हुआ है तो फिर यह समझ लेना कि आपने अभी सारी प्रैक्टिकल एप्लीकेशन्स पर ठीक से अमल नहीं किया है। क्योंकि इससे आप क्या हैं तथा आपको आगे अब क्या करना है, यह पूरी तरह स्पष्ट हो ही जाना चाहिए। और अधिकांशों को सबकुछ स्पष्ट हो ही गया होगा। सबका आनंद और विश्वास भी बढ़ा ही होगा। और जिनको अभी थोड़ी-सी भी शंका हो वह एकबार फिर अबतक की चीजें अच्छे से पढ़ और समझ लें। जल्दी करें ही मत। क्योंकि मैं कह चुका हूँ कि यह किताब नहीं, आपका अपना शास्त्र है। इसे आपको जीवनभर अपने साथ ही रखना है। इसे बार-बार पढ़ना ही है। सो जल्दबाजी दिखाएं ही मत। इसे स्टेप-बाय-स्टेप पढ़ें व स्टेप-बाय-स्टेप ही बढ़ें। चूंकि सवाल आपके जीवन का है, अत: धीरज से ही आगे बढ़ें। समझें इतना कि इस किताब की छोटी-से-छोटी प्रस्तावना भी एक प्रकार की प्रैक्टिकल एप्लीकेशन ही है। इस लिहाज से इस किताब में कुल-जमा पचास से ऊपर प्रैक्टिकल एप्लीकेशन्स दी जा रही हैं। अत: इन्हें एक-एक कर धीरजपूर्वक ग्रहण करना जरूरी है।

खैर, अभी तो उम्मीद करता हूँ कि सभी ने अबतक का सफर समझदारीपूर्वक तय कर ही लिया होगा। मुझे यकीन है कि आपने अपने डॉक्टर बनकर अपनी सर्जरी अच्छे से कर ही ली होगी। सो अब आप जीवन की रेस में एक मजबूत घोड़े के रूप में दौड़ने हेतु पूरी तरह से तैयार हैं। आपने अपने डॉक्टर बनकर तथा अपनी सर्जरी करके इतना बड़ा युद्ध जीत लिया है कि जिसकी आपको कल्पना भी नहीं है। हां, अपने निखरे हुए व्यक्तित्व से आपको इस बात का अहसास अवश्य हो रहा होगा। तो बस, अब आप अपने इस बदले हुए स्वरूप के साथ पूरे जोश से जीवन की दौड़ में नये सिरे से कूद पड़िए। अब आप कन्फ्यूज्ड नहीं हैं। अब आपकी आगे की राह

एकदम सीधी व साफ है। और अब तो आपके नये जीवन हेतु प्रकृति की तमाम शुभकामनाएं भी आपके साथ हैं। आप तो बस बिना भ्रमित हुए तथा बिना विचलित हुए बढ़ते चले जाइए। पर हां, एक बात और...। आगे मैं आपको चन्द डे-टू-डे प्रैक्टिकल एप्लीकेशन्स और बताऊंगा। बस नया जीवन जीते-जीते ही उनपर गौर करें तथा जल्द-से-जल्द उन्हें ग्रहण करने की कोशिश करें। सब की सब बिल्कुल आसान भी हैं व सरल भी। न समझना मुश्किल और न अमल में रखना मुश्किल। और एकबार इन्हें भी आपने अपना लिया, फिर तो पूछो ही मत। आप तत्क्षण लाजवाब और परफेक्ट हो जाएंगे। फिर तो आपके कदम तेजी से सही दिशा में बढ़ने लगेंगे। ध्यान इतना रखना कि मैं तो सिर्फ इशारे करूंगा, सर्जरी तो आपको ही अपनी करनी है और वह भी परफेक्शन के साथ। तय यह है कि इस सफल सर्जरी के बाद आपका रुआब और रुतबा, दोनों अपने चरम पर पहुंच जाएंगे। निवेदन इतना ही कि ध्यान से, प्रेम से व शांति से पढ़ना तथा आराम से ग्रहण करना। बाकी का सबकुछ आपका बदला हुआ व्यक्तित्व स्वयं कर लेगा। सो, उम्मीद करता हूँ कि आप अपनी आगे की सर्जरी करने हेतु पूरी तरह से तैयार हैं!

अपने Do's & Don'ts खुद तय करो

सारी शिक्षाएं क्या हैं? Do's & Don'ts की। फिर वो समाज द्वारा दी जा रही हो या धर्मों द्वारा। फिर वो परिवारवाले दे रहे हों या बुद्धिमान लोग। बात तो घूम-फिरकर यह करो तथा यह न करो की ही है। और करो या मत करो की कोई दस-बीस बातें तो बाजार में घूम नहीं रही हैं। सारे Do's और Don'ts की सूची बना लें तो यह संख्या लाखों तक पहुंच जाएगी। ऐसे में सारी बातों को जानना और समझना ही असंभव है। शायद जानने हेतु ही पचासों जनम चाहिए। और फिर सारी करो और मत करो की बातें एक-दूसरे को काटने वाली हैं। जो बात किसी एक के 'करो' की सूची में है वही बात किसी दूसरे के 'न करो' की सूची में है। ऐसे में करो क्या? और फिर कौन सही व कौन गलत, इसका तो कोई अंदाजा लगाया ही नहीं जा सकता है।

सवाल यह कि अब ऐसे में करें क्या? ज्यादा कुछ नहीं, अपने गुरु स्वयं बन जाओ। किसी के भी Do's और Don'ts सुनो ही मत। आवश्यकता ही नहीं है।

जीवन पल-पल बदल रही परिस्थिति का नाम है। अत: अंत में तो यहां काम अपना स्वयं का सेन्स ही आता है। इसलिए आज के बाद दो ही तरह की शिक्षाओं को ग्रहण करो। एक, जो आपकी समझ शक्ति बढ़ाती हो तथा दूसरी जो आपको अपना गुरु स्वयं बनना सिखाती हो। जीवन बनाना चाहते हो तो बाकी के तमाम Do's और Don'ts की शिक्षाओं का कम-से-कम अंधा अनुसरण करना तो बंद ही कर दो। अपने आप से एक ही बात कहो कि यह करो तथा मत करो का ज्ञान देने वालों के भी दो हाथ तथा दो पांव थे और मेरे भी हैं... तो ऐसे में मैं किसी और की ऐसी बातें सूनूं ही क्यों? जीवन मेरा है तो Do's और Don'ts भी मेरे ही होंगे। इस बाबत किसी की नहीं सुनूंगा। फिर वह कहीं पे भी लिखा हो या किसी ने भी कहा हो! लेकिन इसका अर्थ यह नहीं है कि आप कहें कि मैं ट्राफिक नियमों का भी पालन नहीं करूंगा। यह सब तो कानूनी मर्यादाएं हैं और हमारी बेहतरी के लिए हैं... इनका तो सम्मान करना ही होगा। यहां बात आपके जाती जीवन तथा जाती निर्णयों की हो रही है। उस बाबत तय करने का अधिकार आपके अलावा किसी को नहीं है। और यह आप स्वयं तय करें, वही बेहतर होगा।

खैर, मैं जानता हूँ कि यह अमल में रखना इतना आसान नहीं होगा। लेकिन यदि अपना दृढ़ व्यक्तित्व बनाना चाहते हो तो यह करना ही होगा। प्रकृति से ट्यून्ड होना चाहते हो तो इसका दूसरा कोई उपाय नहीं है। और फिर जीवन आपका व उस बाबत तय कोई दूसरा करे, बात थोड़ी अटपटी नहीं लगती आपको? आपके खाने-पीने से लेकर इमारतों में जाने तक का कोई दूसरा तय करे, इसमें कुछ अचरज महसूस नहीं होता आपको? आप इन्सान हैं तथा अपनी बेहतरी किसमें है, यह आप जानते ही हैं। और सच कहूं तो यह आपसे बेहतर दूसरा कोई नहीं जानता। यही प्रकृति की रचना है। फिर भी पचासों लोगों के पकड़ाये Do's और Don'ts आप फॉलो करते रहते हैं। समझते क्यों नहीं कि इससे आपका व्यक्तित्व ही कमजोर हो जाता है। सो अपने Do's और Don'ts स्वयं बनाओ, क्योंकि आपका आपसे बड़ा हितैषी दूसरा कोई नहीं है। उम्मीद है कि आप इतना तो कर ही लोगे। और आप जानते नहीं हैं कि दूसरों के Do's और Don'ts से छुटकारा पाते ही आप अपने को कितना मुक्त महसूस करेंगे। आपको ऐसा लगने लगेगा कि आप हवा में उड़ रहे हैं। यह अनुभव ही कुछ और होगा।

गुलामी की इन बेतुकी जंजीरों को तोड़ते ही आपका व्यक्तित्व कई गुना प्रभावशाली हो जाएगा। और आप यह सब आसानी से कर पाएं, इस हेतु थोड़ी सहायता मैं आपकी कर देता हूँ। आप तो बस नीचे दिये चार्ट को भर लो। शुरुआत आप अपने प्रमुख पांच Do's और Don'ts से करो, जो आपको किसी दूसरे ने पकड़ा दिये हैं। एकबार इनको त्याग दोगे तो बाकी के तो आप वैसे ही त्याग दोगे। क्योंकि एकबार जिसे मुक्ति का चस्का लग जाए, वह हर प्रकार की गुलामी से छुटकारा पाने में वैसे ही लग जाता है। सो बस निम्नलिखित चार्ट समझदारीपूर्वक भरो। जल्दबाजी किसी बात की मत करो। आराम से भरो तथा पर्याप्त वक्त लेकर भरो। क्योंकि गुलामी पुरानी है तथा हो सकता है कि अबतक उसने डर का स्वरूप भी ले लिया हो। लेकिन शुरुआत करोगे, दृढ़ता दिखाओगे तो छुटकारा भी पा ही लोगे। खैर, अब चार्ट पे कॉन्सन्ट्रेट करो:

दूसरों के बताये Do's और Don'ts जिन्हें आप फॉलो कर रहे हैं उस बाबत विस्तार से लिखें	
दूसरों के बताये Do's	दूसरों के बताये Don'ts
1	1 ....
2	2 ....

3

4

5

3

4

5

उपरोक्त लिखे Do's & Don'ts बाबत निम्नलिखित सवालों के जवाब पे टिक (✔) मार के हां या ना में उनके उत्तर लिखें। और Do's & Don'ts से छुटकारा पाते ही अंतिम बॉक्स में क्रॉस (**x**) लगा दो।

1 क्या ये आपको अपनी स्वतंत्रता पे हमले नहीं लगते?

☐ **हां** ☐ **नहीं** ☐ **छुटकारा पा लिया**

2 क्या आप इन्हें हरहमेशा पूरे-पूरा फॉलो करते हैं?

☐ **हां** ☐ **नहीं** ☐ **छुटकारा पा लिया**

3 क्या आप इन्हें त्यागने में डरते हैं?

☐ **हां** ☐ **नहीं** ☐ **छुटकारा पा लिया**

4 क्या पूरी दुनिया इन्हें फॉलो कर रही है?

☐ **हां** ☐ **नहीं** ☐ **छुटकारा पा लिया**

5 क्या जो इन्हें फॉलो नहीं कर रहे हैं वे बर्बाद हो गए?

☐ **हां** ☐ **नहीं** ☐ **छुटकारा पा लिया**

अब आपने वे पांच प्रमुख Do's और Don'ts भर दिये जो आपको दूसरों के द्वारा पकड़ाये गए हैं। साथ ही दूसरे चार्ट में उन सारे Do's और Don'ts का अच्छे से अवलोकन भी कर ही लिया। इससे आपकी समझ में आ ही गया होगा कि ये सब आपकी परम स्वतंत्रता पे हमला है। साथ ही यह भी समझ गए होंगे कि यह सब आपके डर के ही द्योतक हैं। इनसे अकारण के अनजाने डर पैदा होते हैं। साथ ही यह भी समझ गए होंगे कि ये सारे Do's और Don'ts पूरी दुनिया फॉलो कर नहीं रही है। फिर भी न फॉलो करने वाले आबाद हैं ही। यानी इन्हें फॉलो न करो तो भी कुछ बिगड़ नहीं रहा है। तो फिर क्यों बेवजह की गुलामी पाल के तरह-तरह के डर पैदा करना? सो आप तय कर ही लो कि मैं दूसरों के पकड़ाये Do's और Don'ts से अपने को मुक्त करता हूँ। क्योंकि जो चीज कुदरत की बख्शी परम स्वतंत्रता छीने उसे क्यों फॉलो करना? और फिर जब उससे मौके-बेमौके किनारा कर ही लेते हैं तो फिर उससे हमेशा के लिए छुटकारा क्यों न पा लें? बस कुछ भी करके अपने को समझाकर इन बेकार के Do's और Don'ts से छुटकारा पा लो। और छुटकारा पाते ही दूसरे चार्ट के अंतिम बॉक्स में क्रॉस X लगा दो। दूसरों के पकड़ाये सारे Do's और Don'ts से छुटकारा पाने का बड़ा सायकोलॉजिकल महत्त्व है। यह ना सिर्फ आपको स्वतंत्रता देगा, बल्कि यह आपमें निर्णय करने की क्षमता भी बढ़ाएगा। तथा साथ ही इन सबसे छुटकारा पाते ही आपका व्यक्तित्व भी निखर जाएगा। बस यह छोटा-सा संघर्ष अपने से कर लो और उसपर विजय पा लो। एकबार इस संघर्ष में जीत गए तो फिर जीवन के हर संघर्ष से जीतते चले जाओगे।

सो बस, उम्मीद करता हूँ कि आप तय कर ही लेंगे कि मैं इन बेकार की गुलामियों को त्यागता हूँ। और इस हेतु अपनी ही भाषा में एक दृढ़ रिसोल्यूशन भी पास कर लो। यह अपने हाथ से लिखने का बड़ा महत्त्व है। जब आप अपने लिए कुछ लिखते हैं तो फिर उस बाबत दृढ़ भी हो जाते हैं। दरअसल अपने से लिखना, अपने को किया एक वादा है। और मैं इसका महत्त्व जानता हूँ तथा इसीलिए इस हेतु आपको ऑल द बेस्ट अभी से दे देता हूँ। उम्मीद करता हूँ कि इसके बाद आप दूसरों के पकड़ाये Do's और Don'ts से छुटकारा अवश्य पा लेंगे। और यह जरूरी है, क्योंकि आप जानते नहीं हैं कि आपके अधिकांश भयों के लिए भी यह दूसरों के

पकड़ाये Do's और Don'ts ही जबाबदार हैं। और जब तक यह गुलामी है, आप एक या दूसरे कारण से डरते ही रहेंगे। और डरा हुआ व्यक्ति क्या कर सकता है? कुछ नहीं, ना तो जीवन के मजे ले पाता है और ना कोई बड़ा कार्य ही कर पाता है। सो इस टेस्ट में पास होना बहुत जरूरी है। जीवन में कुछ बड़ा करना है तो स्वतंत्रता तथा निर्भीकता से जीना आवश्यक है। शेर हो तो जंगल में रहो। यह दूसरों के कहने पर सर्कस में करतब क्यों दिखाते रहते हो? अब मैं तो जितना उत्साह दे सकता था, दे चुका। अब आगे अपनी इस ओढ़ी हुई मानसिकता से छुटकारा आपको पाना है। और उम्मीद है कि जीवन बनाने हेतु इतना तो आप कर ही लेंगे। सो चलो, अपनी भाषा में एक दृढ़ रिसोल्यूशन लिख लो। और जब तक इन ओढ़ी हुई गुलामियों से छुटकारा न पा लेते हो, इनपर मनन करते रहो।

रिसोल्यूशन अपनी भाषा में

....

....

....

....

....

....

....

खैर, इस संदर्भ में एक बात और समझ लो। हर युग, हर परिस्थिति, हर मनुष्य तथा हर जीवन सर्वथा भिन्न होता है। ऐसे में किसी अन्य के Do's और Don'ts आपके काम आ ही कैसे सकते हैं? और फिर मनुष्य का अर्थ क्या है? जो समझदार है। और जब समझदार है, तो फिर हरेक को यहां अपने जीवन की खबर है ही। हरकोई यहां अपना हित-अहित तथा अपने गुण-दोष अच्छे से समझता ही है। यह तो बस बाहर की ओढ़ी गुलामियों के कारण अपनी बात पर दृढ़तापूर्वक अमल नहीं कर पाता है। और यह करीब-करीब सबका अनुभव है। आपको मालूम है कि

यह करना आपके हित में है, फिर भी आप उसपर अमल नहीं कर पाते हैं। वैसे ही चीज नुकसानदायक जान पड़ने के बाद भी आप उस आदत को बदल नहीं पाते हैं। यानी आप चाहकर भी अपने हित की रक्षा नहीं कर पाते हैं। सोचो, ऐसा क्यों हो रहा है? सिर्फ इसलिए कि दूसरों के दिये Do's और Don'ts पर अमल कर-कर के आपकी मानसिकता अब गुलामों वाली हो चुकी है। जो चाबुक के जोर पे तो सर्कस दिखा सकती है, परंतु अपनी स्वयं की नहीं सुन रही है। इसीलिए मैं कह रहा हूँ कि दूसरों के पकड़ाये सारे Do's और Don'ts से छुटकारा पा लो। उससे आपका आप पर शासन स्थापित हो जाएगा। बस फिर आप तो अपना हित-अहित जानते ही हैं तथा अपना जीवन भी आप समझते ही हैं। सो दूसरों के पकड़ाये Do's और Don'ts से छुटकारा पाकर अपने तीन प्रमुख Do's और Don'ts जो आपके हित में हो, आप स्वयं तय करो। उसे अपनी ही भाषा में आगे दिये कॉलम में लिखो। और जब तक उसपर अमल करना चालू न कर दो, रोज एकांत में बैठकर उसपर मनन करो। उस हेतु अपने को समझाओ और अपने को दृढ़ करो। और फिर जब स्वयं के हाथ से अपने Do's और Don'ts लिखोगे तो उन्हें तोड़ना इतना आसान भी नहीं होगा। तोड़ते वक्त एकबार अपना लिखा तो याद आएगा ही। सो बस धीरे-धीरे इसपर मनन करने से हो ही जाएगा। अत: बस अब पूरे होश में तीन प्रमुख Do's और Don'ts अपनी भाषा में लिख लो, जिनपर आप अमल करना चाहते हैं। और देख लेना, इन पर अमल करते ही आपका जीवन क्या-से-क्या हो जाता है। तभी तो कहता हूँ कि अपने डॉक्टर स्वयं बनो, क्योंकि आपका आपसे बड़ा कोई सर्जन है ही नहीं।

Do's जो मैं आज से करना शुरू कर रहा हूँ

1 ....

....

....

....

....

....

2

3

Don'ts जो मैं आज से करना बंद कर रहा हूँ

1

2

3

खैर, आप सोचेंगे कि मैं दूसरों के दिये Do's और Don'ts से जान छुड़ाने को इतना महत्त्व क्यों दे रहा हूँ? क्यों आपको अपने Do's और Don'ts बनाने को कह रहा हूँ? तो चलो इस बात का महत्त्व मैं आपको एक उदाहरण के सहारे समझाने की कोशिश करता हूँ। भगवद्गीता का नाम तो सबने सुना ही है। इसकी शुरुआत कैसे होती है? तब जब अर्जुन युद्ध करने से इन्कार करता है। और कारण? कारण वह वेदों तथा शास्त्रों में लिखित Do's और Don'ts के देता है। वह कृष्ण से कहता है कि शास्त्रों तथा वेदों के अनुसार यह-यह आचरण उचित नहीं है। भाइयों, रिश्तेदारों तथा गुरुओं की हत्या की हमें छूट नहीं है। यह सब तो घोर पाप है। और

कृष्ण अर्जुन की बात से असहमति जताते हैं। वे कहते हैं कि दूसरों के दिये Do's और Don'ts हमारे लिए किसी काम के नहीं। सब दो-कौड़ी के हैं। कैसे कोई उनको सुन सकता है? आगे कृष्ण कहते हैं कि Do's और Don'ts तो मनुष्य के अपने होते हैं। हे अर्जुन, युद्ध के कारण तुझे पता है। युद्ध के मैदान में तू खड़ा है। सो निर्णय भी अपने मन व जीवन को देखते हुए तुझे ही करना है। इसमें धर्मशास्त्रों के पकड़ाये Do's और Don'ts बीच में आते ही कहां से हैं? कृष्ण आगे कहते हैं कि जो दूसरों के Do's और Don'ts का पालन करता है वह हमेशा भयभीत व कन्फ्यूज्ड रहता है। और आप देख लो कि पूरी गीता के दरम्यान अर्जुन भयभीत भी था व कन्फ्यूज्ड भी। इसीलिए कृष्ण अर्जुन से कहते हैं कि दूसरे का धर्म भय देने वाला होता है। भय और कन्फ्यूजन तो अपने धर्म पर चलने से ही दूर हो सकते हैं। और अपने धर्म पर चलना यानी अपने बनाये Do's और Don'ts पर चलना। कृष्ण हिंदू, मुस्लिम, सिख, ईसाई की बात नहीं कर रहे हैं। हिंदू शब्द का तो कृष्ण ने पूरी गीता के दरम्यान उच्चारण भी नहीं किया है। कृष्ण तो सनातन बातें कह रहे हैं जो धर्म, जात व देश से कहीं ऊपर है। और इसीलिए तो गीता 'विश्व ग्रंथ' है। उम्मीद है कि अब आपको दूसरों के पकड़ाये Do's और Don'ts से छुटकारा पाने का महत्त्व समझ में आ गया होगा। आपको अपने स्वयं के Do's और Don'ts बनाने का फायदा समझ में आ रहा होगा।

सो बस, अपने अनुभवों के आधार पर, अपने जीवन को देखते हुए अपने Do's और Don'ts की सूची बनाते चले जाओ। इस हेतु दूसरों से कुछ प्रेरणा मिले तो भी इसमें बुराई नहीं। परंतु हैं वे आपके ही Do's और Don'ts। याद इतना रखो कि यह कोई धार्मिक या सामाजिक बंधन नहीं है। इनमें अड़ियलपन रखने की कोई आवश्यकता नहीं है। इसमें ऐसा नहीं है जैसा गलत साबित होने के बावजूद बाइबल का एक शब्द नहीं बदला जा सकता है। ना ही इनमें ऐसी कोई जिद है कि हवाईजहाज के जमाने में भी रथ के जमाने के नियम ढोने ही पड़ेंगे। यह तो अपनी बेहतरी के लिए अपने स्वयं के बनाये Do's और Don'ts हैं। मन व जीवन बदले तो उस आधार पर Do's और Don'ts भी बदल लेना। उसमें कौन-सी बड़ी बात है? तभी तो इस किताब में सबकुछ आपको पेन्सिल से लिखने को कह रहा हूँ। ताकि

बदलते समय के अनुसार आप हर चीज मिटाकर नयी लिख सकें। और जिन बातों का लिखना व मिटाना हमारे हाथ में हो, वे ही गुणकारी। और वही हमारा अपना शास्त्र! जिसे लिखना भी हमें है, अमल में भी हमें ही रखना है तथा जिसे समय के अनुसार बदलना भी हमें ही है। उस हेतु न डर पालना है और न कन्फ्यूजन! सो आपको तीन-तीन Do's और Don'ts लिखने का कॉलम दिया ही हुआ है। बस आप अपने तीन प्रमुख Do's और Don'ts उसमें भर लो। और हर हफ्ते उनपर गौर करते रहो। जीवन बदले या प्राथमिकता बदले तो मिटाकर नये लिख लो। यह आप ही का रचा शास्त्र है, हर हफ्ते उसका आकलन करते रहो। और फिर उस अनुसार चलते रहो। देखो इतना कि इस एक मजबूत कदम को उठाने से जीवन क्या से क्या हो जाता है! ठीक है, तो अब दृढ़ संकल्प लेकर इसपर अमल कर ही दो। एकबार इतना आप कर लो, फिर आगे मैं और भी महत्त्वपूर्ण Do's और Don'ts बनाने हेतु आपकी सहायता करता हूँ। आपके अपने Do's और Don'ts की एक सनातन सूची बनवा देता हूँ। जो हर हाल व हर काल में आपके लिए सहायक होगी। जिन्हें मिटाने या नये सिरे से लिखने की आवश्यकता ही नहीं होगी। यानी वे सनातन Do's और Don'ts जिन्हें आप यह नहीं कह सकते कि किसी ने पकड़ाये हैं। और वे सारे हरदम आपकी सहायता हेतु अडिग होकर खड़े रहेंगे। बस ऐसे ही चंद सनातन Do's और Don'ts मैं आपको समर्पित करना चाह रहा हूँ। ये बड़े ही सीधे व सरल हैं। और इनको अपने Do's और Don'ts की सूची में शामिल करते ही आप एक कमाल के व्यक्ति हो जाएंगे। उम्मीद है कि आप सब उस हेतु पूरी तरह से तैयार हैं। यहां एक बात फिर से स्पष्ट कर दूं कि यदि अब भी दूसरों के पकड़ाये Do's और Don'ts आप पर हावी हैं तो फिर आप अपने इन सनातन Do's और Don'ts पर दृढ़तापूर्वक अमल कभी नहीं कर पाएंगे। हालांकि मुझे यकीन है कि अब आपने अपने ही बनाये Do's और Don'ts पर चलने का दृढ़ निर्णय ले ही लिया होगा।

1) आपकी सेवा ही आपका पहला धर्म

जीवन एक अवसर है तथा जीने का यह अवसर आपको प्रकृति की ओर से मिला है। और जब यह अवसर मिला है तो जी ही लो। और जीना किसे कहते हैं?

मन में मस्ती, आनंद, शांति वगैरह बने रहे, तो जीए। बार-बार चिंता या फ्रस्ट्रेशन पकड़ रहे हों तो उसे मरना कहते हैं। और यह एक ऐसा तथ्य है जिसे सभी जानते हैं। इसीलिए सभी मस्ती व शांति से जीना भी चाहते हैं। फिर बाधा क्या है? यह पूछते ही अधिकांश लोग कहेंगे कि दूसरे जीने नहीं देते हैं। बस यह जो दूसरों की बात करते हो न, इसीलिए जी नहीं पा रहे हो। और जबतक दूसरे को जिम्मेदार ठहराते रहोगे, जी नहीं ही पाओगे। अभी तो इतना समझो कि आपको हँसी, खुशी व मस्ती से भरने की जवाबदारी किसकी है? भगवान की? जमाने की? परिवार की? रिश्तेदारों की? साधु-संत या समाज सेवकों की? सोचो... सोचो? बताओ-बताओ? कहो, आपको मस्ती और शांति से भरने की जवाबदारी किसकी है? पड़ गए न उलझन में! अब भी समझे या नहीं कि आपका जीवन बनाने की जिम्मेवारी इनमें से किसी की नहीं है। यह आप ही की जिम्मेदारी है और आप इसे उठा लें तो ही बेहतर है। सो, यहां-वहां की बात छोड़ के अपनी सेवा करना अपना धर्म बना लो। बाकी कोई धर्म काम आये या न आये, यह धर्म आपके बड़े काम आएगा। बस तो फिर आज से अपनी अधिकतम सेवा शुरू कर दो। अपनी शांति, अपनी मस्ती, अपनी खुशी, अपना काम, अपनी नींद, अपना स्वास्थ्य, इन्हीं सबको सर्वोच्च प्राथमिकता दो। इन सबकी बने वहां तक पुरजोर रक्षा करो। और इसे भूलकर भी स्वार्थ मत समझना, यह आपका अपने प्रति धर्म ही है। स्वार्थ का अर्थ तो होता है कि दूसरे को नुकसान पहुंचाकर अपने भले की सोचना। सच-झूठ, चोरी-चकारी व बेईमानी... स्वार्थ के लक्षण हैं। यह सब आपको थोड़े ही करना है। आपको तो अपने मन, शरीर व जीवन की रक्षा करनी है। मैं तो सबसे निवेदन करूंगा कि आप अपनी अच्छे से सेवा कर लो। यदि सब लोग ऐसा करना शुरू कर दें तो संसार में कोई दुखी ही न बचे। अत: हरेक को चाहिए कि पहले अपना भला अच्छे से कर ले। बुद्ध हों या क्राइस्ट, उन्होंने भी पहले अपना भला किया और उसके बाद ही उन्होंने जगत के उद्धार की सोची। क्योंकि जगत का उद्धार करना हमेशा दूसरे नंबर पर ही आता है। समझते क्यों नहीं कि एक दुखी व्यक्ति कैसे दूसरों के दुख दूर करेगा? वह इस कोशिश में भी दुख ही बांटेगा। और यही हो रहा है। यहां अधिकांशत: दुखी लोग ही धर्मगुरु व समाजसेवक बन गए हैं। सो यह सब बंद ही कर दो। पहले अपनी सेवा जम के कर लो। जब

आपके दुख-दर्द दूर हो जाएं, फिर दूसरों पे भी हाथ आजमा लेना। लेकिन तब तक नहीं। वरना गड़बड़ ही करोगे। और चूंकि सभी यह गड़बड़ कर रहे हैं, इसीलिए संसार दुखियों से भरा पड़ा है।

खैर, अब अपनी सेवा का अर्थ भी समझ लो। अपनी सेवा का अर्थ है, आप अपना अधिकतम खयाल रख लो। आप हँसी, खुशी व मस्ती के हर मौके को भुना लो। अपने आराम तथा अपने स्वास्थ्य को प्राथमिकता दो। जिसमें आपको कष्ट हो, ऐसा कार्य बने वहां तक टालो। दूसरे को इसमें बाधा बनने ही मत दो। दूसरे बाधा बनते नजर आएं तो उनकी परवाह करना कम कर दो। परंतु हरहाल में अपने को हँसी-खुशी व ऊर्जा से भर दो। साथ ही अपना जीवन बनाने हेतु अपने कार्य भी दिल लगाकर निपटाओ। उसमें कचास छोड़ोगे तो जीवन वैसे ही बिगड़ जाएगा। सो अपने लिए यह भी आपको करना ही होगा। इससे आपकी प्रसन्नता और बढ़ेगी। फिर जमकर दूसरों का भला भी कर लेना। यूं भी सायकोलॉजिकली आप खुश व प्रसन्न हैं तो ही आप दूसरों का वास्तविक भला कर सकते हैं। हालांकि एक बात और समझ लो। अपनी खुशी का ध्यान रखने का अर्थ दूसरों को परेशान करना नहीं है। दूसरों के साथ तो आपको कोई जबरदस्ती करनी ही नहीं है। इसका तो आपको कोई अधिकार भी प्राप्त नहीं है। आपको तो बस अपनी मस्ती का खयाल रखना है, और वह भी अपने बल पर। उस हेतु आपको ना तो दूसरों को परेशान करना है और ना ही दूसरे को इसमें बाधा बनने देना है। समझते क्यों नहीं कि यदि आप दुखी व परेशान हैं तो वह इसलिए कि अभी आपने अपनी अच्छे से सेवा नहीं की है। सो आप अपना अच्छे से खयाल रखें। अपने को पूरे नाजो-नजाकत से पालें। यह जीवन एक अवसर है और इसमें आप ही को आपकी सेवा करनी है।

चलो, एक बात और। अपना जीवन हसीन बनाना चाहते हो तो अपने मंत्र स्वयं रचना प्रारंभ कर दो। जीवन का यह परमनियम और समझ लो कि यहां खुद के रचे मंत्र ही अपने काम आते हैं। यह स्वयं के रचे मंत्र ही हैं जो आपको दृढ़ता प्रदान कर सकते हैं। और यह मंत्र रचते वक्त भी कसम खाता हूँ, भगवान की कसम या प्रतिज्ञा लेता हूँ जैसी कमजोर बातें मत करना। अपने रचे मंत्र में तो एक ही बात होती है - ''मैं तय करता हूँ।'' अर्थात आपको कसमें नहीं खानी है, बल्कि तय

करना है कि आज से मैं अच्छे से अपनी सेवा करूंगा। और उस हेतु अपनी भाषा में मंत्र लिखो। अपनी नॅचरल भाषा में लिखा हुआ मंत्र बेहद असरकारक होता है। और एकांत में उसका मनन करने से आपकी दृढ़ता बढ़ती चली जाती है। चलो, चूंकि यह आपके जीवन का पहला मंत्र है, अत: मैं इस हेतु थोड़ी सहायता कर देता हूँ।

मंत्र

मैं तय करता हूँ कि आज के बाद मैं अपनी सेवा को सर्वोच्च प्राथमिकता दूंगा। मैं रिसोल्यूशन पास करता हूँ कि आज के बाद मैं अपने को अकारण के कष्टों में नहीं डालूंगा। मैं अपनी हँसी-खुशी व स्वास्थ्य का बने उतना खयाल रखूंगा। और इस हेतु न किसी को परेशान करूंगा और न किसी को बाधा बनने दूंगा। मैं दृढ़तापूर्वक तय करता हूँ कि आज के बाद मैं अपने को नाजों से पालूंगा। न मरा-मरा जिऊंगा और न ही बिन कुछ किये मरूंगा। कठिन-से-कठिन परिस्थितियों में भी अपने जीने की राह खोज ही लूंगा।

खैर, इस बार तो अपना मंत्र रचने हेतु मैंने आपकी सहायता की है। अब आप इसे अपनी नॅचरल भाषा में लिखें और फिर जब भी मौका मिले एकान्त में इसका मनन करें। बस फिर आप अपनी रक्षा करने हेतु दृढ़ हो जाएंगे। और इस एक परिवर्तन से आपका जीवन कई गुना हँसी-खुशी से भर जाएगा। इसके चलते आप ऊर्जा से भी भरेंगे व इसके पश्चात आपसे काम भी बेहतर तरीके से होंगे। सो बस अब आप अपनी भाषा में अपना मंत्र लिखें।

स्वयं का मंत्र

....

....

....

....

....

....

2) अपनी बात का वजन बनाये रखो

यह बात हमेशा ध्यान रखना कि अक्सर आगे बढ़ने के मौके दूसरों के थकी ही आते हैं। इसलिए अपनी कही हर बात का प्रभाव होना जरूरी है। जिस रोज आपकी छवि यह हो जाए कि आप बेकार की बातें करते रहते हैं, उस दिन से आप आगे बढ़ने के हसीन मौके से चूक जाते हैं। फिर कोई आपकी बात को तवज्जो नहीं देता है। और जब आपकी बात को ही तवज्जो नहीं तो फिर ऐसे में किसी के द्वारा कोई बड़ी ऑपर्च्यूनिटी दिये जाने का भी सवाल नहीं। इसलिए कह रहा हूँ कि अपनी कही हर बात का वजन होना बहुत जरूरी है। हर बात में बोलना या हर बात पे अपनी राय प्रकट करना जरूरी नहीं है। बात बिना बात के बोलने से तो कम बोलना अच्छा है। सो आज के बाद यह तय करो कि उसी बाबत बोलेंगे, जिस बाबत आप वाकई जानते हैं। तय करो कि आधी-अधूरी जानकारियों के सहारे कूद नहीं पड़ेंगे। कम बोलना चलेगा, पर बार-बार गलत सिद्ध होना कतई नहीं चलेगा। क्योंकि एकबार दूसरों ने आपको गंभीरता से लेना बंद कर दिया तो फिर आपका वजूद ही खतरे में पड़ जाएगा। इसलिए मजाक-मस्ती करो, गपशप मारो, यहां-वहां की चाहे जितनी बात करो, कोई ऐतराज नहीं। परंतु संजीदा बातों में तभी बोलो, जब आपको विषय की पूरी जानकारी हो। इसकी बजाय अपना ध्यान सुनने व समझने पर दो। इससे आपके व्यक्तित्व का प्रभाव कई गुना निखर जाएगा। ध्यान इतना रखो कि किसी विषय की जानकारी न होना कोई गुनाह नहीं है। साथ ही खामोश रहकर सुनना भी नुकसानदायक नहीं है। लेकिन मुंह से निकली बात गलत साबित हो जाए तो यह मूर्खता अवश्य है। उम्मीद है कि आज के बाद आप अपने व्यक्तित्व में यह सकारात्मक परिवर्तन ले ही आएंगे। और इस हेतु रिसोल्यूशन आप अपनी ही भाषा में लिखें। रिसोल्यूशन कैसे लिखना, यह तो अब आपकी समझ में आ ही गया है। और यह रिसोल्यूशन ही आपके द्वारा आपके लिए लिखा गया मंत्र है।

स्वयं का मंत्र

....

....

....

....

....

....

....

3) अपना रूटीन सेट कर लो

जीवन का खेल क्या है? क्या मनुष्य अपने हिसाब से अपना रूटीन सेट कर सकता है? तो इस विषय में यह स्पष्ट समझ लो कि जीवन का खेल प्रकृति द्वारा सेट ही है। यहां कोई मनुष्य उससे अलग अपना कोई विशेष रूटीन नहीं बना सकता है। और प्रकृति के सेट किये रूटीन के अनुसार यहां सम्मानपूर्वक जीने हेतु हर मनुष्य को मोटामोटी तौरपर आठ घंटे कार्य करना ही है। हाउसवाईफ हो तो भी उसे आठ घंटे के करीब घर में व्यस्त रहना ही है। वैसे ही आठ घंटे के करीब सबको सोना भी है। और बचे हुए आठ घंटे में सबको अपने रूटीन कार्य निपटाने होते हैं। तथा साथ ही इसी आठ घंटे में मनुष्य को अपने मनोरंजन की जुगाड़ भी बिठानी होती है। यही प्रकृति की ओर से मनुष्य के लिए रचना है। मनुष्य जब से अस्तित्व में आया है तभी से वह इस रूटीन से बंधा हुआ है। तथा उसके रूटीन के ये तीनों आठ घंटे पूरी तरह से एक-दूसरे से कनेक्टेड हैं। नींद बिगड़ी तो इसका प्रभाव कार्य पर आएगा। कार्य ठीक से नहीं कर पाये तो आराम व मस्ती के अच्छे क्षण नहीं गुजार पाओगे। वैसे ही यदि आराम व मस्ती के क्षण न मिले तो काम में मन लगाना मुश्किल हो जाता है। यानी जीवन का हर भाग अच्छे से बीतना जरूरी है। और वह बीते तो ही जीवन सेट कहा जा सकता है। आप जानते ही हैं कि परिणामकारी कार्य न होने पर जीवन बिगड़ ही जाता है। क्योंकि ऐसे में आर्थिक तंगी झेलनी पड़ सकती है। नींद पूरी न हो रही हो तो यूं ही सब चीज के मजे बिगड़ जाते हैं। और यदि मन को उचित आराम व मनोरंजन न मिल रहा हो तो वह थक जाता है। ऐसे में कार्य करने की ऊर्जा ही नहीं बचती है। और अधिकांश लोग एक या दूसरी जगह चूक ही रहे हैं। कोई नींद नहीं आने से परेशान है तो कोई मनोरंजन के उचित क्षण न मिल पाने से बेचैन है। और काम में मन नहीं लगता, यह तो अधिकांशों की शिकायत है।

होगा, आप आज से अपना जीवन सेट कर लें। तय करें कि आप नींद भी पूरी करेंगे, आनंद-मस्ती के क्षण भी गुजारेंगे व काम भी दिल लगाकर करेंगे। लेकिन यह सुनने में जितना आसान लग रहा है, उतना आसान है नहीं। क्योंकि मनुष्य की फितरत ही कुछ ऐसी है कि एक को पकड़ते ही दूसरा छूट जाता है। तो कोई बात नहीं। यदि दैनिक आधार पर आप जीवन के तीनों भाग बैलेंस नहीं कर पा रहे हैं तो चिंता न करें। आप जीवन के इन तीनों भागों को साप्ताहिक आधार पर सेट करने की कोशिश करें। शनिवार और रविवार को एडजस्टमेन्ट के दिन रखें। यदि नींद बाकी है तो इन दो दिनों में नींद पूरी कर लें। यदि पूरे पांच दिन काम करके थक गए हैं और आपका मन मनोरंजन चाहता है, तो मन को मनोरंजन से तृप्त कर लें। और यदि इस दरम्यान काम ठीक से नहीं हो पाया है तथा शनिवार और रविवार को काम करने की सुविधा है, तो काम निपटा लें। यानी हफ्ते का हिसाब हफ्ते में निपटा लें। यह तय कर लें कि हफ्ते के अंत में नींद, कार्य व मनोरंजन तीनों आवश्यकतानुसार पूरे हो जाने चाहिए। इससे हर जगह व हर बाबत आपका परफॉर्मेन्स सुधरेगा। इससे आपकी प्रगति के द्वार खुलेंगे। साथ ही जीवन में मस्ती व स्फूर्ति भी बनी रहेगी। ध्यान यह रख लो कि कुछ लुटा नहीं जा रहा है। परंतु नींद, कार्य तथा मनोरंजन का यथायोग्य बैलेंस करने से चूक गए तो जीवन में हजार परेशानियां आनी शुरू हो जाएगी। अत: हफ्ते के हफ्ते इनकी आवश्यक पूर्ति कर ही लो। इनमें से कुछ भी बाकी रह गया तो बहुत तकलीफ देगा। जीने का मजा भी चला जाएगा व हाथ भी कुछ नहीं लगेगा। उम्मीद है कि आप मेरा इशारा समझ गए होंगे। और आज के बाद शनिवार-रविवार को अपने पांच दिनों के हिसाब को चुकता करने के तौरपर रखेंगे। सोमवार से शुक्रवार तक में जिस किसी भी विभाग में चूक हो गई हो, उसकी पूर्ति शनिवार-रविवार को कर लोगे। हां, यदि आपका कार्य ऐसा है कि जिसे आप शनिवार-रविवार को एडजस्ट नहीं ही कर सकते हैं तो बाकी दिन कार्य इतना मन लगा के करो कि शनिवार तथा रविवार को आपको नींद व मनोरंजन ही एडजस्ट करना रह जाए। अब जीवन है तो रास्ते तो निकालने ही पड़ेंगे। यानी जिस किसी का जो भी जीवन है, उसमें ही उसे नींद, कार्य व मनोरंजन का ठीक-ठीक संतुलन बिठाना है। और वह बिठाना ही पड़ेगा। एकबार यह संतुलन बिठा लोगे तो फिर सब सेट हो जाएगा। फिर काम भी

अच्छे से होगा तथा मन को भी आवश्यक मनोरंजन दे पाओगे। और जब यह दोनों सेट तो नींद भी अच्छे से आएगी।

कुल-मिलाकर कहने का तात्पर्य इतना ही कि इन तीनों को सेट करके ही मनुष्य एक सम्पूर्ण जीवन गुजार सकता है। यही कुदरत की मनुष्य के लिए व्यवस्था है। और इसीलिए जीवन के ये तीनों आयाम नींद, कार्य व मनोरंजन एक-दूसरे पर निर्भर हैं। एक की सेटिंग बिगड़ी नहीं कि दूसरे व तीसरे पर इसका प्रभाव पड़ा नहीं। और लगातार यह सेटिंग बिगड़ती रहेगी तो जीवन की गाड़ी ही पटरी से उतर जाएगी। फिर रह जाएगी थकान, थकान और थकान...। और मैं नहीं चाहता कि आप इस चक्रव्यूह में फंसें। मैं नहीं चाहता कि जीवन किसी के भी लिए बोझ बन जाए। और इससे बचने का एक ही उपाय है कि जीवन के तीनों आयाम को सेट करके जिओ, भले साप्ताहिक तौरपर ही सही।

खैर, अब आप मेरी कही बात का महत्त्व तो समझ ही गए होंगे। सो, सौ काम छोड़कर जीवन के इन तीनों आयामों का साप्ताहिक संतुलन बिठाने को पहली प्राथमिकता दो। जीवन में न मानसिक थकान चाहिए और न शारीरिक थकान। मानसिक थकान मनोरंजन से दूर होगी तथा शारीरिक थकान नींद व व्यायाम से। और यह दोनों सेट तो काम की गुणवत्ता निश्चित ही कई गुना बढ़ जाएगी। यानी फिर प्रगति भी सेट। सो बस, अपनी ही भाषा में अपना मंत्र लिख लो कि मैं साप्ताहिक तौरपर नींद, कार्य व मनोरंजन, तीनों को यथायोग्य सेट करूंगा ही करूंगा। इन तीनों की सेटिंग को मैं सर्वोच्च प्राथमिकता दूंगा ही दूंगा। और यह सब अपनी ही भाषा में लिख लो। फिर हर शनिवार की सुबह उसपर मनन करो। क्या बाकी रह गया है, उसपर गौर करो। और फिर उसकी पूर्ति कर लो। यहां इतना और समझ लो कि किसी की नींद 6 घंटे की हो सकती है व किसी की 8 घंटे की। तो जिसको जितनी नींद की आवश्यकता हो। वैसे ही मनोरंजन भी किसी को A से मिलता है और किसी को B से। तो उस बाबत भी जो जिसका शौक हो। सवाल मन को मस्ती से भरने का ही है। तो बस अब अपनी भाषा में इस रिसोल्यूशन को लिख लो और उसे अपने द्वारा अपने लिए बनाया गया मंत्र ही समझो। तथा इस तरह अपने जीवन हेतु अपना शास्त्र बनाते चले जाओ।

स्वयं का मंत्र

....

....

....

....

....

....

....

4) समय और ऊर्जा का गणित लगाना सीख जाएं

आप लेन-देन व पैसे का हिसाब अच्छे से लगा लेते हैं। अच्छा है, लगाना ही चाहिए। संसार में जीने हेतु यह जरूरी है। लेकिन इतने पर ही रुक जाना ठीक नहीं। थोड़ा जीवन की गहराई को भी समझो। जीवन में आपके पास एक सीमित समय है। अधिक-से-अधिक अस्सी या सौ वर्ष आपके जीवन की सीमा है। इस लिहाज से देखा जाए तो 'समय' से मूल्यवान कुछ भी नहीं है। लेकिन समय का कोई हिसाब आप नहीं रखते। आपके दिन, महीने व साल बेकार के कामों में बीत जाते हैं। और अंत में हाल यह हो जाता है कि महत्त्वपूर्ण कार्य निपटाने हेतु भी आपके पास समय नहीं बचता है। और यही आप अपनी ऊर्जा के साथ भी करते हैं। यहां किसी के पास असीमित ऊर्जा नहीं है। लेकिन आप ऊर्जा भी ना जाने कैसे-कैसे कामों में लगाकर गंवा देते हैं। इसका प्रमुख कारण यह है कि यहां अधिकांश लोग जीवन के परमनियम से अनजान हैं। यहां अधिकांशों को जीवन के परमनियम का कुछ अंदाजा ही नहीं है। जीवन का यह परमनियम है कि यहां कुछ भी मुफ्त में नहीं मिलता है। हर चीज हेतु आपको कीमत चुकानी होती है। इस लिहाज से देखा जाए तो जीवन एक व्यवसाय ही है। और व्यवसाय में मुनाफा वो ही कमाता है जो कम दाम पे सामान लेता है तथा ज्यादा दाम पे बेचता है। अब सामान्य सांसारिक लेन-देन में तो आप यह थियरी अपना लेते हैं। लेकिन जीवन के प्रमुख लेन-देन में चूक जाते हैं। आप यह समझते ही नहीं कि आपको जीवन में कुछ भी कर दिखाना है तो उस हेतु समय व

ऊर्जा, दोनों चाहिए। और यह दोनों आपके पास सीमित मात्रा में है। परंतु आप समय व ऊर्जा के महत्त्व को जानते ही नहीं हैं। इन दोनों को तो ऐसी-ऐसी बातों में लुटाते फिरते हैं कि पूछो ही मत। इसका अंतिम परिणाम यह होता है कि जीवन के जो चंद प्रमुख कार्य होते हैं, उसे निपटाने हेतु आपके पास न समय बचता है और न ऊर्जा। और सच कहूं तो यही तमाम प्रकार की नाकामियों का प्रमुख कारण है। उम्मीद है कि संक्षेप में कही यह बात आपकी समझ में आ गई होगी।

सो आज के बाद अपने समय व ऊर्जा का महत्त्व समझो। उसका कैल्क्यूलेशन करना सीखो। यह समझ ही लो कि जीवन में कुछ भी मुफ्त में नहीं मिलता है। और हर चीज की कीमत सिर्फ पैसे से नहीं चुकानी होती है। अधिकांश चीजों की कीमत आपको समय व ऊर्जा के रूप में चुकानी होती है। अत: जिस चीज के पैसे नहीं लग रहे हैं वह मुफ्त में मिल रही है, ऐसा मत समझ लो। अपने कीमती समय व ऊर्जा के रूप में आप उसकी कीमत चुका ही रहे होते हैं। अत: आज के बाद कोई भी काम करने से पूर्व उस हेतु खर्च होने वाले समय व ऊर्जा का गणित पहले बिठा लो। यदि कम समय व ऊर्जा खर्च कर ज्यादा कुछ परिणामकारी मिलता है, तो उस कार्य को करो। वरना रहने ही दो। कुछ लुटा नहीं जा रहा है। बस इस एक गणित को बिठाना सीख जाओगे तो चमत्कार हो जाएगा। आप हजार बेकार के काम करना बंद कर दोगे। इससे आपके पास महत्त्वपूर्ण कार्य करने हेतु समय भी बचेगा व ऊर्जा भी। अभी क्या हो रहा है? समय व ऊर्जा का गणित बिठाये बगैर आप इतने बेकार के काम में लगे रहते हैं कि फिर महत्त्वपूर्ण कार्य करने हेतु आपके पास समय ही नहीं बचता है। फिर मनपंसद कार्य करने हेतु भी आपके पास ऊर्जा नहीं बचती है। इस कारण अक्सर आप ऐन वक्त पर परफॉर्म नहीं कर पाते हैं। और यह सभी का अनुभव है। समझते क्यों नहीं कि जीवन परफॉर्मेन्स से बनेगा। और अच्छे परफॉर्मेन्स के लिए समय भी चाहिए व ऊर्जा भी।

अब संक्षेप में मैं जो कुछ भी समझा सकता था, समझा दिया। अब इसको अमल में आपको ही रखना है। सो अपने को बेकार के कामों में उलझाकर इतना व्यस्त कभी मत रखो कि आपके पास न तो अपने लिए और न ही महत्त्वपूर्ण कार्यों को निपटाने हेतु समय बचे। वैसे ही बेकार के कामों में लगकर अपने को इतना मत

थकाओ कि फिर ऐन वक्त पर आप कुछ कर ही न पाओ। कुछ काम नहीं है तो आराम से अपने साथ बैठो। आप समझते ही नहीं हैं कि जरूरत से ज्यादा टीवी देखने से और लगातार फोन पर बात करने से भी आपकी ऊर्जा चूक जाती है। एक लिमिट से ऊपर हो तो यह सब भी थका ही देते हैं। अत: जीवन बनाना चाहते हो तो आराम से अपने साथ बैठना भी सीख जाओ। अकारण की बेचैनी के चलते यहां-वहां की व्यर्थ की व्यस्तताएं मत खोजो। जीवन बचाना चाहते हो तो बेकार की व्यस्तताओं तथा बेकार की थकानों से बचो। क्योंकि जीवन फुर्सत व स्फूर्ति से बनेगा। फुर्सत व स्फूर्ति होगी तो ही मौकों को भुना पाओगे। यहां एक बात और कह दूं कि यदि थकान एक हद से ज्यादा बढ़ जाएगी तो फिर वह चेहरे पर भी नजर आने लगेगी। अचानक आप उम्र से कहीं बड़े दिखने लगेंगे। इसलिए थकान से तो जितना हो सके, बचो। जीवन ऊर्जा पूरी-की-पूरी बेकार के कामों में खर्च मत कर दो। वरना फिर एकदिन जीने की उमंग भी खो दोगे। इससे आपकी संघर्ष-क्षमता भी क्षीण हो जाएगी। फिर एकदिन जीवन को उसके हाल पर छोड़ दोगे। और ऐसा हुआ तो फिर उसके बाद जीवन कभी नहीं बदल पाओगे। अत: अपनी भाषा में समय व ऊर्जा बचाने हेतु एक रिसोल्यूशन लिखो। तय यह करो कि अपने साथ आराम के क्षण भी गुजारोगे तथा सदा ऊर्जा से भरपूर भी रहोगे। और उस हेतु बेकार के कार्यों को टालोगे ताकि ऐन वक्त पर शानदार परफॉमन्स दिखा पाओ। बस इसे लिखो अपनी भाषा में। दोहराओ अपने मन में। और यकीन यह जानो कि जिस दिन आप समय व ऊर्जा का अपव्यय बंद कर दोगे, आपका जीवन स्वत: ही नयी ऊंचाइयां छूना प्रारंभ कर देगा। सो, अपनी भाषा में अपने हेतु एक मंत्र लिख लो।

स्वयं का मंत्र

....

....

....

....

....

5) अपने शौक पूरे करते रहो

जीवन का मजा लेना हो तो ऊर्जा चाहिए। जीवन बनाना हो तो ऊर्जा चाहिए। लेकिन यह ऊर्जा लाएं कहां से? क्योंकि आज के आपाधापी के युग में हरकोई अपने में ऊर्जा की कमी तो महसूस कर ही रहा है। जब देखो तब थका-थका सा रहता ही है। ऐसे में यह जानना ही रहा कि ऊर्जा का प्रमुख स्रोत क्या है? ...तो ऊर्जा के दो प्रमुख स्रोत हैं। पहला है अपने स्वयं के साथ शांतचित्त से समय बिताना। लेकिन दुर्भाग्य से आजकल इसे व्यर्थ समय गंवाना समझा जाता है। अधिकांश लोग तो अपने साथ शांति से अकेले में बैठ ही नहीं सकते हैं। और ऐसे लोग ही मानसिक ऊर्जा पाने के एक बहुत बड़े अवसर से वंचित हो जाते हैं। अत: दिन में कुछ समय अपने साथ अकेले में शांति से बिताओ। इससे आप इस कदर ऊर्जा से भर जाएंगे कि जिसकी आपको कल्पना ही नहीं है। इससे आपकी फ्रेशनेस बढ़ेगी। इससे आपके मन की बेचैनियां कम हो जाएगी। अधिकांश महान लोग तो घंटों के घंटों बिना कुछ किये अपने साथ बिता देते हैं। सो आप भी शांति से अपने साथ एकांत में बैठना शुरू करो। कुछ नहीं तो सुबह उठकर दस मिनट व रात को सोने से पहले दस मिनट तो अपने साथ एकांत में गुजारो ही गुजारो। वैसे ही शौक दिल खोलकर पूरे करते रहना ऊर्जा का दूसरा प्रमुख स्रोत है। अब हर किसी को कोई-न-कोई शौक तो होता ही है। खाने का, घूमने का, खेलने का, पढ़ने का वगैरह-वगैरह। यह सब शौक की श्रेणी में ही आते हैं। और जीवन, एक ही बार का अवसर है। मृत्यु तक ही शौक पूरे करने का मौका आपको उपलब्ध है। सो कभी भी अपने शौकों को दबाओ मत। जीवन की मजबूरियों में इन्हें पिसने मत दो। जब भी मौका मिले तथा जो कुछ जितना भी उपलब्ध हो, उसके सहारे दिल खोलकर अपने शौक पूरे करो। शौक में अच्छा-बुरा व पाप-पुण्य होता ही नहीं है। यह तो जीवन के दुश्मनों ने अच्छे-बुरे व पाप-पुण्य की सूचियां बना के शौकों को बदनाम कर दिया है। इसलिए आप अपने हर शौक को अपना धर्म मानो। क्योंकि शौकों की पूर्ति आपको अपार ऊर्जा से भर देगी। हां, बस आप अपने शौक की परिभाषा बना लो। हर वो चीज जो आपको पसंद है तथा जिस हेतु आपको दूसरे किसी पर रत्तीभर जबरदस्ती नहीं करनी पड़ रही है, वह आपका शौक है। अपने शौकों की पूर्ति हेतु किसी के साथ जबरदस्ती करते हैं तब

तो वह हिंसा हो गई। सो आप बिना किसी के साथ जबरदस्ती किये जो भी मजे ले सकते हैं, बिंदास लो। फिर उस बाबत किसी के अच्छे-बुरे कहने को सुनो ही मत। आवश्यकता पड़े तो उस हेतु थोड़े बेशरम भी हो जाओ। दूसरे क्या कहते हैं, सुनो ही मत। बस देखो इतना कि कहीं आपके शौक आपको नुकसान तो नहीं पहुंचा रहे हैं ना? नुकसान पहुंचा रहे हों तो उन्हें तत्काल प्रभाव से त्याग दो। बाकी तो जब व जितना मौका मिले, अपने शौक पूरे करते रहो। क्योंकि शौकों की पूर्ति ही वह क्षण है जब आप अपने को पूर्णत: स्वतंत्र महसूस करते हैं। यही वो समय होता है जब आप अपनी मरजी से जीते हैं। और यह अपनी मरजी से जीना आपको अपार ऊर्जा से भर देता है। आपकी दिनभर की थकान दूर कर देता है। शौकों की पूर्ति आपको तरोताजा कर देती है। अत: जीवन कितना ही उलझा हुआ क्यों न हो, साहस दिखाओ। जरूरत पड़े तो कुछ बेशरमी भी दिखाओ। उसमें भी कोई बुराई नहीं। परंतु कुछ वक्त अपनी मरजी से अपने शौक हेतु अवश्य बिताओ। आपके शौक ही आपकी लाइफ लाइन है। वही आपकी ऊर्जा का प्रमुख स्रोत है।

अच्छा बताओ, जब आप काम से थक जाते हैं तब क्या करते हैं? 5-7 दिन के लिए घूमने चले जाते हैं। सभी जानते हैं कि आप वहां से बड़ा फ्रेश होकर आते हैं। एक नयी ही ऊर्जा से भर जाते हैं। बताओ क्यों? क्योंकि जब आप घूमने जाते हैं तब पूर्णत: अपनी मरजी से जीते हैं। वही तो मैं कह रहा हूँ कि स्वतंत्रता से बड़ा ऊर्जा का कोई स्रोत नहीं है। अत: जीवन कितना भी उलझा हुआ हो पर दिन में कुछ समय अपनी मरजी से अपने शौकों के लिए जी लो। और वह आपको जीना ही पड़ेगा। क्योंकि यह अपनी मरजी से जीना ही आपके जिंदा होने का सबूत है। और यूं भी जिसका जीवन पूरी तरह से दूसरों की मरजी पर चल रहा हो, उसे जिंदा कहा भी नहीं जा सकता है। सो जिंदा हो तो जिंदा दिखना भी चाहिए। यदि अपने लिए इतना भी नहीं कर पाओगे तो हमेशा थके-हारे रहोगे। धीरे-धीरे आपको गुलामों-सा अहसास होने लगेगा। अपने को लाचार महसूस करना शुरू कर दोगे। फिर कुछ काम भी ढंग से नहीं होगा तथा स्वास्थ्य भी खो बैठोगे।

खैर, इसीलिए कह रहा हूँ कि आपको जिंदा रहना भी है तथा जिंदा दिखना भी है। यदि गलत प्रभावों में आकर उलझे पड़े हो तो भी हथियार तो नहीं ही डाल

देने हैं। जीवन जीने का यह हसीन मौका चूकना नहीं है। आपको हरहमेशा ऊर्जा से भरपूर रहना है। क्योंकि तभी आप हर कार्य में शानदार परफॉर्म कर पाएंगे। अत: उठो, जागो और साहस दिखाओ। अपनी ही भाषा में अपनी रक्षा करने का रिसोल्यूशन दृढ़तापूर्वक तय करो। जीवन कितना ही क्यों न फंसा हुआ हो, उसमें से भी जिंदा रहने के नये-नये उपाय खोजते ही रहो। और कुछ नहीं तो इतना तो तय कर ही लो कि दिन में एक-दो घंटे आप अपने लिए, अपनी मरजी से जिएंगे। दिन में एक-दो घंटे वही करेंगे जिससे आपको ऊर्जा मिलती हो। वही करेंगे जिससे आपके मन को शांति मिलती हो। उस हेतु साहस भी दिखाओगे व जरूरत पड़े तो कुछ बेशरमी भी। पर हरहाल में अपने को जिंदा व तरोताजा करके ही रहोगे। जीवन की उलझन कैसी भी हो पर थके हुए मजबूरियों वाला जीवन नहीं ही जिओगे। सो बस, अब अपनी भाषा में अपने हेतु एक दृढ़ रिसोल्यूशन पास करो। तय करो कि हरहाल में अपने को बचाओगे तथा जल्द ही पूरी तरह से जिंदा हो जाओगे। यूं भी यही आपका अपने प्रति पहला कर्तव्य है। सो इसे अपने जीवन का मूलमंत्र बना लो। बात को मैंने विस्तार से समझाया है, आप इसे अपनी भाषा में संक्षेप में लिख लो। जो-जो बातें प्रभावित कर गई हों, उन्हें अपनी भाषा में समेट लो तथा नियमित इसपर मनन करो।

स्वयं का मंत्र

....

....

....

....

....

....

6) दिखावों पे खर्च करना बंद कर दो

बड़ी-बड़ी बेकार की बातें करना आसान है परंतु उससे जमीनी हकीकत नहीं बदल जाती है। और जमीनी हकीकत यह है कि धन आज की तारीख में भगवान

नहीं, तो भगवान से कम भी नहीं। यहां तक कि किसी की सहायता करने हेतु भी धन लगता ही है। सिर्फ भगवान भरोसे किसी की सहायता नहीं की जा सकती है। और फिर आज के आधुनिक युग में धर्म के ठेकेदारों की भी पहली जरूरत धन ही है। सारे ट्रस्ट भी दिन-रात धन की जुगाड़ में ही लगे रहते हैं। आपके व आपके परिवार का भी काफी कुछ धन पर ही निर्भर है। निश्चित ही पूरी मेहनत व लगन से आप अपने व अपने परिवार के लिए धन कमाते हैं। ऐसे में अपने जीवन की बेहतरी हेतु एक आदत में आपको सुधार लाना ही रहा। यह संसार एक ऐसी माया है जिसकी आप जितनी ज्यादा अवहेलना करोगे, उतना सुखी रहोगे। अत: संसार में अपना स्टेटस सिद्ध करने के लिए आप धन का अपव्यय करो ही मत। दूसरों पर रुआब झाड़ने के लिए बेकार की फिजूलखर्ची बंद ही कर दो। गाड़ी हो या मकान, अपने लिए खरीदें... दूसरों को दिखाने या जलाने के लिए नहीं। अपनी हैसियत में अपने लिए जो भी श्रेष्ठ संभव है, उसे ही अपना दायरा बनाकर जिएं। दूसरे आपकी हैसियत क्या समझते हैं, उससे आपके वास्तविक जीवन का कुछ भी लेना-देना नहीं है। अत: मेहरबानीकर संसार के बिछाये अहंकार के मायाजाल में उलझो ही मत। अनेक लोग समाज पे रुआब जमाने हेतु शादियों में बढ़-चढ़कर खर्चा कर देते हैं। उससे हाथ क्या लगता है? उससे तो बेहतर है कि घर के घर में शादी करो तथा उन पैसों को अपने पर खर्च करो। न जाने आपके कितने सालों की घूमने-फिरने की व्यवस्था हो जाएगी।

कुल-मिलाकर कहने का तात्पर्य इतना ही कि कड़ी मेहनत से कमाया धन है, उसे अपने व अपने परिवार की वास्तविक खुशियों पर ही खर्च करो। अहंकार की दौड़ में पड़कर उसे उड़ा मत दो। अपने धन को अहंकार पे उड़ाने से तो अच्छा है कि आप उस धन से जरूरतमंदों की सहायता करो। अब यह इतनी सीधी बात है जो आपको समझनी ही रही। हां, जिनके पास अपार धन है वो जो मरजी करे। परंतु सामान्य मनुष्यों के लिए धन का पूरे-पूरा उपयोग 'अपने व अपनों' पर करना ही श्रेष्ठ है। अत: इस हेतु एक दृढ़ रिसोल्यूशन अपनी भाषा में लिख लो। इस एक छोटे से परिवर्तन से आपके व आपके परिवार के जीवन में बहार आ जाएगी। क्योंकि जीना आपको अपने लिए है, अपने झूठे अहंकार के लिए नहीं। बस तो दृढ़ रिसोल्यूशन लिख के यह एक परिवर्तन अपने जीवन में ले ही आओ। आपके द्वारा, आपकी

भाषा में लिखा गया यह मंत्र आपके जीवन में बहार ला देगा। तय इतना करो कि धन आत्मिक खुशियों हेतु वापरेंगे, अहंकार की पूर्ति हेतु या दूसरों पर रुआब जमाने हेतु नहीं। बस आपका काम हो जाएगा।

स्वयं का मंत्र

....

....

....

....

....

....

....

....

....

....

7) अपनेआप को बचाये रखना आपका पहला कर्तव्य

दुनिया को बड़ी-बड़ी व बेकार की बातों ने बुरी तरह से मरवा दिया है। जिसे देखो वह दूसरे की सेवा करने हेतु उकसाता है। खासकर स्त्रियों को तो ऐसा समझा देते हैं कि उन्हें जीना ही दूसरे के लिए है। लेकिन सत्य यह है कि जीवन सबमें बराबरी पर है। सत्य यह भी है कि जीवन सारे कीमती हैं। इसलिए दूसरे को बचाने हेतु अपने को मारना यह पूरी तरह से गलत है। कीमती आप भी हैं व दूसरे भी। इसीलिए हरेक को यहां सबसे पहले अपने को बचा के रखना है। यदि सभी अपने को बचा लें, तब तो बात ही समाप्त। इसका अर्थ यह नहीं है कि दूसरे की सहायता नहीं करनी है। ज्यादा-से-ज्यादा लोगों की सहायता करना मनुष्य के जीवन का उद्देश्य होना ही चाहिए। लेकिन सवाल यह कि दूसरों की सहायता कर कौन पाएगा? वही जो स्वयं पूरी तरह से जिंदा भी होगा व सक्षम भी। सो पहले आप अपने को जिंदा करो। पहले

आप स्वयं को सक्षम बनाओ। फिर कर लेना पूरे विश्व की सेवा, अच्छी ही बात है। परंतु अपने को मार के दूसरों को बचाने के चक्कर में मत पड़ना। इससे आपका मरना तो तय हो ही जाएगा, ऊपर से दूसरे को भी आप नहीं बचा पाएंगे, वो अलग। इसलिए यह तय कर लो कि काम सबका करना है, सहायता सबकी करनी है, पर उस हद तक जहां से आप स्वयं मरना शुरू नहीं हो जाते हैं। क्योंकि हरेक को यहां अपने को जिंदा रखना जरूरी है। अपने को स्वस्थ व प्रसन्नचित रखना जरूरी है। समझते क्यों नहीं कि अस्वस्थ व अशांत व्यक्ति कभी किसी के काम आ ही नहीं सकता है। सो बात को इस हद तक पहुंचने ही मत दो जहां से आप मरना शुरू हो जाते हो। खुद के मरने को अपने कर्तव्य की सीमा बना लो। अपने बच्चों का भी करो, अपने माता-पिता का भी करो, परिवार का भी करो तथा समाज का भी करो। सबका खूब करो...। पर वहीं तक जहां से आप मरना शुरू नहीं हो जाते। आपको दूसरों का वहीं तक करना है जहां तक आपके स्वास्थ्य व शांति पर इसका प्रभाव नहीं पड़ता है। क्योंकि आप कीमती हैं तथा आपका स्वस्थ व प्रसन्न रहना जरूरी है। और यूं भी आप दूसरों का भला तभी कर पाएंगे, जब आप स्वस्थ व प्रसन्न होंगे। सो आपको हरहाल में अपनी रक्षा करनी ही है। आपको मरकर कुछ करना नहीं ही है। यूं भी जो जितना ज्यादा जिंदा होगा उतना ही वह दूसरों का ज्यादा भला कर पाएगा, यही ह्यूमन सायकोलॉजी का अटल सिद्धांत है। यह तो दूसरों का शोषण करने के उद्देश्य से मर-मरके करने की शिक्षा दी जाती है। परंतु न आपको मर के कुछ करना है और ना ही अपने परिवार या संस्था में किसी को मर के कुछ करने देना है। जिंदा रहो व रहने दो, इसे जीवन का परमसिद्धांत बना लो। बस इस एक परिवर्तन से आपका पूरा परिवार प्रसन्न हो उठेगा। परिवार हो या संसार, न अपना शोषण होने दो न दूसरे का। और आप तो न मरने का तय कर ही लो। इससे ना सिर्फ आपका भला होगा बल्कि इससे आप दूसरों का भी ज्यादा भला कर पाएंगे। अब मैंने तो संक्षेप में एक दृढ़ इशारा कर ही दिया है। सो बस आप इस हेतु अपनी भाषा में एक दृढ़ रिसोल्यूशन लिख लें। यह एक रिसोल्यूशन आपकी व आपके परिवार की खुशियों को कई गुना बढ़ा देगा। सो तय कर ही लो कि मर जाएं उस हद तक किसी का कुछ नहीं करेंगे। यूं भी यहां सब अपनी रक्षा करना सीख जाएं तो विश्व वैसे ही चमन हो जाए।

....

....

....

....

....

....

....

....

स्टेप-1 का सार

मनुष्य का जीवन दिल खोलकर जीने का एक खूबसूरत अवसर है। जीवन कुछ शानदार करके दिखाने का एक मौका है। ऐसे महत्त्वपूर्ण जीवन को मजबूरियों के जाल में नहीं उलझाया जा सकता है। ऐसे खूबसूरत जीवन को नाकामियों की चादर से लपेटकर व्यर्थ नहीं गंवाया जा सकता है। लेकिन सवाल यह कि जीवन हसीन बनाएं कैसे? तो इसका अपने डॉक्टर स्वयं बने बिना कोई उपाय नहीं है। क्योंकि प्रकृति की मनुष्यजीवन के लिए यही लीला है। परंतु अधिकांश लोग अपने डॉक्टर बनने की बजाए दूसरे हजारों उपाय में लग जाते हैं। जीवन बनाने हेतु न जाने कैसे-कैसे बेकार के आसरे खोजते रहते हैं। न जाने कैसी-कैसी मूर्खतापूर्ण बातों में उलझे रहते हैं। इससे हाथ कुछ नहीं लगता है और अंत में नाकामियों व मजबूरियों की शरणागति स्वीकारनी पड़ जाती है। और यह एक प्रकार की आत्महत्या ही है। अत: शरणागति तो स्वीकारनी ही नहीं है। हालात कैसे भी हों, डटकर खड़े होने के प्रयास करने ही हैं। सो उठो और भिड़ जाओ। यह तय कर ही लो कि मर-मर के जीना नहीं ही है। एकबार जिंदा होने का तय कर लोगे तो आगे की राह यह किताब खुद सुझा देगी।

खैर, मनुष्य की सबसे बड़ी समस्या यह है कि वह दूसरों की बतायी बातों से जीवन बनाना चाहता है। वह दूसरों के भरोसे जीवन को निखारना चाहता है। और यह प्रकृति के परमसिद्धांत के खिलाफ है। इसलिए यह किताब आपको अपना डॉक्टर

स्वयं बनना सिखाती है। अपने Do's & Don'ts स्वयं तय करना सिखाती है। और जीवन बनाने हेतु अपनी मानसिक सर्जरी स्वयं करना जरूरी है। सो आप इस किताब के स्टेप-1 में दी गई सारी प्रैक्टिकल एप्लीकेशन्स को दृढ़तापूर्वक ग्रहण करो। और उसके सहारे अपने को एक नये ही व्यक्तित्व में ढालो। यह किताब नहीं है, यह आपका अपना वो महान शास्त्र है जो आप स्वयं अपने लिए लिख रहे हैं। इसलिए इसके दूरगामी परिणाम आना तय है। यह स्पष्ट समझ लो कि सांस का आना और जाना आपके जिंदा होने का सबूत नहीं है। जिंदा तो उसे कहा जा सकता है जिसका जीवन उसके मन मुताबिक चल रहा हो। जिंदा उसे कहते हैं जिसके जीवन की कमान उसके ही हाथ में हो। जो स्वतंत्र हो, जो मस्ती से भरा हो और जो कर्तव्य कर्मों हेतु ऊर्जा से भरा हो, वही जिंदा है। बाकी तो चलती-फिरती लाशें हैं जो बेहोशी में यहां-वहां भटक रही हैं। लेकिन आपको पूरी तरह से जिंदा हो जाना है और उस हेतु आपको अपने डॉक्टर स्वयं बनते हुए स्टेप-1 की तमाम प्रैक्टिकल एप्लीकेशन्स को दृढ़तापूर्वक ग्रहण करना है। उनके सहारे अपना एक सटीक ऑपरेशन करना है। सफलतापूर्वक यह ऑपरेशन करते ही आपका व्यक्तित्व कई गुना निखर जाएगा। जीवन प्रगति की राह पर लग जाएगा। आपकी ऊर्जा बढ़ेगी। आपका आत्मविश्वास बढ़ेगा। अपने जीवन को लेकर आपके सारे कन्फ्यूजन दूर हो जाएंगे। और सबसे बड़ी बात यह कि इससे आपकी स्वतंत्रता आपके चरम पर पहुंच जाएगी। बेकार की हजार गुलामियों से आपकी जान छूट जाएगी।

हां, एक बात और। जल्दबाजी बिल्कुल मत दिखाना। अपने हर रिसोल्यूशन शांति से दृढ़तापूर्वक लिखना। अपने हर रिसोल्यूशन को अपने अस्तित्व का हिस्सा बनने देना। इतने साल आपने यहां-वहां के ऊल-जुलूल उपायों में गंवाये हैं, तो कुछ समय और सही। पर हरहाल में स्टेप-1 की तमाम प्रैक्टिकल एप्लीकेशन्स को अपने व्यक्तित्व के ऑटोमेशन में ले आना। इससे निश्चित ही आपका जीवन रातोरात कई गुना बेहतर हो जाएगा। और जब यह सब हो जाए तभी अपने को स्टेप-2 हेतु तैयार समझना। निश्चित ही आगे हम स्टेप-2 की प्रैक्टिकल एप्लीकेशन्स पर चर्चा प्रारंभ करेंगे। स्टेप-2 निश्चित ही आपके सारे दुख-दर्द समाप्त कर देगी। परंतु स्टेप-2 का फायदा वही उठा पाएगा जो स्टेप-1 को अच्छे से ग्रहण कर चुका होगा। कहने का

तात्पर्य यह कि स्टेप-2 की प्रैक्टिकल एप्लीकेशन्स का असर आपके बदले हुए नये व्यक्तित्व पर ही होगा। इसलिए स्टेप-2 पर कूद पड़ने की जल्दी मत करना। पहले स्टेप-1 में निपुण हो जाना। और फिर आप लोग समझदार हैं ही। आपको शानदार जीवन जीना ही है। सो आपको अपने व्यक्तित्व को निखारने में ज्यादा वक्त लगेगा भी नहीं। बस तो हम स्टेप-2 पर जाते हैं। यह आपके दुख-दर्द को जड़-मूल से उखाड़ देगी। यह स्टेप-2 आपको मस्ती, ऊर्जा व शांति के परमशिखर पर बिठा देगी। आप तो बस सहयोग करते जाइए, फिर देखिए आपके स्वयं के द्वारा रचित यह शास्त्र आपको कहां-से-कहां पहुंचा देता है।

स्टेप - २

अब मैं यह मानकर ही चल रहा हूँ कि स्टेप-1 की परीक्षा सबने अच्छे ग्रेड से पास कर ही ली होगी। यह चूंकि आप अपना शास्त्र स्वयं लिख रहे हैं, इसलिए इसके प्रश्नपत्र भी आप ही को तैयार करने हैं तथा उसे चेक कर ग्रेड भी आप ही को अपने को देने हैं। हम एक ऐसी दुनिया की ओर बढ़ रहे हैं जहां आपका सबकुछ 'आप' ही हैं। और वास्तव में यही जीवन की एक सच्चाई है। खैर, यहां एक बात मैं फिर से स्पष्ट कर दूं। ...यदि किसी कारण आपको यह लगता है कि आप अभी स्टेप-1 में अच्छे से सेट नहीं हो पाये हैं, तो आगे बढ़ने की जल्दी मत करना। यह किताब आप ही की है तथा आप ही के पास रहने वाली है। सो पहले स्टेप-1 को अच्छे से ग्रहण कर लो। पहले उसकी हर प्रैक्टिकल एप्लीकेशन को अपने व्यक्तित्व का हिस्सा बना लो। क्योंकि उसके बगैर आप स्टेप-2 की बातों का कुछ बहुत ज्यादा प्रैक्टिकल फायदा नहीं उठा पाएंगे। अत: अपना जीवन शानदार बनाने हेतु स्टेप-1 को अच्छे से पास कर ही लो।

खैर, अब हम स्टेप-2 पर आते हैं। और उसका प्रारंभ मैं एक सवाल से करता हूँ। तो यह बताओ कि मनुष्य की सबसे बड़ी समस्या क्या है? आप जी ही रहे हो, सो जरा सोच के बताओ। आप ही के जीवन की बात है, अत: आपको मालूम होना ही चाहिए। और अधिकांशों को मालूम है भी। और बची-खूची सहायता इस विषय में मैं कर देता हूँ। आपके जीवन में आने वाले दुख आपकी समस्या हैं। पकड़ने

वाले टेन्शन आपकी बेचैनी हैं। चौबीसों घंटे सताने वाला डर आपकी उलझन है। आप अपने फ्रस्ट्रेशन से परेशान हैं। आपकी चाहें पूरी नहीं हो रही हैं, बात-बात पे दिल टूट रहा है... वगैरह-वगैरह आपकी उलझनें हैं। हरकोई इन्हीं सबसे छुटकारा चाहता है। और यह समस्या आज की नहीं है। युगों से मनुष्य की यही समस्या है। ऐसा भी नहीं है कि चंद लोग ही इन सबसे परेशान हैं। करीब-करीब हरकोई इन समस्याओं का शिकार है। सबकोई दिन-रात इससे निजात पाने में लगे भी रहते हैं। ऐसे में सवाल यही कि फिर क्यों किसी के दुख-दर्द दूर नहीं होते हैं? मैं नहीं मानता कि इससे प्रमुख सवाल मनुष्य के जीवन में दूसरा कोई हो सकता है। सोचो यदि जीवन में दुख, दर्द, टेन्शन, भय, फस्ट्रेशन वगैरह कुछ हो ही न तो जीवन क्या हो सकता है? आप चौबीस घंटे हवा में उड़ने-सा आनंद महसूस करेंगे। लेकिन सच कहूं तो कोई इस बाबत सोच भी नहीं पाता है। क्योंकि चारों ओर हरकोई बीमार है। जिसे देखो वो इन सबका शिकार है। सच कहूं तो इसीलिए जीवन है तो दुख है, यह सबने मान लिया है। और मनुष्य की यह शरणागति मुझे स्वीकार्य नहीं है। जीवन कुदरत का बख्शा एक परम अवसर है। इसे दुख, चिंता व फ्रस्ट्रेशन में कैसे गुजारा जा सकता है? और हमें नहीं ही गुजारना है। अतः हम इस विषय की पूरी सायकोएनालिसिस कर इससे छुटकारा पाकर ही रहेंगे।

अब इसमें तो कोई दो राय नहीं कि हरकोई दुख-दर्दों से छुटकारा पाना चाहता है। तय यह भी है कि हरकोई इस हेतु अथक प्रयास भी करता है। और यहीं आकर पहली उलझन खड़ी हो रही है। मनुष्य प्रयास क्या कर रहा है? वही जो दूसरे लोग उसे समझाते चले जा रहे हैं। और यह समझना बड़ा महत्त्वपूर्ण है। यहां कोई अपनी सोच से दुख-दर्द दूर करने का प्रयास नहीं कर रहा है। सब दूसरों के बताये उपायों पर हाथ आजमा रहे हैं। कोई कहता है कि भगवान में मानो, वही आपके दुख-दर्द दूर करेगा। सबकोई भगवान में मानकर उनकी पूजा-पाठ शुरू कर देते हैं। और यह युगों से होता आ रहा है। आज के वैज्ञानिक युग में भी भगवान में न मानने वाले बमुश्किल दस प्रतिशत लोग हैं। सब धूमधाम से मंदिर-मस्जिद-चर्च जा रहे हैं। सब अपने-अपने भगवान को मनाने में लगे हैं। परंतु दुख-दर्द दूर होने की जगह बढ़ते चले जा रहे हैं। फिर कोई कहता है कि भगवान चेन्ज कर लो। कोई कहता है

कि तरीका दूसरा अपना लो। वह भी कर लेते हैं, पर दुख-दर्द है कि दूर होने का नाम नहीं ले रहे हैं। उसपर मजा यह कि बावजूद इसके, ये उपाय बंद भी नहीं हो रहे हैं।

खैर, फिर पंडित, मौलवी व पादरी वगैरह आ जाते हैं। वो समझाते हैं कि भगवान ऐसे ही दुख-दर्द दूर नहीं करते हैं। इस हेतु उनकी पूजा शास्त्रों के विधानानुसार करनी पड़ती है। वेद, कुरान व बाइबल वगैरह धर्मग्रंथों में जो लिखा है, उस अनुसार करनी पड़ती है। तब कहीं जाकर भगवान आपके टेन्शन, भय व फ्रस्ट्रेशन दूर करते हैं। बस फिर मनुष्य का एक-से-एक धार्मिक करतब दिखाना शुरू हो जाता है। उस अनुसार खाता है, उन्हीं की सुझायी विधियों से पूजा करता है। रोजे, उपवास व फास्ट से लेकर न जाने क्या-क्या करने लग जाता है। मजा यह कि शास्त्र भी एक-दो नहीं, हजारों हैं। और फिर सब शास्त्र एक-दूसरे से भिन्न बात कहते हैं। जो एक शास्त्र में करने की सूची में शामिल है, उसे ही दूसरा शास्त्र महापाप बताता है। फिर भी मनुष्य तरह-तरह के करतब दिखाता रहता है। लेकिन दुख, दर्द, टेन्शन, फस्ट्रेशन वगैरह फिर भी कम होने का नाम नहीं ले रहे हैं। लेकिन इससे भी किसी की आंख नहीं खुलती है। करतब चालू ही रहते हैं।

ऐसे में चंद और बुद्धिमान कूद पड़ते हैं। वे सुझाते हैं कि भगवान में मानना अपनी जगह है; पर जीवन बनाना हो तो पढ़ाई-लिखाई जरूरी है। ठीक है, फिर वह भी कर लेते हैं। शायद पढ़ने-लिखने से दुख-दर्द दूर हो जाएं। फिर यही सब लोग डिग्री भी हासिल कर लेते हैं। पर दुख-दर्द है कि दूर होने का नाम नहीं लेते हैं। फिर कोई कहता है कि भला दुख-दर्द भी कहीं ऐसे दूर होते हैं? अच्छाखासा धन कमा लो, कुछ बन जाओ... फिर दुख-दर्द दूर हो जाएंगे। फिर सबकोई धन कमाने की दौड़ में लग जाते हैं। सोचते हैं कि घर हो जाए, गाड़ी आ जाए... दुख-दर्द दूर हो जाएंगे। बस फिर जिसे देखो वह इस कड़े संघर्ष में उतर जाता है। चंद लोग धन कमा भी लेते हैं। लेकिन फिर बात वहीं की वहीं। दुख-दर्दों से छुटकारा नहीं होता है तो नहीं ही होता है। इसी चक्कर में शादी भी करते हैं व इसी चक्कर में बच्चे भी पैदा करते हैं; परंतु फिर भी दुख-दर्द कम होने की जगह बढ़ते चले जाते हैं। यानी हरकोई उपलब्ध सारे उपाय कर लेता है, पर दुख-दर्द किसी के दूर नहीं होते हैं। लेकिन बावजूद इसके कोई सोचता नहीं है। कोई इसकी जड़ में नहीं जाता है कि ऐसा क्यों

है? बस हरकोई एक चलती-फिरती मशीन की तरह एक के बाद एक उपाय करता रहता है और एकदिन थक-हारकर मर जाता है। बेचारा मनुष्य, जीवनभर इतने कष्ट उठाता है, इतने संघर्ष करता है... और अंत में परम बेचैनी की हालत में मर जाता है। मनुष्य, जो कुदरत की सबसे हसीन रचना है, उसका यह हाल कैसे देखा जा सकता है? और नहीं ही देखा जा रहा है!

खैर, तो क्या मनुष्य के दुख-दर्द दूर नहीं हो सकते हैं? हो सकते हैं और बड़ी आसानी से हो सकते हैं। इतिहास में हजारों लोगों ने इन दुख-दर्दों पर विजय पायी है। और आपको भी पानी ही है। जिसने स्टेप-1 अच्छे से ग्रहण कर लिया होगा, उसके लिए यह बिल्कुल मुश्किल नहीं होने वाला है। उन्हें यह समझने में तकलीफ नहीं जाएगी कि यह भगवान, धर्म, शास्त्र, समाज, डिग्रियां, पत्नी-बच्चे, धन वगैरह वे उपाय हैं जो दूसरों ने आपको पकड़ाये हैं। और दूसरों के बताये उपायों से आपके दुख-दर्द दूर हो जाएं, यह प्रकृति की व्यवस्था ही नहीं है। महाभारत के युद्ध के पहले अर्जुन को भी दुख पकड़ लिया था। और वह भी कृष्ण से धर्म, शास्त्र, नीति, समाज, राज्य, पाप-पुण्य जैसी बातें कर अपने दुख-दर्द दूर करना चाहता था। इन सबके पक्ष में वह लगातार कृष्ण को तर्क भी देता चला जा रहा था। लेकिन कृष्ण ने स्पष्ट कह दिया था कि इन सब उधार के ज्ञानों से तेरे दुख-दर्द दूर होने वाले नहीं हैं। दुख-दर्द दूर करने हेतु तो तुझे अपने ही ज्ञान का दीप जलाना होगा। और चाहे तो उस हेतु मैं तेरी सहायता कर सकता हूँ। आज पांच हजार वर्ष बाद मैं भी आपसे वही बात कह रहा हूँ। बात नयी नहीं है, सिर्फ कहने का तरीका वैज्ञानिक हो गया है। बात तो यही है कि यदि दूसरों के पकड़ाये उपायों से छुटकारा पा लो तो दुख-दर्द दूर हो सकते हैं। अपने ज्ञान का दीया जलाने को तैयार हो जाओ तो टेन्शन व फ्रस्ट्रेशन से छुटकारा पाया जा सकता है। और आप तैयार हो, तो मैं आपकी अद्‌भुत सहायता कर सकता हूँ। और यदि अब भी उधार के उपाय आप पर हावी हैं, तो सब व्यर्थ हो जाएगा। लेकिन मुझे यकीन है कि आप ऐसा होने नहीं देंगे। क्योंकि आप इतना तो समझ ही जाएंगे कि अरबों लोगों के आजमाने के बाद भी जिन उपायों से किसी के गम दूर नहीं हुए, भला उनसे आपके टेन्शन कैसे दूर होंगे? और यह छोटी-सी समझ आपमें बड़ी आसानी से जग जाएगी यदि आपने वाकई स्टेप-1 अच्छे से ग्रहण किया

होगा। और मैं यह मानकर ही चल रहा हूँ कि आपको अपना जीवन व्यर्थ नहीं ही गंवाना है। आपको हर प्रकार के टेन्शन व फ्रस्ट्रेशन से छुटकारा पाना ही है। और उस हेतु आप सारी पुरानी बातों से छुटकारा पाकर कुछ नया व वैज्ञानिक अपना ही लेंगे। सो इसी उम्मीद व यकीन के साथ मैं अपनी बात आगे बढ़ाता हूँ।

अब इस संदर्भ में सबसे पहली बात तो यह समझ लो कि मनुष्य-जगत में दो प्रकार की बातें प्रचलित हैं। एक है मानवजनित बातें जो दुख-दर्द दूर करने का कनेक्शन धर्म, शास्त्र, समाज, शिक्षा, धन, वैभव तथा परिवार वगैरह से बिठाती है। परंतु ये सारी बातें मनुष्य की बुद्धि की उपज हैं। इन सब बातों का कोई सीधा व सटीक कनेक्शन मनुष्य के दुख-दर्दों से बैठता नहीं है। क्योंकि ये सारी बातें प्रकृति की मूल रचना के ही खिलाफ हैं। हालांकि इसका यह अर्थ भी नहीं है कि इनमें से सभी अनावश्यक हैं। धन, शिक्षा, वैभव, परिवार सबकुछ अच्छा ही है। परंतु इनका आपके दुख-दर्दों से कोई ताल्लुक नहीं है। आपने फ्रस्ट्रेटेड धनवान भी देखे हैं तथा विचलित धर्माचार्य भी। आपने शिक्षितों को भी परेशान पाया है तथा वैभवशाली लोगों को भी। सो यह सीधी बात आप समझ ही लो कि इन तमाम प्रकार की मनुष्यजनित बातों से आपके दुख-दर्द का कोई ताल्लुक नहीं है। मनुष्य के जीवन में दुख, गम, टेन्शन, भय वगैरह आने व जाने के अपने प्राकृतिक कारण हैं। और उसे समझे बगैर जीवन से दुख-दर्द कभी दूर नहीं किये जा सकते हैं। अब कारण चाहे जो हो, दुख-दर्द तो दूर करने ही हैं। कष्टों में जीवन गुजारना एक बहुत बड़े अवसर को गंवाना है। मनुष्य प्रकृति की सबसे खूबसूरत रचना ही इसीलिए है कि वह अकेला है जो हँस व गा सकता है। वह अकेला है जो एक से बढ़कर एक क्रिएटिविटी कर सकता है। मनुष्य अकेला है जो सफलता के नये-नये शिखर छू सकता है। परंतु यह सब तभी संभव है जब जीवन में दुख-दर्द न हो। गम और खुशी एक साथ जा ही नहीं सकते हैं। भय व टेन्शन में रहने वाला झूम ही कैसे सकता है? अत: खुशी कैसे मिले, यह सोचने की बजाय गमों से छुटकारा कैसे पाएं, यह सोचो। जीवन में गम नहीं होंगे तो जो बचा रह जाएगा, वह खुशी ही होगी। और आपको हँसते-गाते हुए जीवन गुजारना ही होगा। वरना मिले हुए मनुष्य जन्म की तौहीन हो जाएगी। क्योंकि आप अकेले को ये सारे अवसर उपलब्ध हैं। न चांद-तारे नाच-गा सकते हैं, न

जानवर कुछ महान क्रिएटिव कर सकते हैं। और आपको अवसर है फिर भी आप रोते हुए जीवन गुजारते हैं, तो फिर इसपर कुछ कहने हेतु मेरे पास शब्द ही नहीं है।

खैर, मैं जानता हूँ कि ये सारी बातें फटाफट ग्रहण करना सबके लिए आसान नहीं है। परंतु जो स्टेप-1 अच्छे से ग्रहण कर चुके हैं, उनके लिए यह कुछ मुश्किल भी नहीं। और आप उसमें से एक हैं ही। इसलिए अब हम सीधे मनुष्य के दुख-दर्द का किस चीज से संबंध है, उसपर आ जाते हैं। और इस संबंध में मैं पहले ही कह चुका हूँ कि प्रकृति की रचना ही मनुष्य के जीवन की सर्वोच्च सत्ता है। न उससे ऊपर कुछ है और न उससे बाहर कुछ। यदि आप प्रकृति के सारे नियम समझना चाहते हैं तो मेरी आने वाली किताब ''लॉज ऑफ नेचर'' पढ़ लेना। उसको पढ़ने के पश्चात प्रकृति की पूरी रचना आपको स्पष्ट हो जाएगी। अभी तो इतना समझो कि चूंकि प्रकृति के नियम ही इस जगत की सर्वोच्च सत्ता है, इसीलिए मानवजनित बातें रोज-रोज अपने को सही साबित करने में नाकाम सिद्ध होती हैं। परंतु दुर्भाग्य से वे आकर्षित इतना करती हैं कि हरकोई उन बातों के चक्कर में उलझ ही जाता है। और फिर मनुष्य करे भी क्या? क्योंकि प्राकृतिक सत्ताओं के बाबत बहुत कुछ जानकारी उपलब्ध भी नहीं है। कोई उस बाबत बहुत कुछ जानता भी नहीं है। परंतु मैं अपनी तमाम बातें प्रकृति की सत्ता के इर्द-गिर्द ही रखता हूँ। अत: उन्हें ग्रहण करने के तात्कालिक फायदे होते हैं।

खैर, अब मैं सीधे प्रकृति की परम रचना पर आता हूँ। और उसके सहारे हम अपने दुख-दर्द हमेशा के लिए दूर कैसे कर सकते हैं, उसकी चर्चा आगे बढ़ाता हूँ। ...तो प्रकृति की परम रचना यह है कि इसमें मनुष्य सिर्फ मन है। मन के अलावा कुछ भी नहीं है। और मन क्या है? मीठे भावों का झोंका तथा शक्तियों का भंडार। बस यही और इतने ही आप हैं। और जब प्रकृति की आपके लिए यह रचना है, तो वह अटल है। इसके आगे बढ़े नहीं कि मरे नहीं। दुख-दर्द के रूप में चालान कटना तय हो जाएगा। खैर, ठीक वैसे ही प्रकृति की आपके लिए दूसरी रचना यह है कि आपके मन की शक्तियों के विस्तार हेतु आपको शरीर व बुद्धि उपलब्ध होते हैं। इसे और सरल भाषा में समझाऊं तो आप सिर्फ एक मन हैं। और उस मन में आनंद, मस्ती, शांति वगैरह बहती है। और साथ ही आपके मन में, यानी आपमें उत्साह,

आत्मविश्वास, ध्यान जैसी शक्तियां भी रहती हैं। और प्रकृति की ओर से यही आपका शुद्ध अस्तित्व है। मामला ऐसा है कि मन की शक्तियों जैसे आत्मविश्वास, ध्यान, उत्साह वगैरह के जरिए मन से कार्य फूटते रहते हैं और ऐसे हर कार्य करते वक्त आपको आनंद, शांति व मस्ती का अहसास होता रहता है। यही आपका शुद्ध अस्तित्व है तथा यही आपके कार्य करने की प्रणाली। लेकिन इसमें भी एक ट्विस्ट यह है कि मन बाकी सबकुछ तो कर सकता है पर कार्यों का क्रियान्वयन नहीं कर सकता है। और उस हेतु ही मनुष्य को प्रकृति की ओर से बुद्धि व शरीर उपलब्ध हैं। यानी कार्य मन से फूटे तथा बुद्धि व शरीर मिलकर उन फूटते कार्यों को क्रियान्वित करे, यही मनुष्य के होने का एकमात्र ढंग है। यही प्रकृति की ओर से मनुष्य के होने की रचना है। यहां एकबात और समझ लो...। और वह यह कि प्रकृति ने मनुष्य को सिर्फ शक्तिशाली मनों के साथ पैदा किया है। और मैं जिसे मन कह रहा हूँ, वह आपके शक्तिशाली मनों की ही बात कर रहा हूँ। खैर, कुल-मिलाकर प्रकृति की इस रचना को फॉलो करो तो मनुष्य के जीवन में दुख, चिंता, भय, फ्रस्ट्रेशन वगैरह की जगह ही नहीं है। यह तो मनुष्य अपनी बुद्धि के बलपर इस प्राकृतिक रचना से आगे बढ़ गया है। उसको मिली बुद्धि का उसने दुरुपयोग शुरू कर दिया है। तथा यही उसके तमाम दुखों व उसकी तमाम नाकामियों का मूल है। निश्चित ही यह एक गहरी बात है। इसलिए हो सकता है कि एकबार में समझ में न आए। न आए तो कोई बात नहीं, समझने हेतु इसे बार-बार पढ़ते रहना। और मैं भी आगे और विस्तार से समझाऊंगा ही। अभी तो इतना समझो कि मनुष्य के तमाम दुखों का मूल उसका प्रकृति की बनायी रचना से आगे बढ़ जाना है।

अब प्रकृति की बनायी रचना से आगे बढ़ जाने का मतलब क्या है? निश्चित ही यह सवाल अब भी आपके मन में कौंध रहा होगा। ठीक है, तो अब सीधे उसपर आते हैं। और उस संबंध में एकबार फिर स्पष्टतापूर्वक समझ लो कि प्रकृति की रचना के अनुसार कार्य मन से फूटने थे तथा बुद्धि व शरीर को उन कार्यों का इम्प्लीमेन्टेशन निपटाना था। और यह सिस्टम जारी रहे तो मनुष्य के जीवन में दुख-दर्द आने का सवाल ही नहीं है। लेकिन गलत बातों व शिक्षाओं के चक्कर में हो सब उल्टा गया। बुद्धि ने अब मन से फूटे कार्यों को इम्प्लीमेन्ट करने की बजाए

स्वयं कार्यों के बाबत तय करना शुरू कर दी। यानी बुद्धि ने क्या करना तथा क्या नहीं करना, यह तय करना शुरू कर दी। और शरीर को भी बुद्धि ने अपने नियंत्रण में ले लिया। और यहीं से मनुष्य के जीवन में दुख-दर्द का आगमन होना शुरू हो गया। क्योंकि प्रकृति के द्वारा दिये बुद्धि व शरीर, जिन्हें मनुष्य के शक्तिशाली मनों का नौकर होना था... वे मालिक बन बैठे। और यहीं आकर सबका जीवन उलझ गया। क्योंकि मालिक बनते ही बुद्धि ने संसार से कनेक्शन बिठाने वाले कमजोर मन निर्मित कर लिये। और यह कमजोर मन ही आपकी सबसे बड़ी उलझन है। हालांकि मन का यह पूरा विज्ञान विस्तार से समझना चाहते हैं तो मेरी किताब "मैं मन हूँ" पढ़ें। अभी तो इतना समझो कि जिस कंपनी के आप इकलौते मालिक थे, मूर्खतावश आपने नौकरों को भी इस कंपनी के मालिक बनने का अवसर दे दिया। अब हाल यह हो गया है कि गाड़ी एक तथा ड्राइवर दो। और दोनों एक-दूसरे के पूर्ण विपरीत। इससे कन्फ्यूजन पैदा हो गया। एक जीवन की गाड़ी को दायें मोड़ना चाहता है तो दूसरा बायें। इसके चलते फिर रोज-रोज जीवन में एक्सीडेंट होने लगे। और जब एक्सीडेंट होंगे तो दुख-दर्द के अलावा मिलेगा क्या? बस जीवन बर्बाद हो गया। और दस-बीस नहीं, सभी इस चक्कर में उलझ गए। बस इसी कारण सभी के जीवन दुख-दर्दों से भर गए। मनुष्य के जीवन में दुख-दर्दों का दूसरा कोई कारण नहीं है। अब यह बात तो सीधी है पर फिर भी हो सकता है कि समझने में मुश्किल आ रही हो। क्योंकि यहां अज्ञान सबपर हावी है। और फिर संसार में अज्ञान की भरमार भी है। और अधिकांश अज्ञान के शिकार भी हैं ही। ऐसे में प्रकृति की इस गहरी रचना को समझना मुश्किल जान पड़ सकता है। तो मदद हेतु मैं तैयार ही हूँ। और इसीलिए मैं सरल-से-सरल भाषा में स्टेप-बाय-स्टेप समझाने की कोशिश भी करे ही जा रहा हूँ। आप सिर्फ इतना करना कि एकबार में समझ में न आए तो ऊपर कही सारी बातें बार-बार पढ़ लेना। अभी तो आपको समझने में और आसानी हो जाए, उस हेतु मैं आपको एक चार्ट के जरिए मन और बुद्धि के कार्य करने की पद्धति में भेद समझा देता हूँ। क्योंकि अधिकांश को तो यह भी नहीं मालूम होता है। और निश्चित ही इससे मैं जो समझाना चाह रहा हूँ वह समझने में आपको और आसानी हो जाएगी।

शक्तिशाली मनों के कार्य करने के तरीके	कमजोर मनों तथा बुद्धि के कार्य करने के तरीके
1. मन की दुनिया अपने से शुरू होकर अपने पर ही खत्म हो जाती है।	1. बुद्धि की पूरी दुनिया बाहर होती है।
2. बाहर की दुनिया में क्या हो रहा है तथा क्या नहीं, मन उससे ज्यादा प्रभावित नहीं होता है।	2. बुद्धि को बाहर होने वाली हर हलचल से बड़ा गहरा मतलब होता है।
3. मन के कार्य भीतर से स्पॉन्टेनियसली फूटते हैं। उसे उसके कारण या परिणाम से कोई मतलब नहीं होता है।	3. बुद्धि अपने कार्य द्वंद्व के आधार पर तय करती है। कारण और परिणाम इसके हर कार्य का मूल होता है।
4. मन एकेन्द्रिय होता है। अत: उसका सबकुछ कार्य में ही सिमटकर रह जाता है।	4. बुद्धि चूंकि द्वंद्व के आधार पर कार्य करना तय करती है, इसलिए उसको परिणाम में लाभ, जीत व सबकुछ अच्छा-अच्छा चाहिए होता है।
5. मन को कार्य में मजा है। परिणाम में उसे कोई रस नहीं। ना ही वो परिणाम से प्रभावित होता है। यानी मन सिर्फ मजे के लिए कार्य करता है। वह सिर्फ सुकून पाने हेतु मचलता है।	5. बुद्धि को कष्ट व दुख भी चलेगा पर बदले में संसार में प्रगति चाहिए।
6. मन, शरीर और बुद्धि तक को अपना नहीं मानता है। उन्हें वह अपने फितूरों का इम्प्लीमेन्टेशन करने वाला नौकर समझता है।	6. बुद्धि, शरीर ही नहीं पूरे संसार से आकर्षित रहती है। और इस कारण वह ज्यादा-से-ज्यादा बाह्य चीजें पाना चाहती है।
7. कुल-मिलाकर मन का संसार से ना के बराबर कनेक्शन होता है।	7. बुद्धि संसार की हर चीज से पूरी तरह कनेक्टेड होती है।

अब अपना अच्छे से अवलोकन कर लो। निश्चित ही आप आज की तारीख में अपने जीवन पर बुद्धि का साम्राज्य पाएंगे। पर इसका मतलब यह भी नहीं है कि मन पूरी तरह से दब ही गया होगा। क्योंकि आनंद, शांति व सुकून की चाह तो आज भी भीतर जिंदा होगी ही। फर्क सिर्फ इतना होगा कि जिसे शांति व सुकून की चाह ज्यादा हो वह समझ ले कि उसका मन अभी भी मजबूत है। और जिसे कष्ट उठाकर भी सांसारिक उपलब्धियां चाहिए, वह समझ ले कि बुद्धि ने उसके जीवन पे शासन जमा लिया है। परंतु चूंकि दोनों जिंदा हैं, इसलिए हरकोई कभी इधर तो कभी उधर भटक रहा है। और इसीलिए सब भ्रमित हैं। यहां अधिकांश लोगों को सुकून भी चाहिए व सांसारिक साजो-सामान भी। अब इसमें कई सवाल खड़े होते हैं। पहला तो यह कि पहले सुकून पाएं या पहले सांसारिक उपलब्धियों हेतु दौड़ लगाएं? दूसरा सवाल यह कि क्या दोनों एकसाथ नहीं पाये जा सकते हैं? चलो, इन दोनों सवालों के उत्तर देने से पूर्व मैं चंद छोटी-छोटी बातें आपको समझा देता हूँ। उससे आपको यह गहरी बात समझने में आसानी हो जाएगी।

सबसे पहली बात तो यह कि आप सिर्फ मन हैं। इसलिए मन की चाहों को पूरी तरह से दबा नहीं सकते हो। और मन की चाहें क्या हैं? यही न कि आनंद, मस्ती व शांति से जीना...। और इसीलिए ऐसा मनुष्य खोजना मुश्किल है जो यह कहे कि उसे आनंद, मस्ती, शांति व सुकून नहीं चाहिए। और बुद्धि भी मन की इस मजबूत चाह को जानती है। इसलिए वो मन को चक्कर में डालने हेतु तर्क गढ़ लेती है। और बुद्धिजनित तर्क क्या हैं? यही कि धर्म, समाज, परिवार, धन, वैभव वगैरह के बगैर भला आनंद, शांति, सुकून वगैरह मिल ही कैसे सकते हैं? और धर्म से लेकर परिवार वालों तक का दावा भी यही है। बस फिर मन बहकावे में आ जाता है। गौर से देखेंगे तो आप भी बहकावे में आ ही चुके हैं। अब तो आप भी यही समझते हैं कि धर्म, समाज, परिवार, धन वगैरह के बगैर मजा आ ही कैसे सकता है? लेकिन मैं स्पष्ट कर दूं कि यह समझाने वाले तथा समझने वाले दोनों पूरी तरह से गलत हैं। और सबूत के लिए कहीं दूर जाने की जरूरत नहीं है। सबके पास इनमें से अधिकांश चीजें हैं ही। पर क्या सबकुछ होते हुए भी जीवन में शांति, सुकून व मस्ती है? क्या जीवन से दुख व टेन्शन गायब हो गए हैं? बस तो फिर, सबसे पहले

यह बात अच्छे से ग्रहण कर लो कि धर्म, समाज, धन या परिवार आदि का सुख व शांति से कुछ खास लेना-देना नहीं है। इतनी समझ जगाते ही एक बहुत बड़ा युद्ध आप वैसे ही जीत लेंगे।

अब दूसरी बात यह बताओ कि मनुष्य के जीवन का सबसे हसीन दौर कौन-सा होता है? अधिकांश लोग कहेंगे कि जब हम बच्चे थे। लो, कितनी बड़ी बात आपने स्वयं सिद्ध कर दी। अच्छा चलो, यह बताओ कि बचपन में ऐसा क्या था कि उसे आप श्रेष्ठ कहते हैं? क्योंकि बचपन में किसी को चिंता, भय, फ्रस्ट्रेशन या दुख नहीं पकड़ते थे। और जानते हैं क्यों? क्योंकि बच्चा सिर्फ अपने शक्तिशाली मनों में जी रहा होता है। धर्म, भगवान, शास्त्र, समाज, शिक्षा, धन, वैभव वगैरह के बाबत उसे कुछ मालूम नहीं होता है। यानी बुद्धि के मायाजाल से वो आजाद होता है। और जब बुद्धि का मायाजाल नहीं तो मस्ती, शांति व सुकून। वह भी इस कदर कि पूरी दुनिया उसपर मोहित हो जाए। और कौन है जो बच्चों पे मोहित नहीं? सो इससे सीधा-सीधा तय हो गया कि मनुष्य के मस्ती, शांति व सुकून किसी बाहरी चीज पर निर्भर नहीं है। यह भी तय हो गया कि तमाम प्रकार की बाहरी निर्भरताएं ही मनुष्य के तमाम दुखों का मूल हैं। और सिद्ध यह भी हो गया कि धर्म से लेकर समाज तक के सारे 'ज्ञान' बुद्धि के मायाजाल का ही विस्तार है। और इसीलिए इनमें उलझे व्यक्ति के सुख-चैन लुट जाते हैं। और सबूत के तौरपर बच्चा इन तमाम चीजों के बगैर भी मस्ती से जीकर दिखा ही देता है। सो दूसरी बात यह गांठ बांध लो कि मनुष्य के सुखों का किसी बाहरी चीज से कोई ताल्लुक नहीं है क्योंकि कुछ न होते हुए भी हरेक का बचपन यादगार है ही।

अब आप कहेंगे कि यह तो समझ गए कि मनुष्य के सुख व शांति किसी बाहरी चीज पर निर्भर नहीं हैं। समझ यह भी गए कि बुद्धि का फैलाया मायाजाल ही तमाम दुखों का मूल है। पर सवाल यह कि आगे बढ़ने में तथा धन व वैभव कमाने में क्या बुराई है? कुछ भी नहीं। बल्कि संसार की हर चीज को पाना तथा उसका खूब आनंद लेना ही मनुष्य-जीवन का मकसद है। परंतु आपको समझना यह है कि बुद्धि यह सब नहीं दिलवा सकती है। वह दिलवा सकती होती तो संसार में दुख व असफलता होते ही नहीं। सबूत के तौरपर कहूं तो अधिकांश लोग बुद्धि के मायाजाल

में उलझे पड़े हैं। सबके पास धर्म से लेकर शास्त्र तक का सबकुछ है। समाज से लेकर परिवार तक सब हरेक पर छाये ही हुए हैं। हरकोई सबकुछ पाने हेतु रेस में शामिल है ही। पर बताओ यह कि फिर भी इनमें से कितनों ने धन व वैभव पा लिये? और जो छोटा-मोटा कुछ बुद्धि दिलवा भी देती है तो उस हेतु भी न जाने कितने दुख झेलवाती है। ना जाने कितने संघर्षों में उतारती है। यानी बुद्धि के सहारे जो थोड़ा-बहुत मिलता है, वह भी सुख-चैन लुटाकर ही मिलता है। इसलिए आगे बढ़ने का यह रास्ता ही गलत है। और यूं भी अपने सुख-चैन लुटाकर कुछ पाना, बात ही गले नहीं उतरती है। इसलिए वैभव की चाह करना तथा वास्तव में वैभवशाली होना, दोनों सर्वथा भिन्न बातें हैं। सिर्फ चाहने-मात्र से वैभवशाली नहीं हुआ जा सकता, यह तय है। वहीं सांसारिक रेस में शामिल होते ही दुखों के पहाड़ टूट पड़ना भी तय है। यानी वैभव से भी जाओगे व सुख-चैन से भी। सो कुल-मिलाकर अंत में बुद्धि के सारे ज्ञान भटकाने वाले ही सिद्ध हो रहे हैं।

अब ऐसे में सवाल उठता है कि करें क्या? हमें तो सुख-चैन भी चाहिए तथा वैभव भी। तो मैं भी तो यही चाहता हूँ। और उस हेतु ही इतनी विस्तृत प्रस्तावनाएं गढ़ रहा हूँ। ...तो क्या सचमुच बिना सुख-चैन लुटाये भी आगे बढ़ा जा सकता है? क्या धन व वैभव के शिखर पर बैठा जा सकता है? बड़ी आसानी से...। शक्तिशाली मनों के सहारे यह संभव है। क्योंकि मन प्रकृति से कनेक्टेड होता है। इसलिए वह हँसते-खेलते चमत्कार कर दिखाता है। यही प्रकृति की लीला है। और प्रकृति की इस लीला में सांसारिक सफलता पाने हेतु सुख-चैन लुटाने की आवश्यकता ही नहीं है। तथा मन और प्रकृति को कोई सांसारिक बाधा भी नहीं है। ये दोनों तो कहीं से भी उठा के मनुष्य को महान बना सकते हैं। और आपने भी देखा होगा, अधिकांश महान लोग गरीब परिवार से आते हैं। प्राय: कम पढ़े-लिखे भी होते हैं। उनमें से कई नास्तिक भी होते हैं। फिर भी वे हँसते-खेलते सफलता पा ही लेते हैं। लेकिन यह बात बुद्धि की समझ में नहीं आती है। फिर वो कर्म-फल व भाग्य जैसी बातों से इसका कनेक्शन बिठा लेती है। लेकिन वास्तव में यह सब सिर्फ मन और प्रकृति के मिलन से होने वाले चमत्कार हैं जो सामान्य मनुष्य को भी सफलता के परमशिखर पर पहुंचा देते हैं।

खैर, मैंने उपरोक्त चार पॉइंट से प्रकृति की रचना समझाने की कोशिश की। बुद्धि के मायाजाल से आपको सावधान भी किया। निश्चित ही अब बात भी आपकी समझ में अच्छीखासी आ ही गई होगी। आपको अपने दोनों सवालों के उत्तर भी मिल ही गए होंगे। अब आपकी समझ में आ ही गया होगा कि सांसारिक उपलब्धियां आपके शक्तिशाली मन हँसते-गाते दिलवा सकते हैं। यानी सुकून व सफलता एकसाथ पाये ही जा सकते हैं। बशर्ते बुद्धि व शरीर मन के नौकर हों, तो...। वे दोनों मालिक बन गए तो सुख व सफलता, दोनों से हाथ धो बैठोगे। अब यह तो समझ लिया कि प्रकृति की रचना का सम्मान कर सुकून व सफलता एक साथ पाये जा सकते हैं। परंतु उनका क्या जो बुद्धि को मालिक बनाकर दोनों खो चुके हैं? हां...हां, अब मैं उसपर भी आता हूँ। क्योंकि मैं जानता हूँ कि अधिकांश लोग सुकून व सफलता, दोनों से हाथ धो बैठे हैं। परंतु उन्हें भी निराश होने की कोई बात नहीं है। स्टेप-2 तथा स्टेप-3 इसी के लिए है। स्टेप-2 के जरिए हम अपने दुख-दर्द दूर करेंगे। तथा फिर स्टेप-3 की सहायता से सफलता की एक बड़ी उड़ान भरेंगे। यानी भटक गए हैं तो भी एक-एक कर दोनों पा ही लेंगे। यदि बचपन से ही सीधी राह चले होते तो सुकून व सफलता, दोनों एकसाथ बड़ी आसानी से पा लिये होते। लेकिन कोई बात नहीं, अब भी पा ही लोगे। उस हेतु ही तो यह किताब लिखी जा रही है। उस हेतु ही तो आपसे अपना शास्त्र लिखवा रहा हूँ। अभी तो इस संदर्भ में इतना स्पष्टतापूर्वक फिर समझो कि एकबार बुद्धि का मायाजाल टूट जाए तो आप फिर से एक शुद्ध मन हो जाएं। और एकबार आप दुख-दर्द रहित शुद्ध मन हो जाएं तो फिर वहां से हँसते-गाते सफलता की सीढ़ियां कैसे चढ़नी, उसकी चर्चा करेंगे। और यही हमारे स्टेप-2 तथा स्टेप-3 हैं।

चलो, यह तो समझ गए कि फंस गए हैं तो पहले मन का चैन वापस पाना पड़ेगा। समझ गए कि जबतक दुख-दर्द होंगे जीवन कोई बड़ी उड़ान नहीं भर पाएगा। समझ गए कि फिर से दुख-दर्द रहित शुद्ध मन होते ही सफलता कदम चूमने लगेगी। परंतु सवाल यह कि जीवन से दुख-दर्द दूर करना भी इतना आसान तो होगा नहीं? खासकर तब, जब बुद्धि के मायाजाल में इस कदर उलझे पड़े हों? अरे, इतना मत सोचो। निराश होने की कोई बात ही नहीं है। यदि आपने स्टेप-1

अच्छे से ग्रहण कर लिया होगा तो इतनी मुश्किल नहीं आएगी। क्योंकि स्टेप-1 आपको अपने जीवन की कमान अपने हाथ में लेना सिखाती है। दुनिया के दबावों को कम कर आपकी स्वतंत्रता बढ़ाने हेतु सहायता करती है। और यदि आप स्वतंत्र हो चुके हैं तो बड़े आराम से स्टेप-2 का ऑपरेशन कर पाएंगे। फटाफट दुख-दर्दों से छुटकारा पा लेंगे। पर हां, स्टेप-2 में भी बनना तो आपको अपना डॉक्टर स्वयं ही है। यानी प्रकृति की रचना का तो हर कदम पे ध्यान रखना ही है। और यह स्टेज पार करके जब आप अपने दुख-दर्द कम कर लेंगे, तो स्टेप-3 में प्रवेश करेंगे। वहां हम सीखेंगे कि शुद्ध मन के सहारे हँसते-गाते आगे कैसे बढ़ना? बस पहले जीवन के दुख-दर्द समाप्त कर लो। और फिर जीवन से दुख-दर्द समाप्त हो जाएं तो वह भी अपनेआप में एक बहुत अद्भुत उपलब्धि होगी। फिर सफलता की सीढ़ियां भी हँसते-गाते चढ़ लेंगे।

सो उम्मीद है कि आप जीवन से दुख-दर्दों को मिटाने हेतु तैयार हैं। यह स्पष्ट समझ लो कि जीवन से दुख-दर्द दूर करने का यहां बतायी जाने वाली स्टेप-2 के अलावा दूसरा कोई उपाय नहीं है। यहां से चूके व्यक्ति के जीवन से दुख-दर्द कभी खत्म नहीं होने वाले। और वह नहीं हुए तो आपके प्रगति की सीढ़ियां चढ़ने के भी कोई आसार नहीं हैं। क्योंकि फिर स्टेप-3 को आप ग्रहण ही नहीं कर पाएंगे। अत: इतना स्पष्ट समझ लो कि दुख-दर्द दूर करने हेतु कही गई तमाम ऊपरी व हवाई बातों को आप एक कहानी ही समझो। और मैं इतना बड़ा दावा कर रहा हूँ... क्योंकि मेरी कही बात प्राकृतिक भी है तथा वैज्ञानिक भी। इसीलिए कह रहा हूँ कि दुख-दर्द दूर करने का यह मौका चूक गए तो फिर जीवन से दुख-दर्द दूर करना असंभव हो जाएगा। सो मेरी इस कोशिश में आपका पूर्ण सहयोग मिलेगा, इस यकीन के साथ अब मैं आगे बढ़ता हूँ। ध्यान यह रख लो कि दुख-दर्द दूर करने का ऐसा वैज्ञानिक तरीका फिर आपको दोबारा नहीं मिलेगा।

खैर, दुख-दर्द दूर करने हेतु आपको वापस एक शुद्ध मन होना होगा, यह तो आप समझ ही गए। तो चलो, अब अपने शुद्ध मन को भी समझ लो। आपके शुद्ध मन की सबसे बड़ी विशेषता यह है कि वह पूर्ण रूप से स्वतंत्र है। और चूंकि आप अपने शुद्ध मन के अलावा कुछ नहीं हैं, अत: आप भी पूर्ण रूप से स्वतंत्र ही

हैं। यानी प्रकृति की ओर से हर मनुष्य पूर्ण स्वतंत्रता के साथ ही अस्तित्व में आया है। और जब मनुष्य का मन पूर्णत: स्वतंत्र है तो इसका सीधा अर्थ यह है कि उसे उसके अलावा कोई दुख नहीं दे सकता है। न भाग्य, न भगवान, न धर्म, न प्रकृति। यदि मनुष्य को कोई दुख दे सकता है तो वह स्वयं। क्योंकि सारे दुखों का मूल बाहरी दुनिया से अपना संपर्क बिठाना है। और यह सारे संपर्क मनुष्य ने स्वयं अपनी मरजी से बिठाये हैं। इसलिए दूसरे किसी को इस हेतु वह रत्तीभर जिम्मेदार नहीं ठहरा सकता है। और इस एक बात की अच्छे से गांठ बांध लो। दुख-दर्द दूर करने हेतु यही बात सबसे ज्यादा सहायक सिद्ध होने वाली है।

खैर, हो सकता है कि शायद यह बात पूरी तरह से आपकी समझ में न आयी हो। क्योंकि मनुष्य का मन पूर्ण स्वतंत्र है, अब यह बात ही समझना मुश्किल हो गई है। अज्ञान में उलझकर सबने इतनी गुलामियां पाल ली है कि अब पूर्ण स्वतंत्र होने की बात ही गले उतारना असंभव हो गया है। तो चलो, इस बात को मैं सिकंदर के जीवन के एक उदाहरण से समझाने की कोशिश करता हूँ। यह उन दिनों की बात है जब सिकंदर भारत का पश्चिमोत्तर प्रदेश जीतने के बाद वहां का बेशुमार खजाना लेकर वापस यूनान लौटने की तैयारी में था। तभी उसे विचार आया कि भारत से इतना कुछ ले जा रहा हूँ तो क्यों न यहां से एक संन्यासी भी अपने साथ ले जाऊं। आखिर भारत के संन्यासी भी कोई कम मशहूर तो हैं नहीं...। बस तय किया तो हाथोहाथ उसने सैनिकों को कोई एक संन्यासी पकड़ लाने का हुक्म भी दे दिया। और जब सैनिकों को हुक्म दे दिया तो देर क्या? जल्द ही एक संन्यासी पकड़कर उन्होंने सिकंदर के सामने हाजिर भी कर दिया। उस संन्यासी का नाम दाण्ड्यायण था। उसने तो आते ही सिकंदर से उसे इसतरह बेवजह पकड़कर ले आने का कारण पूछा।

सिकंदर ने कहा - घबराओ नहीं! मैं तुम्हें ससम्मान अपने साथ यूनान ले जाऊंगा ताकि यूनान के लोग भी भारत के संन्यासी को देख सकें।

दाण्ड्यायण ने कहा - वह तो ठीक, पर मैं यूनान जाना चाहता ही नहीं।

सिकंदर बोला - तुम्हें शायद पता नहीं कि मैं संन्यासियों और फकीरों की बड़ी इज्जत करता हूँ। तुम्हें वहां न सिर्फ सम्मान मिलेगा, बल्कि मैं वहां तुम्हारा एक शानदार आश्रम भी खुलवा दूंगा।

दाण्ड्यायण बोला - हे यवनराज! मुझे लोभ देने की कोशिश मत करो, संन्यासियों को लोभ से नहीं जीता जा सकता। मैं किसी कीमत पर यूनान नहीं जाऊंगा।

संन्यासी की ऐसी अकड़ देख सिकंदर हँसता हुआ बोला- सुनो! मैंने पूरी धरती जीत लिया, मुझे रोकने वाला कोई नहीं...। सो, जब मैंने तय किया है तो तुमको चलना तो पड़ेगा ही। और जब चलना ही है तो बेहतर है कि राजी-खुशी चलो।

दाण्ड्यायण बोला - देश जीतना या खजाना लूटना अलग बात है, और एक संन्यासी को उसकी मरजी के खिलाफ ले जा पाना अलग बात है। तुम मुझे जबरदस्ती अपने साथ नहीं ले जा सकते।

संन्यासी के मुख से ऐसा सुनते ही विजय के मद में चूर सिकंदर जोर से हँस दिया और हँसते हुए ही बोला- क्या बात करते हो? कौन रोकेगा मुझे? ...अभी तुम्हारी अकड़ निकाल देता हूँ। इतना कहते-कहते सिकंदर ने संन्यासी को बांधकर एक रथ में बिठाने का हुक्म दे दिया। हुक्म तुरंत अमल में लाया गया और देखते-ही-देखते संन्यासी को रथ के अदंर बांध दिया गया। संन्यासी को बांधे जाते ही सिकंदर उनके पास पहुंच गया। और पहुंचते ही थोड़ी अकड़ से पूछा - क्या अब भी तुम सोचते हो कि मैं तुम्हें नहीं ले जा सकता?

दाण्ड्यायण बोला - हां...

सिकंदर ने आश्चर्यचकित होते हुए पूछा - वह कैसे?

दाण्ड्यायण बोला - तुमने मेरे शरीर को बांधा है। शरीर पर अवश्य तुम्हारा जोर है, परंतु तुम्हें मेरा शरीर चाहिए या मेरी संन्यस्त चेतना? यदि मेरी चेतना चाहिए तो वह तो मेरे नियंत्रण में है, वह यूनान जाकर खामोश हो जाएगी। फिर तुम्हारे पास रह जाएगा मेरा शरीर, तो उसका तुम करोगे क्या?

सिकंदर तो संन्यासी की बात सुनते ही अवाक् रह गया? उसने तुरंत माफी मांगते हुए संन्यासी को आजाद कर दिया। वह समझ गया कि वाकई राजाओं को हराना या खजाना लूटना अलग बात है, परंतु एक पक्के संन्यासी को ले जाना या उसका दिल जीतना दूसरी ही बात है।

अब कहानी तो आपने पढ़ ही ली। उम्मीद है कि इससे आपको अंदाजा हो ही गया होगा कि सिकंदर की पूरी ताकत मिलकर भी संन्यासी को क्षणभर के लिए गुलाम नहीं बना पायी। ऐसा ही आपका मन भी है। कोई आपके शरीर को बांध सकता है, आपके शरीर के साथ जबरदस्ती कर सकता है... परंतु आपके मन पर संसार की कोई ताकत नियंत्रण नहीं पा सकती है। कोई आपको बांधकर कह सकता है कि आप मेरी तारीफ करो। शब्दों से शायद आप उसकी तारीफ कर भी दें, परंतु फिर भी मन में उसे गाली देने हेतु आप स्वतंत्र ही हैं। कहने का तात्पर्य इतना ही कि आपके मन पर आपकी मरजी के बिना कोई शासन नहीं कर सकता है। और जब कोई शासन नहीं कर सकता तो फिर आपकी रजामंदी के बगैर कोई आपको दुख भी नहीं दे सकता है। इसलिए यदि आप वाकई अपने जीवन से दुख-दर्द दूर करना चाहते हैं तो सबसे पहले उस हेतु आपको अपने स्वयं को जवाबदार मानना होगा। अपने दुखों हेतु दूसरों को जिम्मेदार ठहराना बंद करना होगा। न परिवार, न धर्म, न भाग्य, न समाज, न भगवान और न कर्म-फल। कुछ भी नहीं...। आपको यह मानना ही होगा कि जीवन में दुख है तो गलती सिर्फ मेरी है। यूं भी जिसे पूर्ण स्वतंत्रता उपलब्ध हो वह दूसरे किसी को दोष दे भी नहीं सकता है। अत: अपने दुख-दर्दों हेतु आप स्वयं जिम्मेदार हैं तथा यह जिम्मेदारी उठा लें। अब यह जिम्मेदारी उठाने से आपके दुख-दर्द हमेशा के लिए दूर कैसे होंगे, आगे हम सीधे इसपर चर्चा करेंगे। क्योंकि मुझे नहीं लगता कि अब आपको अपने मन की पूर्ण स्वतंत्रता बाबत कोई कन्फ्यूजन रह गया होगा। और जब पूर्ण स्वतंत्र हो तो अपने दुखों हेतु दूसरों को जिम्मेदार नहीं ठहराया जा सकता है, यह बात भी अब आपकी समझ में आ ही गई होगी। बस तो चलो फिर तमाम नकारात्मक भावों से छुटकारा पाने हेतु हम आगे बढ़ते हैं। स्टेप-2 की एक के बाद एक प्रैक्टिकल एप्लीकेशन्स ग्रहण करते हैं और हमारे जीवन के तमाम दुख-दर्दों से छुटकारा पा लेते हैं। मुझे यकीन है कि आप सब इस लंबी उड़ान हेतु तैयार हैं। और इस हेतु मैं एक के बाद एक नकारात्मक भाव को लूंगा और उससे छुटकारा पाने की प्रैक्टिकल एप्लीकेशन दूंगा। आप तो बस दी जा रही हर एप्लीकेशन का भरपूर फायदा उठाना। चाहे जो हो जाए, अपने दुख-दर्दों से हमेशा के लिए छुटकारा पा ही लेना।

दुख से छुटकारा पाओ

अब दुख एक ऐसा भाव है जो सबको पकड़ता है। दुख शब्द से कोई अनजान नहीं है। कम या ज्यादा, सभी को दुख का अनुभव है ही। और दुख कितना परेशान करता है, यह भी सभी जानते ही हैं। सबकुछ होते हुए भी पकड़ा हुआ एक दुख दिन व महीनों बिगाड़ देता है। यह भी तय है कि किसी ने दुख को निमंत्रण देकर बुलाया नहीं होता है। फिर यह आ कहां से जाता है? आपके मन में यह बिन-बुलाया खतरनाक मेहमान घुस कैसे जाता है? क्या कभी आपने इस बाबत सोचा है? जब आप अपनी गाड़ी में अपनी मरजी के बगैर किसी को नहीं घुसने देते, तो फिर अपना मन तो आपको कहीं ज्यादा अजीज है। फिर कैसे मन में दुख बिन चाहे भी घुस जाता है? जब दुख से इतना परेशान हो, तो इस बाबत सोचते क्यों नहीं हो? अब यह भी तो कमाल ही है न...। जिसने आपको इस कदर परेशान कर रखा है, उस बाबत आप सोचते तक नहीं हैं? फिर कैसे कह सकते हो कि आप अपने जीवन को लेकर संजीदा हैं? और फिर कभी-कभार गलती से सोचते भी हो तो वह भी उटपटांग। सोचते हो कि रोजे रखने से या उपवास करने से दुख दूर हो जाएंगे। खूब धन कमा लेंगे तो शायद दुखों से छुटकारा हो जाएगा। कभी सोचते हो कि इसकी चमचागिरी कर लें तो दुख दूर हो जाएंगे। अब यह सब वाकई सायकोलॉजिकल अज्ञान की हद हो गई। इन सबसे रत्तीभर दुख दूर नहीं होते हैं। उल्टा इन सब बेकार के उपायों से नये-नये दुखों की जड़ ही मजबूत होती है। और सबूत हेतु हरेक का जीवन उसकी आंखों के सामने है।

अतः दुख दूर करना चाहते हो तो सीधी बात समझो। उसके मूल को पहचानो। और आपकी तमाम समस्याओं के मूल में क्या है? आप स्वयं...! क्योंकि कुदरत की ओर से आपको पूर्ण स्वतंत्रता बख्शी गई है। और जब पूर्ण स्वतंत्र हैं तो जीवन में आने वाले हर दुख हेतु आप स्वयं जवाबदार हैं। और जब स्वयं जवाबदार हैं तो इसका मतलब साफ है कि यह आप ही की किसी गलती का परिणाम है। और वह गलती क्या है? वह गलती है प्रकृति की रचना की अवहेलना करने की कोशिश। वह कैसे? वह ऐसे कि प्रकृति की रचना में तो आपका आपके 'मन' के अलावा कुछ है नहीं, लेकिन फिर भी आप दूसरे व्यक्ति तथा वस्तु को अपना बनाने की कोशिश

में लगे रहते हैं। अब आप कुछ भी कर लो, इनमें से कोई आपका है ही नहीं। फिर वह घर, गाड़ी या व्यवसाय हो या फिर वह मित्र तथा परिवार वाले हों। यह तो आप अपने मोहवश उन्हें अपना मानने लगते हैं। अपनी ही सोच की एक मायावी दुनिया बना लेते हैं। और यहीं आकर गड़बड़ हो जाती है। क्योंकि प्रकृति की परम रचना में तो आपका शरीर भी आपका नहीं है। वह भी मन से फूटे कार्यों को क्रियान्वित करने का एक माध्यम-मात्र है।

अब आप कहेंगे कि चलो, हमने चन्द वस्तुओं को अपना मान लिया तो क्या गुनाह कर लिया? हम कुछ लोगों को अपना मानते हैं तो क्या गलत करते हैं? यह सब आप इसलिए कह रहे हैं क्योंकि आपको अभी सही क्या है और गलत क्या है, इसका अंदाजा नहीं है। अभी तो जो आपके धर्म व समाज आपको समझा देते हैं, उसे ही आप सही-गलत मानने लगते हैं। लेकिन ये सारी बातें सही और गलत मानने के वास्तविक पैमाने नहीं हैं। सही और गलत का एक ही परफेक्ट पैमाना है, और वह है प्रकृति की रचना। सो आप प्रकृति की बनायी रचना के अनुसार जीते हो तो सही, वरना गलत। और गलत करोगे तो दुख-दर्द झेलने पड़ेंगे। उस समय उससे आपको न समाज बचा पाएगा न धर्म। अत: दुख-दर्दों से बचना चाहते हो तो प्रकृति की रचना का सम्मान करना ही पड़ेगा। खैर, अभी तो अपने सवालों के जवाब हेतु प्रकृति की एक रचना और समझ लो। इससे आपको समझ में आ जाएगा कि वस्तु और व्यक्तियों को अपना मान के आप क्या गलती कर रहे हो। सो प्रकृति का नियम है कि यहां मनुष्य के शुद्ध मन को छोड़कर सबकुछ गतिशील भी है तथा परिवर्तनशील भी। आपका स्वयं का शरीर भी इसमें अपवाद नहीं है, जिसे आप अपना मानते हैं। और जब परिवर्तनशील है तो फिर इन सबमें ऊंच-नीच भी होती ही रहनी है। यानी सबपर बुरे वक्त भी आते ही रहने हैं। उसे कोई रोक नहीं सकता है। और इसीलिए एक मनुष्य के शुद्ध मन को छोड़कर यहां सबकुछ अनप्रेडिक्टेबल है। सत्य यह भी है कि एक आपके मन को छोड़कर आपके लिए सबकुछ पराया ही है। शायद अब आपको अपने दुखों का मूल समझ में आ गया होगा।

खैर, अब भी समझ में नहीं आया हो तो मैं और विस्तार से समझा देता हूँ। होता यह है कि आप खोटी बातों, बेकार के ज्ञानों और संसार की बनायी अप्राकृतिक

रचना के चक्कर में पड़कर कुछ व्यक्तियों तथा चंद वस्तुओं को अपना मान बैठते हैं। जबकि वे वास्तव में आपके हैं नहीं। और ना ही वे कभी आपके हो सकते हैं। फिर भी आप उनसे अपना कनेक्शन बिठाकर प्रकृति की परम रचना का उल्लंघन करते हैं। अब चूंकि प्रकृति के सिद्धांत से मनुष्य के शुद्ध मन को छोड़कर बाकी सबकी चाल अनप्रेडिक्टेबल है, अत: उन सबमें ऊंच-नीच आती ही रहती है। आपका स्वयं का शरीर भी इस ऊंच-नीच में शामिल ही है। फिर होता यह है कि आपकी गाड़ी बिगड़ी नहीं कि आपको दुख पकड़ा नहीं। पिताजी की तबीयत बिगड़ी और आप दुखी हो गए। और इन सारे प्रकार के दुखों के मूल में एक ही बात कॉमन है, और वह यह कि आपने इन बाहरी वस्तुओं को अपना मान के इनसे कनेक्शन बिठा लिया है। और इसलिए इन सब पर पड़ने वाली हर चोट आपको दुख दे जाती है। क्योंकि फिर इन सबपर पड़ी हर चोट आपको अपने पर पड़ी चोट लगती है। अब एक्सीडेंट दूसरे की गाड़ी का भी होता है तथा पिताजी दूसरों के भी बीमार पड़ते हैं। पर इसका आपको दुख नहीं पकड़ता है। क्यों? क्योंकि इन सबसे आपने 'अपना' मानने का कनेक्शन नहीं बिठाया है। और कनेक्शन के अभाव में वह चोट भीतर नहीं घुस पाती है। यानी उतने ही लोगों को पड़ने वाली चोट का आपको दुख होता है, जितनों से आपने 'अपना' मानने का कनेक्शन बिठाया है। अब इन तमाम दुखों को दूर करने का उपाय क्या है? एक ही कि यह अपना मानने का कनेक्शन काट लो। इसके अलावा के हजार उपद्रव कर लो, कुछ नहीं होने वाला है। क्योंकि स्पीरिच्युअल साइन्स के सिद्धांत के बाहर का कुछ भी संभव नहीं है।

अब आप कहेंगे कि कनेक्शन ही काट दिया तो जीवन में बचा क्या? यह आप इसलिए कह रहे हैं क्योंकि आपको कनेक्शन काटना संभव नजर नहीं आ रहा है। आदत पुरानी जो है। दूसरी बात, मैं कनेक्शन काटने को कह रहा हूँ, रिश्ते तोड़ने को नहीं। रिश्ते रहेंगे व सबसे रहेंगे। घर, गाड़ी तथा व्यक्तियों का मजा लो व खूब लो। इनमें से किसी पर भी संकट आए तो जो आपसे बन पड़ता है, करो। यह आपका कर्तव्य है। लेकिन समझो यह कि यही आपकी सीमा भी है। पिताजी बीमार हैं तो उन्हें अस्पताल ले जाना आपका कर्तव्य है। अस्पताल का बिल भरना आपका फर्ज है। श्रेष्ठ इलाज करवाना आपकी जिम्मेदारी है। सो यह सब करो, पर

फिर यहीं पर रुक जाओ। अपने से जो बन पड़ता है, वह करो और थम जाओ। इसके आगे की ऊंच-नीच से अपने को डिसकनेक्ट कर लो। आगे का सबकुछ प्रकृति की न्याय-व्यवस्था तथा संसार की अन-प्रेडिक्टेबिलिटी पर छोड़ दो। यदि इतना भी नहीं कर पाये तो दुखों से आपका छुटकारा होने वाला नहीं है। निश्चित ही जिसने स्टेप-1 अच्छे से ग्रहण किया होगा, उसको उतनी मुश्किल नहीं आएगी। समझो इतना कि गाड़ी से कनेक्शन काट दोगे तो क्या गाड़ी किसी और की हो जाएगी? सोचो इतना कि गाड़ी को अपना नहीं मानोगे तो क्या वह मजे देना बंद कर देगी? नहीं, ऐसा कुछ नहीं होगा। उल्टा गाड़ी हो या व्यक्ति, ज्यादा मजा देने लगेंगे। और उनको चोट पहुंचने का दुख नहीं झेलना पड़ेगा, वह अलग। सो वस्तु हो या व्यक्ति, सबके साथ का खूब मजा लो। परंतु व्यवहार में 'कर्तव्य' को अपनी सीमा बना लो। यह मान ही लो कि दूसरा 'दूसरा' ही है, फिर वह वस्तु हो या व्यक्ति। किसी को अपना मानो ही मत। जबतक मजे ले सकते हो, मजे लो। चोट लगे तो अपने कर्तव्य निभा लो। इसके आगे की सारी ऊंच-नीच प्रकृति की न्याय-व्यवस्था पे छोड़ दो। कुल-मिलाकर दुख दूर करने का आपके पास कनेक्शन काटने के अलावा दूसरा कोई उपाय नहीं है। इसके अलावा जमीन-आसमान एक कर दोगे, तो भी दुखों से छुटकारा होने वाला नहीं है। और यह मुश्किल जान पड़ रहा है, क्योंकि आदत पुरानी है। लेकिन एकबार तय कर लो कि प्रकृति के बख्शे इतने हसीन मन को दुख नहीं ही चाहिए। बस इस एक दृढ़ता से आपकी राह आसान हो जाएगी।

अब जीसस क्राइस्ट के बारे में तो सबकुछ आप जानते ही हैं। उन्होंने लोगों के उद्धार के लिए क्या कुछ नहीं किया? लेकिन बदले में उन्हें सूली पर लटकाया गया। शरीर में बेशुमार कीलें ठोके गए। परंतु क्राइस्ट के शुद्ध मन पर इसका कोई असर नहीं पड़ा। क्यों? क्योंकि कीलें क्राइस्ट के शरीर को ठोके जा रहे थे, जबकि क्राइस्ट शरीर से अपना कनेक्शन पहले ही काट चुके थे? सोचो इतना कि जब क्राइस्ट अपने शरीर तक से अपना कनेक्शन काट सकते हैं तो क्या आप अपने घर, गाड़ी व रिश्तेदारों से भी अपना कनेक्शन नहीं काट सकते हैं? काट ही सकते हैं। और अगर जीवन से दुख दूर करना चाहते हैं तो ये कनेक्शन काटने ही पड़ेंगे। दुखों से बचने का इसके अलावा दूसरा कोई उपाय इस जगत में उपलब्ध नहीं है।

चलो, मैं आपकी सहायता हेतु एक प्रैक्टिकल एप्लीकेशन देता हूँ। जाप मंत्र का नाम शायद आपने सुना ही होगा। इसका अर्थ है, एक के एक मंत्र को लगातार दोहराते रहना। बस यही 'जाप मंत्र' आपके दुखों के निवारण की विधि है। लेकिन दूसरे लोगों की तरह शास्त्रों से उठाये बेतुके मंत्र दोहराने मत लग जाना। उससे रत्तीभर कोई फर्क नहीं पड़ेगा। कृष्ण की शिक्षा ध्यान रखना कि जीवन अपना तो मंत्र भी अपना। अर्थात जाप मंत्र हेतु भी बनना तो आपको अपना डॉक्टर स्वयं ही है। दुखों को दूर करने वाला अपना जाप मंत्र लिखना आपको अपनी ही भाषा में है। और उस हेतु मेरी कही उपरोक्त बातों में से जो-जो बातें आपको अपने लिए प्रभावी लगती हों, उसे संक्षेप में अपनी भाषा में लिख लो। चलो पहला मंत्र लिखने हेतु आपकी सहायता मैं कर देता हूँ। सो लिखो कि "मैं यह समझ गया कि बाहर की दुनिया से अपने शुद्ध मन का कनेक्शन बिठाना ही तमाम दुखों का मूल है। और मुझे अपने इस बेशकीमती जीवन में दुख चाहिए ही नहीं। अत: मैं सारी चीजों के मजे लूंगा, सबके प्रति अपने कर्तव्य निभाऊंगा... और फिर वहीं पर रुक जाऊंगा। उन्हें अपना मानने का कनेक्शन मैं हर वस्तु तथा हर व्यक्ति से काट देता हूँ।" ...यह मैंने आपको अपना जाप मंत्र लिखने हेतु एक इशारा किया। अब आप आराम से इसे अपनी भाषा में लिखो। और जब भी दुख पकड़े तो इसका बार-बार मनन करो। अपने को पकड़े दुख के मूल में जाओ। मूल में वस्तु को अपना मानने के अलावा दूसरा कोई कारण है ही नहीं। बस तो उसे कमजोर करो, आपका जल्द ही दुख से छुटकारा हो जाएगा। यूं भी यह आपका आपके लिए लिखा गया जाप मंत्र है, सो इसे तो अपना असर दिखाना ही है। समझ सिर्फ इतना लो कि इसके अलावा का कोई भी उपाय दुखों से आपका छुटकारा नहीं करवा सकता है।

स्वयं का जाप मंत्र

....

....

....

....

....

....

....

....

....

....

हालांकि सबकुछ पहली बार में ही हो जाए, यह जरूरी नहीं है। क्योंकि कनेक्शन बिठाने की आपकी आदत भी पुरानी है तथा आपके जख्म भी गहरे हैं। लेकिन अपने लिखे जाप मंत्र को लगातार दोहराने से अच्छाखासा फर्क तुरंत पड़ जाएगा। खासकर आज के बाद जब भी आपको दुख पकड़े, तब उस दुख से संबंधित एक जाप मंत्र तुरंत लिख दो। मानो आपकी गाड़ी का एक्सीडेंट हुआ तथा आपको दुख पकड़ा। बस तो उसी क्षण अपना जाप मंत्र लिख दो। लिखो... एक्सीडेंट गाड़ी का हुआ है मेरे मन का नहीं। गाड़ी कोई मेरे साथ थोड़े ही जाने वाली थी जो मैं उसका मातम मनाऊं? मैं अब समझ गया हूँ कि मैं गाड़ी को अपना मानने के चक्कर में इस दुख के जाल में फंस गया हूँ। पर वह मेरी है कहां? और फिर मेरी अकेली की गाड़ी थोड़े ही है, जिसका एक्सीडेन्ट हुआ है। गाड़ियों के एक्सीडेन्ट तो होते रहते हैं। सो मैं गाड़ी से अपना कनेक्शन काटता हूँ...।

बस आज के बाद जब दुख पकड़े, तात्काल उसका जाप मंत्र लिख लो। और फिर शांत मन से एकांत में बैठकर उसे तबतक दोहराते रहो जबतक कि आपका दुख चला न जाए या कमजोर न हो जाए। दुखों से छुटकारा पाने का यही अक्सीर उपाय है। इससे जो दुख आपका महीनेभर चलने वाला होगा, उससे दो-तीन दिन में ही आपका छुटकारा हो जाएगा। और एकदिन निश्चित ही आप भी क्राइस्ट की तरह तमाम बाहरी वस्तुओं से अपने सारे कनेक्शन काटने में कामयाब हो जाएंगे। और उस दिन जीने का जो मजा आएगा, उसकी तो कल्पना तक आप नहीं कर सकते हैं। मैं तो बस मार्ग बता सकता हूँ व शुभकामनाएं दे सकता हूँ। बाकी तो दुख दूर करने हेतु सर्जरी तो आप ही को अपनी करनी होगी। और अपना जीवन हसीन बनाने हेतु इतना तो आप कर ही लेंगे।

टेन्शन से मुक्ति पाओ

अब जिसे देखो, जमानेभर का टेन्शन है। स्टूडन्ट को टेन्शन है कि परीक्षा कैसी जाएगी? दुल्हे को टेन्शन है कि दुल्हन कैसी मिलेगी? किसी को बुढ़ापे की तो किसी को स्वास्थ्य की टेन्शन है। और कई तो आपसी रिश्तों में भी टेन्शन पालते रहते हैं। यानी हजारों प्रकार के टेन्शन मनुष्य पालता है। अब यूं तो सामान्य मनुष्य के लिए दुख, टेन्शन, भय, फ्रस्ट्रेशन वगैरह कोरे शब्द मात्र हैं। क्योंकि मनुष्य की सायकोलॉजी का गहरा ज्ञान आज भी उपलब्ध नहीं है। इसलिए कइयों के लिए तो यह सब एक ही बात है। लेकिन ऐसा है नहीं। सारे नकारात्मक भाव अलग-अलग हैं तथा सबके भिन्न-भिन्न कारण हैं। लेकिन हां, मूल सबका एक ही है - बाहर की दुनिया से कनेक्टीविटी बिठाना। खैर, टेन्शन हजार प्रकार के हो सकते हैं। परंतु बुनियादी तौरपर सभी टेन्शन के पीछे एक ही भाव है कि... क्या होगा? यानी जब आप अपने शुद्ध मन का कनेक्शन ''क्या होगा'' से बिठाते हैं तो मामला चाहे कोई भी हो, आपको टेन्शन पकड़ लेता है। अब सवाल यह कि ''क्या होगा'' इसपर आपका कोई अधिकार है? क्या जो कुछ होगा, आपके सोचने से होगा? यहां तो पानी की एक बूंद का गिरना भी लाखों घटनाओं का जोड़ है। ऐसे में क्या होगा, यह सोचना ही मूर्खतापूर्ण है। लेकिन ''क्या होगा'' में हरेक को बड़ा रस है। और जब तक इस ''क्या होगा'' से आप कनेक्शन बिठाते रहेंगे, टेन्शन आपको पकड़ते रहेंगे। तब तक दुनिया की कोई ताकत आपका टेन्शन से छुटकारा नहीं करवा सकती है। सवाल यह है कि क्या आप प्रकृति से गारंटी लेकर पैदा हुए थे कि आपके साथ सब कुछ मनचाहा ही होगा? क्या आपके पास इतनी सत्ता है कि आपके साथ सब मन मुताबिक हो? और ''क्या होगा'', यह सोचने से सब ठीक हो जाएगा? महाभारत के युद्ध के समय अर्जुन भी टेन्शन में आ गया था। क्यों? क्योंकि उसने भी सोचना प्रारंभ किया था कि क्या होगा? कौन जीतेगा? और कृष्ण कहते हैं कि यह विचार ही टेन्शन देने वाला है। तू तेरे दम लगाकर युद्ध कर, फिर जो होगा वह देखा जाएगा। मैं भी आपसे यही कह रहा हूँ कि आप अपने दम लगाकर कर्म करो, फिर जो होगा देखा जाएगा। जब होगा, तब देखा जाएगा। दम लगाकर पढ़ाई करो, फिर रिजल्ट का जो होगा देखा जाएगा। और आपके अधिकांश ''क्या होगा'' तो इतने बेतुके होते हैं

कि जिनसे जीवन का तालमेल ही नहीं बैठता है। आपने हजारों बार "क्या होगा" का टेन्शन पाला है और हुआ कुछ भी नहीं है। तो फिर टेन्शन पालते ही क्यों हो? क्या होगा, यह प्रकृति की न्याय-व्यवस्था पर छोड़ो। आप तो बस अपना काम करते जाओ, वह भी दम लगाकर। फिर जो होता हो, हो जाने दो।

चलो टेन्शन से छूटने का एक सीधा उपाय बताता हूँ। आप आज की ही सोचो। और आज के दिन जहां जो श्रेष्ठ कर सकते हो कर लो। उससे ऊपर-नीचे की कुछ सोचो ही मत। इस एक परिवर्तन से आपके सारे "क्या होगा" तिरोहित हो जाएंगे। एक बात स्पष्ट समझ लो कि आपके सारे टेन्शन की जड़ सिर्फ क्या होगा से अपने शुद्ध मन का कनेक्शन बिठाना है। अत: यह कनेक्शन काटे बगैर आपके टेन्शन दूर होने वाले नहीं हैं। चलो, एक उदाहरण देता हूँ। बुद्ध भारत में पैदा हुए। वे जब पैदा हुए तब भारत में सिर्फ हिंदू धर्म अस्तित्व में था। लेकिन हिंदू धर्म के कोई भी पाखंड बुद्ध को रास नहीं आ रहे थे। सो उन्होंने हिंदू धर्म के पाखंडों के खिलाफ जमकर बोलना शुरू किया। उन्होंने यह नहीं सोचा कि ऐसा करूंगा तो क्या होगा? ऐसा करने पर ये कट्टर हिंदू व हिंदू पंडित क्या करेंगे? अब उन्हें जो करना है, करे। जो होना हो, होए। बुद्ध को तो इतना ही मालूम था कि उन्हें क्या करना है। उसके आगे क्या होगा, यह बुद्ध की सोच का विषय ही नहीं था। और तकरीबन 45 वर्ष वे हिंदू धर्म के पाखंडों के खिलाफ बोलते रहे। अलग बौद्ध धर्म की स्थापना की। हुआ क्या? वे एक ऐसे महान बुद्ध हो गए, जिन्हें आज पूरा विश्व मानता है। यदि उन्होंने एकबार "क्या होगा" बाबत सोचा होता तो क्या होता? वे महान बुद्ध बन ही नहीं पाते। क्योंकि ऐसे में वे पाखंडों के खिलाफ बोल ही नहीं पाते। इससे अंदाजा लगा लो कि आपके सारे "क्या होगा", कितने खतरनाक हैं? सोचो कि ये सारे "क्या होगा" मिलकर आपको कितने टेन्शन देते हैं? और सोचो यह भी कि यह सब मिलकर आपको दृढ़ता से कुछ परफॉर्म भी नहीं करने देते हैं।

सो टेन्शन से छुटकारा तो पाना ही है। कुदरत के बख्शे हसीन जीवन को टेन्शन में गुजारना, मनुष्य जीवन की तौहीन है। और सारे टेन्शन की जड़ "क्या होगा" से अपना कनेक्शन बिठाना ही है। बस तो दृढ़तापूर्वक सारे "क्या होगा" से अपना कनेक्शन काट दो व तमाम प्रकार के टेन्शन से मुक्त हो जाओ। और उस हेतु

एकबार फिर जाप मंत्र का ही सहारा लो। दृढ़ हो जाओ कि आज के बाद इस "क्या होगा" बाबत सोचूंगा ही नहीं। टेन्शन है तो गलती मेरी ही है। इधर मैंने "क्या होगा" बाबत सोचा नहीं कि उधर और टेन्शन पकड़ा नहीं। यानी मैं ही अपने को दुख देता हूँ तथा मैं ही अपने को टेन्शन देता हूँ। कृष्ण सच कहते हैं कि मनुष्य आप अपना मित्र है तथा आप अपना शत्रु है। अत: आज के बाद "क्या होगा" बाबत सोचना बंद। आज क्या करना, उससे ऊपर जाना ही नहीं। बस इस तरह का एक जाप मंत्र लिखकर अपनी भाषा में अपने विचारों की सर्जरी कर दो। जब टेन्शन पकड़े तब अपने लिखे जाप मंत्र को दोहराओ। टेन्शन जल्द ही दूर हो जाएगा। याद रखो कि यह आप अपना एक ऐसा महान शास्त्र लिख रहे हैं जो जीवनभर आपको मार्ग दिखाता रहेगा।

स्वयं का जाप मंत्र

....

....

....

....

....

....

....

बस तो जब भी टेन्शन पकड़े, एकांत में बैठकर अपना ही लिखा यह जाप मंत्र दोहराते रहो। आपका पकड़ा टेन्शन कमजोर पड़ के छू हो जाएगा। जब भी टेन्शन पकड़े, तब उसकी जड़ तक जाओ। आप अंत में अपनी ही गलती पाओगे। "क्या होगा" से उसका सीधा कनेक्शन पाओगे। बस तो फिर आज के बाद जब भी टेन्शन पकड़े तब उसकी जड़ तक जा के उस हेतु एक नया जाप मंत्र लिखो। और फिर एकान्त में अपने ही लिखे जाप मंत्र को तबतक दोहराओ जबतक वह टेन्शन दूर नहीं हो जाता है। क्योंकि इतना हसीन जीवन "क्या होगा" के टेन्शन में नहीं ही बिताया जा सकता है, इसे तो "जो होगा वह देखा जाएगा" की जांबाजी के साथ ही जीना है।

और जांबाजी से जीना है तो "क्या होगा" के विचारों से सारे कनेक्शन काट ही देने होंगे। हम वैज्ञानिक युग में स्पीरिच्युअल साइन्स के अंतिम सत्य पर चर्चा कर रहे हैं। हम प्रकृति की रचना के अनुसार जीना सीख रहे हैं। प्रकृति खरबों वर्षों से अस्तित्व में है। और तभी से उसकी रचना व उसके सिद्धांत अस्तित्व में हैं। अत: मेरा नहीं तो कम-से-कम प्रकृति की रचना का सम्मान कर लेना। लेकिन मेहरबानीकर अपनी चिंताएं दूर करने हेतु संप्रदायों की शरण मत चले जाना। वरना "क्या होगा" या "स्वर्ग मिलेगा कि नर्क" का नया एक टेन्शन पकड़ के आ जाओगे। "क्या होगा", "मोक्ष मिलेगा कि नहीं" की एक नयी चिंता लेकर घर आओगे। इसलिए यह तय जान लेना कि चिंताओं से छुटकारा पाना है तो "क्या होगा" जैसे तमाम विचारों से कनेक्शन काटना होगा। और मुझे यकीन है कि आप जाप मंत्र की सहायता से यह कर ही लेंगे। मुझे यकीन यह भी है कि आज के बाद आप बेकार की तमाम हवाई बातों से भी अपने कनेक्शन काट ही लेंगे और सीधे प्रकृति की परम रचना की शरणागति स्वीकार लेंगे।

विचलित होने से बचें

विचलित होना, यानी कि दिल दुखना हरेक की प्रमुख समस्या है। यह भी सभी जानते हैं कि जब मन विचलित होता है तो वे किसी काम के नहीं बचते हैं। उस समय न धन काम आता है, न परिवार। न धर्म साथ देता है, न समाज। सवाल यह कि यह बात-बात पे मनुष्य का दिल दुखता क्यों है? सभी एक या दूसरा कारण उस हेतु बता देंगे। अपने दिल दुखने का दोष दूसरों पे मढ़ देंगे। और यही गलत है। क्योंकि मनुष्य पूर्ण स्वतंत्र है, इसलिए वह अपने दिल दुखने हेतु दूसरे को दोष दे ही नहीं सकता है। अत: अगर दिल दुखता है तो उसमें अपनी गलती ढूंढ़ो। दोष आपका ही है, अत: उसकी जड़ तक पहुंचने की कोशिश करो। और मैं कई बार समझा ही चुका हूँ कि आपके तमाम नकारात्मक भावों का मूल एक ही है, और वह है एक या दूसरे कारण से आपका बाहरी दुनिया से संपर्क बिठाना। अब जब भी आपका दिल दुखे या आप विचलित हों तब देखना कि उसके मूल में क्या है? आप पाएंगे कि एक या दूसरे प्रकार की अपेक्षा के जरिए आपने बाहरी दुनिया से कनेक्शन बिठाया हुआ है तथा वही फिर आपके विचलित होने व दिल दुखने का कारण बनकर उभरा है।

वाकई अपेक्षा रखना अपने किस्म का एक अलग ही पागलपन है। फिर चाहे वे अपेक्षाएं आप वस्तुओं से रख रहे हों या व्यक्तियों से। क्योंकि आप किसी भी वस्तु या व्यक्ति के मालिक थोड़े ही हैं जो वे आपकी अपेक्षा के अनुसार बरतेंगे। फिर भी मनुष्य अपेक्षाएं पालता है। खासकर दूसरे मनुष्यों से। इसका कारण क्या है? एक ही कि यहां जब भी किसी के लिए कोई कुछ करता है तो समझता है कि वह सामने वाले पे एहसान कर रहा है। और जब एहसान कर रहा है तो बदले में उसे ऐसा-ऐसा करना चाहिए। बस फिर इस 'अपेक्षा' के जरिए उस व्यक्ति के भविष्य के व्यवहार से कनेक्शन बैठ जाता है। अब दूसरा भी तो अपनेआप में पूर्ण स्वतंत्र है। वह कब क्या करे, वह उसकी मरजी पर निर्भर है। इसलिए हर प्रकार की अपेक्षा बुनियादी तौरपर गलत है। और सच कहूं तो यह अपेक्षा ही मनुष्यों के आपसी संबंधों की सबसे बड़ी बाधा भी है। क्योंकि जब आप दूसरे व्यक्ति से अपेक्षाएं पालते हैं और अगर वह उसपर खरा नहीं उतरता है तो फिर इससे आपका दिल खट्टा हो जाता है। वैसे ही दूसरा भी आपसे कोई अपेक्षा पाले बैठा होता है। आप उसकी अपेक्षा पे खरे नहीं उतरते हैं, तथा उसका दिल भी दुख जाता है। बस ऐसे ही सब दिन-रात एक-दूसरे के दिल को दुखाते रहते हैं और संबंधों में दरारें बढ़ती रहती हैं। उम्मीद है कि अब आप अपने दिल दुखने का कारण समझ गए होंगे। साथ ही अपने आपसी रिश्तों में आ रही कड़वाहट का कारण भी समझ गए होंगे। निश्चित ही अब आप अपेक्षा रूपी जहर को पहचान भी गए होंगे। यूं भी अब आप मनुष्य के मन तथा प्रकृति की रचना के इतने जानकार तो हो ही गए हैं कि मैं बातें संक्षेप में समझाकर आगे बढ़ सकूं।

खैर, अब आप इतना तो समझ ही गए हैं कि दिल दुखने की तमाम घटनाओं के मूल में 'अपेक्षा' ही है। सो अब मैं सीधे अपेक्षाओं से छुटकारा कैसे पाएं, उसपर आता हूँ। क्योंकि अपेक्षाओं से निजात पाये बगैर दिल दुखने से जान छूटने वाली नहीं है। तब तक आप एक या दूसरी बात से विचलित होते ही रहने वाले हैं। ...तो इसका सीधा उपाय यही है कि आप दूसरों के लिए तभी करें जब आपको करने पर उनसे कोई 'अपेक्षा' न जाग रही हो। दूसरों के लिए उतना ही करें जितने से 'अपेक्षा' प्रकट न हो रही हो। यदि किसी का कुछ भी करते वक्त अपेक्षा का अंकुर फूट रहा है तो कुछ करें ही मत। वरना फिर उससे आप भविष्य में अपने विचलित

होने की नींव रख देंगे। क्योंकि यह तो तय है कि दूसरा आपकी अपेक्षाओं पर खरा उतरने वाला नहीं ही है। फिर भी यह एक ऐसी गलती है जो हरकोई दोहराये चले जा रहा है। माता-पिता बच्चों का करते हैं। खूब करते हैं। फिर अनजाने में बदले में उनसे अपेक्षाएं भी उतनी ही बांध लेते हैं। अब यहां कोई किसी की अपेक्षा पे खरा उतर ही नहीं सकता है। क्योंकि अपेक्षा आपकी कल्पना है तथा दूसरे की स्वतंत्रता उसकी हकीकत है। यही पति-पत्नी, परिवार, मित्र, ऑफिस वगैरह सब जगह होता है। सब एक-दूसरे का करते भी हैं तथा साथ में अपेक्षाएं भी बांधते चले जाते हैं। परिणाम में दिन-रात एक-दूसरे के दिल दुखाते रहते हैं। फिर इसी से आपसी रिश्तों में कड़वाहट पैदा होती रहती है। इसका अर्थ यह नहीं है कि सब एक-दूसरे का करना बंद कर दें। सबका करो व खूब करो। परंतु अपेक्षा पकड़ने को अपने करने की सीमा बना लो। उतना ही करो, जिससे अपेक्षा न बंधे।

कुल-मिलाकर कहने का तात्पर्य इतना ही कि यदि आप बार-बार विचलित होना नहीं चाहते हैं तो तमाम प्रकार की अपेक्षाओं से निजात पा लो। और वह पानी ही पड़ेगी। क्योंकि यहां कोई कभी दूसरे की अपेक्षा पर खरा उतरने वाला नहीं है। चलो, भगवान का ही उदाहरण ले लो। भगवान से आप सबने कितनी अपेक्षाएं पाली हुई हैं? अब अपने जीवन में झांक लो; उनमें से कितनी पूरी हो रही है? तो सोचो इतना कि जब भगवान जैसा सर्वशक्तिमान आपकी अपेक्षाओं पर खरा नहीं उतर रहा है फिर बेचारा मनुष्य कैसे खरा उतरेगा? अब भगवद्गीता का ही उदाहरण लो। कृष्ण, अर्जुन को प्रकृति का अंतिम सत्य समझा रहे थे। अर्जुन के ही भले की बात कर रहे थे। लेकिन अर्जुन अपना ज्ञान झाड़ने में लगा था। धर्म और शास्त्रों की दुहाई देने में लगा था। तर्क पे तर्क दिये चला जा रहा था। फिर भी कृष्ण बिना विचलित हुए अर्जुन को अठारह अध्याय तक समझाते रहे। कैसे...? क्योंकि उन्होंने अर्जुन से कोई अपेक्षा नहीं बांध रखी थी। यदि उन्होंने अपेक्षा बांधी होती कि मेरे जैसे व्यक्ति की बात तो अर्जुन को एकबार में ही समझ लेनी चाहिए। मुझ जैसे अंतर्यामी से अर्जुन को तर्क करने ही नहीं चाहिए। तो क्या होता? कृष्ण का दिल दुखता। वे विचलित हो जाते। अठारह अध्याय तक समझा ही न पाते। बीच में ही कह देते कि जो करना है कर व मर। इसीलिए कृष्ण कहते हैं कि मेरा कर्म पर अधिकार है, उसके फल पे

नहीं। कृष्ण अर्जुन को समझाने का कर्म तो जानते हैं, पर फल में अर्जुन से अच्छे सहयोग की अपेक्षा नहीं रखते हैं। बदले में सम्मान रूपी कोई फल नहीं चाहते हैं। और कृष्ण बने बगैर आपका भी छुटकारा नहीं। दूसरे का करो व दिल खोल के करो। पर बदले में अपेक्षा मत रखो। अपेक्षा रखी नहीं कि दिल टूटा नहीं। चलो आप एक दिन में कृष्ण नहीं बन सकते तो कोई बात नहीं। जहां से अपेक्षा जागना शुरू हो जाए वहीं से दूसरे का करना बंद कर दो। अपेक्षा के जागने को अपने कर्म की सीमा बना लो। और वास्तव में वही आपके करने की सीमा है भी। सो कम-से-कम अपने को बचाने हेतु इतना तो कर ही लो।

कुल-मिलाकर कहने का तात्पर्य इतना ही कि अपेक्षा के जरिए दूसरों के व्यवहारों से अपना कनेक्शन बिठाओ ही मत। बस यह एक छोटी-सी आदत अपना लो व दिल टूटने से जीवनभर के लिए छुटकारा पा लो। और अपने में इस परिवर्तन को लाने हेतु एकबार फिर जाप मंत्र का सहारा लो। अपनी भाषा में लिखो कि मैं दिल दुखने से हमेशा के लिए निजात पाना चाहता हूँ। निश्चित ही तमाम प्रकार की अपेक्षाएं दिल दुखने का मूल है। अत: आज के बाद मैं किसी का कुछ भी करूंगा तो भी बदले में कुछ अपेक्षा नहीं रखूंगा। वह बदले में कुछ अच्छा करे तो ठीक और न करे तो ठीक। और उस समय तो किसी का करना तत्काल बंद कर दूंगा जब अपेक्षा जागेगी। बस इसे अपनी भाषा में लिखकर अपना एक जाप मंत्र बना लो। फिर जब मौका मिले इसे दोहराओ। आपकी अपेक्षाएं करने की आदत कमजोर पड़ जाएगी। और अंत में एक दिन आपका दिल दुखना भी हमेशा के लिए बंद हो जाएगा। और यह तो करना ही पड़ेगा। क्योंकि आप जानते हैं कि दिल दुखता है तब आप किस कदर हिल जाते हैं। किसी काम के नहीं बचते हैं। सो अपना जीवन हसीन बनाने हेतु विचलित होने से हमेशा के लिए छुटकारा पा ही लो।

स्वयं का जाप मंत्र

....

....

....

....

....

....

....

खैर, हो सकता है कि इतने-मात्र से बात पूरी तरह से न बने। तो कोई बात नहीं। अपने द्वारा लिखे गए जाप मंत्र को अपने जीवन का एक हिस्सा बना लो। आज के बाद जब भी विचलित होने लगो तो उसके मूल तक जाकर अपेक्षाओं के कनेक्शन को पहचान लो। और फिर हाथोहाथ उस समय की परिस्थिति के अनुसार एक नया जाप मंत्र लिख लो। और उसे तबतक दोहराते रहो जबतक कि दिल दुखना बंद न हो जाए। जीवन के मजे लेना चाहते हो तो इतना तो दृढ़तापूर्वक तय कर ही लो कि नकारात्मक भावों में जीना ही नहीं है। तय आप करते चलो, उपाय मैं बता ही रहा हूँ। बस मिले हुए इस मौके का फायदा उठा लो।

भय से छुटकारा पाओ

निश्चित ही डर व भय हर मनुष्य की सबसे बड़ी समस्या है। एक के बाद एक डर मनुष्य पकड़ता ही रहता है। और यह सभी जानते हैं कि पकड़ा हुआ हर डर जीने के मजे पूरी तरह से किरकिरे कर देता है। सच कहा जाए तो डरने और मरने में कोई फर्क ही नहीं है। क्योंकि डरा हुआ व्यक्ति न हँस पाता है, न झूम पाता है। वह खुल के जी भी नहीं पाता है। और डरे हुए व्यक्ति से कुछ काम भी नहीं होता है। तो सवाल यह है कि इतना डर मनुष्यों को पकड़ता क्यों है? और अब यह समझाने की जरूरत तो है नहीं कि आपकी हर मानसिक बीमारी हेतु आप स्वयं जिम्मेदार हैं। अत: अपनी हर मानसिक समस्या हेतु आपको अपनी गलती खोजनी ही रही। और अबतक तो आपको यह भी स्पष्ट हो ही गया होगा कि सारी बीमारियों की जड़ बाहरी दुनिया से कनेक्शन बिठाना है। सो अब हम सीधे भय के संबंध में इसके स्पीरिच्युअल साइन्स को समझ लेते हैं। सच कहूं तो मुझे समझ में यह नहीं आता है कि मनुष्य सीधे-सीधे प्रकृति की रचना का सम्मान क्यों नहीं करता है? वह समझता क्यों नहीं है कि उसका उसके शुद्ध मन के अलावा कुछ है ही नहीं! लेकिन बावजूद इसके हरकोई न जाने

कितनी वस्तुओं को अपना मान बैठता है। ना जाने कितने व्यक्तियों को अपना मानने की भूल कर बैठता है। और फिर एक बीमारी पकड़ लेता है। वह जिसे अपना मान बैठता है, उसे खोना नहीं चाहता है। आज के बाद गौर कर लेना, आप अपने सारे डरों के पीछे खो जाने का भय ही पाएंगे। सवाल यह कि क्या दुनिया मनुष्यों की चाह से चल रही है? नहीं, और बिल्कुल नहीं। दुनिया तो प्रकृति के स्थापित अटल नियमों के आधार पर ही चल रही है। और वह नियम स्पष्ट है कि मनुष्य का अपना अपने शुद्ध मन के अलावा कुछ नहीं है। बाकी के व्यक्ति हों या वस्तु, उनसे उसे आज नहीं तो कल बिछड़ना ही है। और अंत में तो उसे स्वयं एकदिन सबको छोड़ के जाना है। तो फिर ऐसे में कौन-सी चीज कब बिछड़ती है, उस बाबत सोचना ही क्यों? यह सोचना ही क्यों कि कहीं यह बिछड़ तो नहीं जाएगा? यह सोचना ही क्यों कि कहीं यह बिगड़ तो नहीं जाएगा? आपको इस प्रकार की तमाम सोचों पर लगाम कसनी ही होगी। क्योंकि यह विचार आते ही आपको डर पकड़ लेना तय है। और मनुष्य का सबसे बड़ा डर क्या है? मौत का डर। लेकिन यह डर है क्यों? क्योंकि मनुष्य शरीर को अपना मान बैठता है। और वह भी इस कदर कि वह उससे बिछड़ना ही नहीं चाहता है। परंतु शरीर कोई भी हो व किसी का भी हो, उसे एकदिन शुद्ध मन से जुदा होना ही होता है। बुद्ध, क्राइस्ट व कृष्ण तक इसमें अपवाद नहीं हैं। लेकिन फिर भी शरीर को अपना मान बैठने की भूल के कारण हरकोई मौत से डरता है। महाभारत के युद्ध के समय अर्जुन को भी इसी बात का डर पकड़ा था। उसे यही लग रहा था कि कहीं मैं इस युद्ध में मारा तो नहीं जाऊंगा? तब कृष्ण अर्जुन को क्या समझाते हैं? यही कि तू अलग है व तेरा शरीर अलग है। अतः तुझे न अपने शरीर की और ना ही अन्यों के शरीर की चिंता करनी चाहिए।

खैर, अब आप डर के पीछे का पूरा स्पीरिच्युअल साइन्स समझ ही गए होंगे। न समझे हों तो मैं आपकी कुछ और सहायता कर देता हूँ। कुल-मिलाकर आपके सारे भयों के मूल में दूसरे व्यक्ति व दूसरी वस्तुओं को अपना मान बैठना है। यह मेरा है, ऐसा कनेक्शन बिठाना है। और कनेक्शन बिठाने के बाद आपको एक अनजाना डर पकड़ लेता है। खोने का डर! आप सोचते ही नहीं हैं कि वास्तव में तो आपका शरीर तक आपका नहीं है। अतः जबतक यह "अपने होने" का कनेक्शन

नहीं काटोगे, तबतक आपको उसके खोने व बिछड़ने का डर सताता ही रहेगा। सो तमाम प्रकार के भयों से छुटकारा पाने का दूसरा कोई उपाय न था, न है और न रहेगा। और अपने कीमती जीवन को हसीन बनाना चाहते हो तो यह करना ही पड़ेगा। वरना अपने डर को दूर करने के लिए उटपटांग राह पर चल पड़ोगे। न जाने कहां-कहां आसरे खोजने लगोगे। ना जाने कैसी-कैसी उटपटांग बातों के सहारे रहने लगोगे। और अधिकांश लोग ऐसी ऊल-जुलूल बातों में उलझे ही हुए हैं। लेकिन यह तय जान लो कि इन सबसे भी आपके डर बढ़ेंगे ही। भय का छुटकारा तो स्पीरिच्युअल साइन्स के जरिए ही होगा। और वह उपाय सीधा व साफ है। वस्तु हो या व्यक्ति, अपने होने के सारे कनेक्शन काट दो। अब आदत पुरानी है और ऊपर से गलत बातों के शिकार भी हैं, इसलिए शुरुआती कठिनाई तो आनी ही है। परंतु फिर भी डर का उपाय तो करना ही है।

बस तो उस हेतु एकबार फिर जाप मंत्र की शरण चले जाओ। अपना जाप मंत्र लिखो। लिखो कि मेरा अपने शुद्ध मन के अलावा कोई नहीं। बाकी सब तो मिलते ही बिछड़ने के लिए हैं। सवाल इतना ही है कि यह सब आज बिछड़ेंगे या कल। तो जिसे जब बिछड़ना हो, बिछड़े। यह बिछड़ने वाला जाने तथा प्रकृति की परम रचना जाने। मैं बेकार में इस बाबत सोच के डर में जीऊं ही क्यों? जिसे जब बिछड़ना हो बिछड़े तथा जिसे जब बिगड़ना हो बिगड़े। मैं तो जो जब तक है, तब तक उसके मजे लूंगा। बाकी किसके साथ कब क्या होता है, वह मेरे हाथ में थोड़े ही है। कुदरत की न्याय-व्यवस्था भी कोई चीज है। बस इसी तरह का अपनी भाषा में अपना जाप मंत्र बना लो। और जब भी मौका मिले, उसे एकांत में बैठकर दोहराओ। जब कोई भय पकड़े तुरंत इस जाप मंत्र के उच्चारण में लग जाओ। इससे आपका डर कमजोर भी हो जाएगा तथा एकदिन गायब भी हो जाएगा।

स्वयं का जाप मंत्र

....

....

....

....

....

....

....

....

इनसिक्योरिटी हटाओ

अब इनसिक्योरिटी भी मनुष्य की बहुत बड़ी समस्या है। और यह सभी जानते हैं कि जिसको इनसिक्योरिटी पकड़ ले वह किसी काम का नहीं बचता है। यह एक ऐसा नकारात्मक भाव है जो मनुष्य को भीतर-ही-भीतर खा जाता है। अब आपको यह तो समझाने की जरूरत है ही नहीं कि इसके पीछे भी गलती आपकी ही है। और वह गलती क्या है? तो वह गलती है, आपकी निर्भरता। फिर वह निर्भरता किसी भी प्रकार की हो सकती है। वह फाइनेंशियल, मेन्टल, इमोशनल, सोशियल... किसी भी प्रकार की हो सकती है। और जैसे ही किसी बात हेतु आप दूसरे पर निर्भर हो जाते हैं कि फिर उसको लेकर आपको इनसिक्योरिटी पकड़ने लग जाती है। यानी अपनी निर्भरता का आप दूसरे से कनेक्शन बिठा लेते हैं, और फिर उस कारण आपको इनसिक्योरिटी जैसे खतरनाक भाव में जीना पड़ता है। और वाकई यह बड़ी दुखद परिस्थिति है। मनुष्य, जिसे प्रकृति ने एक सम्राट की तरह पैदा किया था, वह न जाने कैसे-कैसे भावों में मर-मरकर जीने को मजबूर हो गया है।

खैर, अब आप इतने समझदार हो ही चुके हैं कि इसका इलाज आपकी समझ में आ ही गया होगा। जी हां, सम्पूर्ण आत्मनिर्भरता ही इसका एकमात्र इलाज है। यानी दूसरे व्यक्तियों से हर प्रकार की निर्भरता के सारे कनेक्शन काट देना ही इसका एकमात्र उपाय है। और जबतक यह नहीं कर पाओगे, इनसिक्योरिटी का भाव पकड़ेगा ही। इससे आपको अन्य कुछ भी नहीं बचा सकता है। और मनुष्य यदि आत्मनिर्भर नहीं है, तो उस हेतु न प्रकृति जवाबदार है और न मैं। मैं तो प्रकृति की बनायी रचना का स्पीरिच्युअल साइन्स आपको समझा रहा हूँ। आपका मार्ग आसान कर दे रहा हूँ। बेकार के भ्रमों व भटकावों से छुटकारा दिलवाने की कोशिश कर रहा हूँ। स्पष्ट बात कह रहा हूँ कि निर्भरताएं त्यागे बगैर आपका इनसिक्योरिटी से

छुटकारा होने वाला नहीं है। सो सबका मजा लो व खूब लो, पर किसी पर भी पूरी तरह से निर्भर मत हो जाओ। कृष्ण की भाषा में कहूं तो दूसरा निमित्त मात्र है, जीना तो आपको आपके ही भरोसे है। सो अब भी देर नहीं हुई है। जो जितना मजा देता है, ले लो। जहां से जितना मजा मिलता है, उसका आनंद भोगो। पर उस बाबत सोचो मत। कल उठके व्यक्ति बदलता है या परिस्थिति बदलती है, तो बदल जाने दो। अपने को बदली हुई परिस्थिति में एडजस्ट करने की तैयारी रखो। क्योंकि आप दूसरे के मालिक नहीं हो कि वह जीवनभर आपके अनुसार बरतेगा। तो फिर क्यों उसपर निर्भरता बढ़ाते हो? सच तो यह है कि आप हर चीज के मालिक होना चाहते हो और उसी चक्कर में उस चीज के गुलाम हो जाते हो। अभी आप अपने ही मालिक नहीं तो किसी और के मालिक कैसे हो सकते हो? और यह गुलामी ही वास्तव में आपकी निर्भरता है। निर्भरता का अर्थ ही इतना है कि यह चीज चाहिए ही चाहिए। और ''चाहिए ही चाहिए'' में गुलामी आ ही गई। ''इसके बगैर नहीं जी सकते हैं'' में निर्भरता आ ही गई। और फिर आपकी निर्भरता मनुष्यों तक ही सीमित थोड़े ही है? आप तो धन से लेकर साजोसामान तक के गुलाम हुए पड़े हैं। और उसपर मजा यह कि समझते अपने को मालिक हैं। लेकिन वास्तव में आप गुलाम ही हैं। और चलो इस बात को एक उदाहरण से समझाता हूँ। एक सूफी फकीर की यह बात है। उसकी यह आदत थी कि कोई भी रास्ते में मिलता तो उससे सवाल पूछता और जवाब में कुछ गड़बड़ लगती तो तुरंत उसे अपने अनोखे तरीके से सत्य समझाता। एक दिन की बात है, वह ऐसे ही अपनी मस्ती में चला जा रहा था कि उसने एक धोबी को अपने गधे की रस्सी पकड़े ले जाते देखा। वह तुरंत दौड़कर उसके पास गया और उससे पूछा – भाई मेरी थोड़ी मदद करोगे?

उसने कहा – अवश्य!

फकीर ने कहा – दरअसल मैं थोड़ा भ्रम में पड़ गया हूँ। मुझे तुम और गधे एक ही रस्सी से बंधे नजर आ रहे हो, ऐसे में समझ नहीं आ रहा कि मालिक कौन है? तुम गधे के या गधा तुम्हारा?

धोबी ने बड़े आश्चर्य से फकीर को देखा। उसे लगा कि कहीं फकीर के भेस में कोई पागल तो नहीं घूम रहा है? होगा, उसे तो उत्तर देना ही था, सो उसने दिया।

वह बोला- अरे, इतना भी नहीं समझ में आता? मैं मालिक हूँ! दिखता नहीं कि गधे के गले में रस्सी है और मैं उस रस्सी का सिरा पकड़े चल रहा हूँ।

फकीर ने यह सुनते ही ध्यान से एकबार धोबी को और फिर गधे को देखा। फिर उसे क्या सूझी कि उसने बीच में से रस्सी ही काट दी। रस्सी खुलते ही गधा भाग खड़ा हुआ और उसके भागते ही धोबी भी उसके पीछे दौड़ पड़ा। तब धोबी को भागता देख फकीर जोर से चिल्लाया - देखा, तुम गलत थे। मालिक तुम नहीं गधा है और इसीलिए तो तुम उसके पीछे-पीछे दौड़े जा रहे हो।

बस यही हाल आपका है। न जाने कितने गधे आपके मालिक बन बैठे हैं? न जाने कितनों पे आप निर्भर हुए जी रहे हो? अब ऐसे में बात-बात पे इनसिक्योरिटी तो पकड़ेगी ही। और इससे बचने का एक ही उपाय है। फिर जाप मंत्र की शरण चले जाओ। उसके जरिए अपनी तमाम निर्भरताएं काटने में लग जाओ। अपने जाप मंत्र में लिखो कि मैं मनुष्य होकर भी दूसरे पर निर्भर रहूं ही क्यों? जिसकी जबतक मरजी हो, साथ निभा दे। जिसे जितना करना हो करे, नहीं तो करना छोड़ दे। मैं किसी पर निर्भर थोड़े ही हूँ? मुझे अपने तरीके से जीना आता ही है। और फिर किसी के बदल जाने या बिछड़ जाने बाबत सोच के आज इनसिक्योरिटी जैसे भयानक भाव में क्यों जीऊं? मैं सीधे-सीधे अपने स्वयं का मालिक क्यों न बन जाऊं? निर्भरता पालकर मैं अपना जीवन तहस-नहस करने की सत्ता दूसरे को दूं ही क्यों? बस तो इस आधार पर अपने लिए एक जाप मंत्र लिख लो। फिर जब भी इनसिक्योरिटी पकड़े तब एकान्त में बैठकर इसे बार-बार दोहराओ। और आज से ही धीरे-धीरेकर हर प्रकार की निर्भरताएं काटना शुरू कर दो। बने उतना आत्मनिर्भर बनो। यूं भी जिसपर निर्भर रहोगे, वह आपको दबाएगा ही दबाएगा। सच कहूं तो यह सब जीवन नहीं है। पर किया क्या जा सकता है? अब आप आत्मनिर्भर क्यों नहीं हैं, यह जा के अपने धर्म, समाज व परिवार से पूछो। जा के अपनी शिक्षा-प्रणाली से पूछो। उन्होंने ऐसा तो क्या पढ़ाया, लिखाया और समझाया कि आप हर बात हेतु इस कदर निर्भर हो गए? और खासकर धर्म व समाज ने मिलकर स्त्रियों को तो ऐसा दबाया है कि पूछो ही मत। उन्हें तो मार-पीटकर इतना निर्भर बना दिया कि बेचारी 'सिक्योरिटी' की एक सांस तक न ले सके। हमेशा डरे, सहमे एक लाचारी का जीवन गुजारे।

खैर, मेरा काम था स्पीरिच्युअल साइन्स के तहत इनसिक्योरिटी का इलाज बताना। और वह मैंने बता दिया। बस अब आप अपनी भाषा में अपना जाप मंत्र लिखो। बार-बार उसपर मनन करो। इसके जरिए निर्भरता घटाओ व आत्मनिर्भरता बढ़ाओ। याद इतना रख लो कि इनसिक्योरिटी मिटाने का दूसरा कोई उपाय नहीं है।

स्वयं का जाप मंत्र

....

....

....

....

....

....

फ्रस्ट्रेशन से निजात पाओ

फ्रस्ट्रेशन एक अलग ही तरीके का नकारात्मक भाव है। प्राय: यह अपनेआप के अपनी उम्मीद पर खरे न उतरने से पकड़ता है। यानी मनुष्य अपने से कुछ चाहता है और नहीं कर पाता है तो उसे उस बात का फ्रस्ट्रेशन पकड़ लेता है। अर्थात अपने से कुछ चाहने का फ्रस्ट्रेशन से सीधा ताल्लुक है। और अब आगे की बातें मैं संक्षेप में ही रखूंगा। क्योंकि अब आप अपने सारे नकारात्मक भावों का मूल समझ ही चुके हैं। अब आप स्पीरिच्युअल साइन्स का सिद्धांत भी समझ ही गए हैं। आप अब प्रकृति की रचना का सिद्धांत भी ग्रहण कर ही चुके हैं। सो अब बहुत ज्यादा विस्तार में जाने का मतलब बचता नहीं है। अब मनुष्य अपने से कोई उम्मीद बांधता है, तो उसमें कोई खास बुराई नहीं है। सवाल इतना ही है कि मनुष्य अपनी उम्मीदों पर खरा क्यों नहीं उतर पाता है? क्या उसमें क्षमता या प्रतिभा की कमी है? नहीं और बिल्कुल नहीं। वह तो हरेक में कम या ज्यादा है ही। पर वह अक्सर अपनी क्षमता के अनुसार परफॉर्म नहीं कर पाता है। उसकी ऊर्जा चूक जाती है। और उसका एक ही कारण है कि बाकी नकारात्मक भाव उसकी पूरी जीवन-ऊर्जा खा जाते हैं। सो अपनी उम्मीद

पर खरा उतरना है तो बाकी के तमाम नकारात्मक भावों से छुटकारा पाना होगा। तभी तो आप अपनी उम्मीदों पे खरे उतर पाएंगे तथा तभी आपका फ्रस्ट्रेशन से छुटकारा हो पाएगा। हालांकि कई लोग लगातार बिन चाहा होने पे भी फ्रस्ट्रेट हो जाते हैं। यानी ऐसे लोग घटनाओं का चाहने से कनेक्शन बिठा के फंस जाते हैं। लेकिन एक बात अच्छी है कि ये सारे फ्रस्ट्रेशन ज्यादा टिकते नहीं हैं। उसमें आदमी जल्द ही सम्भल भी जाता है। कुल-मिलाकर फ्रस्ट्रेशन का सीधा ताल्लुक स्वयं से होता है। फिर भी हर प्रकार के फ्रस्ट्रेशनों से बचना चाहते हो तो दिन में एकाध बार अपने कोई शौक दिल खोलकर पूरे कर लिया करो। फिर आपको अपने से उम्मीद टूटने पर भी फ्रस्ट्रेशन नहीं पकड़ेगा। और यूं भी अपने से उम्मीद रखना कोई बुरी बात है भी नहीं। वहीं अपने से रखी उम्मीद पे तो कई बार बड़े-बड़े लोग खरे नहीं उतरते हैं। अब बड़ा काम करने की तमन्ना हो तो कई बार अपने से बड़ी उम्मीद बांधनी भी पड़ती है। ऐसे में कई बार मनुष्य अपनी उम्मीद पे खरा नहीं भी उतर पाता है। तो यह कोई खास बात नहीं। क्योंकि इस तरह के कई फ्रस्ट्रेशन सकारात्मक भी होते हैं। अक्सर वे मनुष्य को आगे बढ़ने में सहायता करते हैं।

खैर, एक और फ्रस्ट्रेशन है तथा वो बड़े ही खतरनाक तरीके का फ्रस्ट्रेशन है। और वह है किसी गहरी चाह के दब जाने का फ्रस्ट्रेशन। पकड़ा हुआ यह फ्रस्ट्रेशन जीवनभर चल सकता है। यह इतना खतरनाक है किकई बार तो ताउम्र इससे छुटकारा पाना मुश्किल हो जाता है। आपने भी कुछ ऐसे फ्रस्ट्रेटेड लोग देखे ही होंगे। फिर ऐसे लोग बात-बिना-बात फ्रस्ट्रेशन निकालते रहते हैं। बिना बात के लोगों से उलझते रहते हैं। अत: ऐसा फ्रस्ट्रेशन न पकड़े, इस बात की सावधानी रखना आवश्यक है। और उस हेतु तय इतना ही करना है कि अपनी गहरी चाहों को किसी कीमत पर दबाओगे नहीं। फिर उस हेतु कोई भी टोक रहा हो, सुनना मत। कोई भी आड़े आ रहा हो, परवाह मत करना। क्योंकि उनका तो कुछ नहीं जाएगा, जीवनभर के लिए फ्रस्ट्रेटेड तो आप हो जाएंगे। कुल-मिलाकर चाहे जो हो जाए, अपनी गहरी चाहों को गहरे में दबाकर दफन मत कर देना। वरना बर्बाद हो जाओगे। सो बस, ऐसा फ्रस्ट्रेशन न पकड़े, उस हेतु एक दृढ़ रिसोल्यूशन पास कर लो। अब आपको अपना जाप मंत्र कैसे लिखना, यह समझाने की जरूरत तो है नहीं। हां, एक अंतिम सलाह

और देता हूँ। यदि कोई चाह को दबाये हुए अति-फ्रस्ट्रेटेड व्यक्ति से पाला पड़े तो उससे उलझना ही मत। उसकी अवहेलना करना तथा उसे अपने जीवन से काट देना। वरना ऐसा फ्रस्ट्रेटेड व्यक्ति आपकी पूरी जीवन ऊर्जा खा जाएगा।

स्वयं का जाप मंत्र

....

....

....

....

....

....

....

डिप्रेशन से छुटकारा पा लो

डिप्रेशन एक बड़ी ही आधुनिक मानसिक बीमारी है। और आजकल इसकी चर्चा भी बहुत है। आखिर यह डिप्रेशन है क्या? अपने ही भीतर अपने को दिशाहीन महसूस करना, डिप्रेशन है। जीवन को उद्देश्यहीन पाना, डिप्रेशन है। और जिसको भी यह डिप्रेशन पकड़ लेता है, वह भीतर ही भीतर अपने को low महसूस करने लगता है। अब इसका कारण क्या है? तो इस संदर्भ में यह समझ लो कि फ्रस्ट्रेशन की ही तरह यह भी स्वयं से गलत कनेक्शन बिठाने के कारण उत्पन्न हुई बीमारी है। यानी मनुष्य अपना ही कनेक्शन लगातार बोरडम से बिठाता रहेगा तो उसे एकदिन डिप्रेशन पकड़ सकता है। वैसे ही लगातार एक मैकेनिकल लाइफ जीने वाले को भी कभी-न-कभी डिप्रेशन पकड़ ही सकता है। और हर प्रकार के डिप्रेशन की पहली स्टेज उदासी है। अत: बात-बिना-बात उदासी पकड़ने लगे तो वहीं पर सम्भल जाना। वरना एकदिन यह 'उदासी' डिप्रेशन में ले जाएगी। खैर, इससे बचने का उपाय क्या है? यही कि अपना कनेक्शन लगातार की बोरडम से मत बिठाओ। लगातार मैकेनिकल लाइफ जीने से बचो। बीच-बीच में अपनी पसंद का ब्रेक लो। जब मौका

मिले अपने चार्म व शौक पूरे करते रहो। इससे आपको कभी डिप्रेशन नहीं पकड़ेगा। और जैसे ही बात-बिना-बात उदास रहने लगो कि चेत जाओ। तुरंत अपने को मस्ती से भरने के रास्ते खोजने लग जाओ। यह देख ही लो कि पकड़ रही उदासी डिप्रेशन में न बदल जाए। और गलती से डिप्रेशन पकड़ भी ले तो उसे कोई मानसिक बीमारी मानने की जल्दी मत करो। वरना दवाइयों के चक्कर में पड़ जाओगे और बीमारी लंबे समय के लिए गले पड़ जाएगी। आप यही मानें कि नीरस जीवन तथा लगातार की बोरडम का यह परिणाम है। बिना प्रेम के ऊपरी जीवन जीने का यह परिणाम है। और बस तुरंत अपने पसंद की चीजें करना शुरू कर दें। पसंद का खाएं, पसंद का पहनें और जो कोई भी आपके अन्य शौक हैं, उन्हें पूरा करने में लग जाएं। अपनी पसंद के व्यक्तियों के साथ समय गुजारना प्रारंभ करें। शुरुआत में मन नहीं लगेगा पर कोशिश करने पर बात बन ही जाएगी। और एकबार शौकों में डूबे नहीं कि डिप्रेशन भागा नहीं।

खैर, गहरा डिप्रेशन पकड़ने का एक और कारण है। यदि जीवन को एक व्यक्ति के इर्द-गिर्द केन्द्रित कर दोगे, तो भी गड़बड़ हो जाएगी। फिर वह व्यक्ति यदि दगा दे गया या किसी कारणवश बिछड़ गया तो डिप्रेशन पकड़ लेगा। और इस प्रकार का पकड़ा डिप्रेशन लंबा चलेगा। इसलिए जीवन को एक व्यक्ति के इर्द-गिर्द केन्द्रित होने ही मत दो। ऐसा करना कभी भी खतरनाक हो सकता है। क्योंकि ऐसे में उस व्यक्ति पर की गई निर्भरता ही आपको मार डालेगी। और फिर मनुष्य हो, सो जीवन हो सके उतना अपने भरोसे जिओ। यह हजार दर्दों की एक दवा है।

बस तो यह तय कर लो कि डिप्रेशन को नहीं ही घुसने देना है। और उस हेतु अपना एक जाप मंत्र बना लो। अब तो आपको अपना जाप मंत्र बनाने हेतु किसी सहायता की आवश्यकता है नहीं। सो बस, जब भी उदासी पकड़े तभी से अपने बनाये जाप मंत्र को दोहराने लग जाएं। इससे आपकी उदासी कभी भी डिप्रेशन में नहीं बदलेगी।

स्वयं का जाप मंत्र

....

....

....

....

....

....

....

हताशा व निराशा से बचें

हताशा और निराशा भी अपने तरीके का एक अजीब भाव है। यह अक्सर बड़ी-बड़ी चाहों व ऊंची-ऊंची महत्त्वाकांक्षाओं से जीने वालों को जल्दी पकड़ता है। क्योंकि ऐसे लोग प्राय: अपनी क्षमता का गलत आकलन कर बैठते हैं। ऊपर से दिमाग ऊंची-ऊंची चाहों में उलझा होने के कारण ऐसे लोग अच्छे से परफॉर्म भी नहीं कर पाते हैं। और सकारात्मक परिणाम श्रेष्ठ परफॉर्मन्स के आते हैं। इसलिए ऐसे लोग एकदिन अपने को नाकाम समझने लगते हैं। जीवन की दौड़ में अपने को हारा हुआ महसूस करने लगते हैं। बस फिर ऐसे लोग ही हताशा और निराशा के शिकार हो जाते हैं। अत: सबको यह समझना ही रहा कि परिणाम चाहने से नहीं आ जाते हैं। महत्त्वाकांक्षाएं रखने से वे हकीकत में बदल नहीं जाती हैं। जीवन में परिणाम सिर्फ श्रेष्ठ परफॉर्मन्स के आते हैं। और सच कहूं तो चाहें हों या महत्त्वाकांक्षाएं, परफॉर्मन्स में उलटा बाधा ही पहुंचाती हैं। और परफॉर्मन्स नहीं तो सफलता नहीं। इसलिए चाहों व महत्त्वाकांक्षाओं को अपना शत्रु ही समझो। अब चाहते तो सभी बहुत कुछ हैं, पर क्या उनमें से कुछ भी किसी को मिलता है? सो समझदार बनो। चाह व महत्त्वाकांक्षा की राह पे दौड़ने की बजाय अपनी जीवन ऊर्जा परफॉर्मन्स में लगाओ। लगातार अच्छा प्रदर्शन करने से प्रगति वैसे ही सुनिश्चित हो जाती है। और इससे कभी हताशा व निराशा भी नहीं पकड़ती है। यही जीवन का सिद्धांत है। वरना जीवन चाहों से मेल नहीं खाएगा और परिणाम में हताशा व निराशा पकड़ लोगे। और इसीलिए कृष्ण ने फल की आशा छोड़ने पर इतना जोर दिया है। आगे आप समझदार हैं ही। अभी तो उम्मीद है कि हताशा व निराशा का स्पीरिच्युअल साइन्स आप समझ गए होंगे। और इस हेतु अपना जाप मंत्र लिखकर इसका फायदा भी आप उठा ही लेंगे। अपना ध्यान चाहों से हटाकर परफॉर्मन्स में लगाना शुरू कर ही देंगे।

स्वयं का जाप मंत्र

....

....

....

....

....

....

तमाम प्रकार की शारीरिक बीमारियों को टालें

शरीर का महत्त्व हरकोई जानता है। हरकोई इसीलिए शरीर को स्वस्थ रखना भी चाहता है। और इसीलिए स्वस्थता को लेकर हजारों तरीके की बातें भी दुनिया में प्रचलित हैं। शरीर को लेकर विज्ञान ने भी अद्‌भुत प्रगति की है। फिर भी एक या दूसरे प्रकार की अस्वस्थता मनुष्य को पकड़ ही लेती है। अत: इस संबंध में चंद महत्त्वपूर्ण बातें समझ लीजिए। पहली बात तो यह कि शरीर के संबंध में की जाने वाली हर बात प्राय: संभावनाओं पे आधारित है। यानी उनमें सटीक कुछ भी नहीं है। जैसा कि मैं मन की नकारात्मकताओं के बारे में दावे से कह सकता हूँ, वैसा शरीर के संबंध में नहीं कह सकता हूँ। क्योंकि मन का प्रकृति पर आधारित अपना ही एक विज्ञान है, परंतु शरीर सदैव से अनप्रेडिक्टेबल ही है। अब प्राय: यह कहा जाता है कि तम्बाखू खाने से कैन्सर होता है। परंतु लाखों ऐसे हैं जिन्हें तम्बाखू का सेवन करने के बाद भी कैन्सर नहीं होता है। वहीं हजारों ऐसे भी हैं जिन्हें बिना तम्बाखू का सेवन करे कैन्सर हो गया है। यही बात भोजन से लेकर अन्य नशों के सेवन करने वालों में भी देखी जाती है। सूप, सलाद व फ्रूट खाने वाले बीमार पड़ जाते हैं तथा उटपटांग व चरबी वाला खाने वाले पूरा जीवन मस्ती से गुजार देते हैं। कहने का तात्पर्य इतना ही कि किस मनुष्य को कौन–सी बीमारी कब व कैसे पकड़ती है, इसका सही–सही जवाब तो मेडिकल साइन्स के पास भी नहीं है। इसका अर्थ यह नहीं है कि मेडिकल साइन्स ने प्रगति नहीं की है। मेडिकल साइन्स ने तो एक से बढ़कर एक चमत्कार किये हैं। उसकी प्रगति और तपस्या को मेरा प्रणाम है। यदि आज जीवन इतना हसीन है तो

उसमें मेडिकल साइन्स का बहुत बड़ा योगदान है। अतः मैं सिर्फ इतना कहना चाह रहा हूँ कि शरीर के संबंध में आज भी हम बहुत कम जानते हैं। और साथ ही यह भी समझ लो कि यह कभी नहीं होने वाला कि मनुष्य शरीर के संबंध में सबकुछ जान ले। मनुष्य का शरीर उसको भ्रमित करता ही रहेगा। शरीर रोज नये-नये खेल दिखाता ही रहेगा। अति बीमार व्यक्ति पच्चीस वर्ष और जी लेगा तथा हट्टा-कट्टा स्वस्थ मनुष्य रातोरात टपक जाएगा। यह सब होते ही रहने वाला है। यहां पचास-पचास वर्ष तक कॉलेस्ट्रोल की रिपोर्ट खराब आने के बाद भी मनुष्य को हार्ट अटैक नहीं आता है, और दूसरी तरफ जिसका कॉलेस्ट्रोल कभी बढ़ा ही नहीं, वह भी भरी जवानी में हार्टअटैक से मर जाता है। और यह सभी का अनुभव है।

खैर, अब सवाल यह कि ऐसा क्यों? तो वह इसलिए कि प्रकृति की रचना में शुद्ध मन ही प्रेडिक्टेबल है। जबकि मनुष्य के शरीर व बुद्धि स्वभाव से ही अनप्रेडिक्टेबल हैं। अतः शुद्ध मन से जीने वाले बुद्ध व कृष्ण कब क्या करेंगे, यह आसानी से कहा जा सकता है। क्योंकि शुद्ध मन स्थिर होने की वजह से प्रेडिक्टेबल है। परंतु बुद्धि व अहंकार से जीने वाला मनुष्य कब क्या करेगा, यह कतई नहीं कहा जा सकता है। इसीलिए कौन कब क्या कर देगा, इस बाबत आप हमेशा गच्चा खा जाते हैं। आप सोचते कुछ हैं व सामने वाला कर कुछ और जाता है। सो कुल-मिलाकर इतना समझ लो कि संप्रदाय व समाज की बातें अपनी जगह हैं, परंतु सत्य तो प्रकृति की रचना ही है। वैसे ही विज्ञान का ज्ञान अपनी जगह है, लेकिन प्रकृति की रचना उसकी भी सीमा है ही। और चूंकि शरीर प्रकृति की रचना से ही अनप्रेडिक्टेबल है, इसलिए शरीर के संबंध में कुछ भी दावे से कहना संभव नहीं है। और यही बात मैं समझाना चाह रहा हूँ।

चलो, यह तो समझ गए पर सवाल यह कि फिर शरीर को स्वस्थ कैसे रखें? तो पहले तो शरीर के संबंध में संभावनाओं से भरी जो बातें हैं, उनका अपने शरीर के हिसाब से अनुसरण करो। अपने शरीर की प्रवृत्ति को पहचानो। यहां भी अपने डॉक्टर स्वयं बनो। क्योंकि शरीर सारे अलग-अलग हैं ही। यानी जो चीज एक को रास आए वह दूसरे को भी रास आए, यह जरूरी नहीं। और आपका शरीर आपको हर बात की खबर दे ही देता है। जो चीज आपको रास नहीं आती, शरीर उसका

इशारा कर ही देता है। सो शरीर को रास आए ऐसा खाना खाओ। वैसे ही विज्ञान की प्रचलित बातों पर भी गौर करो। यदि न पच रहा हो तो ज्यादा चरबी वाला या उटपटांग खाना लगातार मत खाओ। विज्ञान की ईजाद की ब्लड रिपोर्ट भी परफेक्ट न सही, संभावनाओं की दृष्टि से तो सटीक है ही। सो उसके भी हर बैरोमीटर का सम्मान करो। इतना तो आप आसानी से शरीर की स्वस्थता हेतु कर ही लोगे।

खैर, आगे यह समझो कि इतने-मात्र से बात नहीं बनने वाली। आपको स्वास्थ्य की बेहतर संभावनाओं हेतु पूरी तरह से अपना डॉक्टर स्वयं बनना ही होगा। क्योंकि प्रकृति की रचना में आप ही अपने श्रेष्ठ डॉक्टर हैं। और यह बात अब तक आपकी समझ में आ भी गई होगी। अब प्रकृति की रचना के संबंध में दूसरी बात और समझ लो। प्रकृति की रचना में टाइम आपके स्पेस को तथा स्पेस आपके टाइम को प्रभावित करता ही है। यानी आपका मन, शरीर को तथा शरीर आपके मन को प्रभावित करता ही है। सरदर्द होने पर मन उदास हो ही जाता है। और मन अति प्रसन्न हो तो वह भी पेट की बड़ी गड़बड़ को सामान्य बना ही देता है। कुल-मिलाकर शरीर और मन एक-दूसरे को पूरी तरह से प्रभावित करते हैं, यही प्रकृति की रचना है। अब शरीर की स्वस्थता हेतु, शरीर का ध्यान तो सभी रख लेते हैं। परंतु आप हो या विज्ञान, मार कहां खा जाते हैं? आप मन के शरीर पर पड़ने वाले प्रभाव की अनदेखी कर देते हैं। जबकि सत्य यह है कि टाइम आपके स्पेस से कई गुना शक्तिशाली है। अत: शरीर पर मन का प्रभाव ज्यादा पड़ता है। और यह जितने भी नकारात्मक भावों की हमने चर्चा की, वे सब ऐसी मानसिक बीमारियां हैं जो मनुष्य के शरीर को तहस-नहस कर देती हैं। सत्य तो यह है कि मनुष्य शारीरिक कारणों से कम व मानसिक कारणों से ज्यादा बीमार पड़ता है। उदाहरण के तौरपर कहूं तो मानसिक रूप से प्रसन्न तथा मानसिक रूप से दुखी व्यक्ति को समान बीमारी लगी हो तो, प्रसन्नचित व्यक्ति कब ठीक हो जाएगा पता भी नहीं चलेगा और दुखी व्यक्ति हो सकता है कि उस बीमारी में अपनी जान ही गंवा बैठे। सो कुल-मिलाकर कहने का तात्पर्य इतना ही कि शरीर स्वस्थ रखना चाहते हो तो मन को तमाम प्रकार की नकारात्मकताओं से दूर रखना बहुत जरूरी है। क्योंकि हर नकारात्मकता का शरीर पर गहरा असर पड़ता ही है।

खैर, अब यह सब तो आप अच्छे से समझ ही गए होंगे। अब एक और प्रमुख बात। स्वतंत्रता मनुष्य का परम भाव है। हरकोई ज्यादा-से-ज्यादा स्वतंत्रता से जीना भी चाहता है। हालांकि गलत शिक्षाओं में फंसकर वह परतंत्र हो जाता है, यह अलग बात है। और इस कारण आज की तारीख में अपनी परम स्वतंत्रता में जीने वालों की तादाद कम ही है। लेकिन यह कह दूं कि ऐसे लोगों को बीमारी जल्दी नहीं पकड़ती है। परतंत्रता यानी अपने मन की न कर पाना, मनुष्य की तमाम बीमारियों की सबसे बड़ी जड़ है। अत: यदि आपका जीवन हर जगह से बंधा हुआ है तो सावधान हो जाएं। खासकर यदि आपको खुल के बोलने की या अपने भावों को एक्सप्रेस करने तक की छूट नहीं है तो आप निश्चित ही बड़ी बीमारी हेतु अपने द्वार खोल रहे हैं। क्योंकि मन को जरूरत से ज्यादा दबाना अच्छी बात नहीं है। बातों व भावों का भीतर-ही-भीतर गला घोंट लेना अत्यंत खतरनाक सिद्ध हो सकता है। वहीं कई लोग अपने स्वयं के स्वभाव से बातों व भावों को दबाने के आदी होते हैं। वे कभी अपने को पूरी तरह से एक्सप्रेस नहीं करते हैं। ऐसे लोग पूरी तरह से सावधान हो जाएं। मन में दबे भावों और बातों से बड़ा जहर कुछ नहीं है। इससे कैन्सर तक हो सकता है। हार्ट की बीमारी पकड़ सकती है। अत: हो सके वहां तक अपने भावों व बातों को दबाएं मत। यदि कोई व्यक्ति बहुत ज्यादा हावी हो गया है तो जागें व अपनी रक्षा करें। मनुष्य हो, इसलिए एक लिमिट से ज्यादा दबो ही मत। मैं जानता हूँ कि आपके संप्रदायों व समाजों की सारी शिक्षाएं दबाने वाली हैं। परिवार वाले भी एक-दूसरे को दबाने में लगे ही रहते हैं। पर एकबार आप ठान लो तो किसी की क्या मजाल जो आपको अकारण दबा जाए? और फिर अपनी स्वयं की रक्षा करना आपका पहला कर्तव्य है ही। अत: इतना कभी मत दबो कि आपको बातें या भाव भी दबाने पड़ जाएं। और कुछ नहीं तो चंद मित्र रखो, जिनको अपनी सारी बातें ईमानदारी से बता सको। कुछ भी करो पर बातों व भावों को निकलने का मार्ग दो। वरना अपनी उम्र से बीस वर्ष ज्यादा भी दिखने लगोगे तथा किसी बड़ी बीमारी के शिकार भी हो जाओगे।

अब निश्चित ही मेरे संक्षेप में किये गए सारे इशारे आप समझ ही गए होंगे। बस तो स्वस्थ रहने हेतु एक दृढ़ रिसोल्यूशन पास कर लो। उस हेतु अपनी भाषा में अपना जाप मंत्र लिखो। शारीरिक स्वास्थ्य हेतु मानसिक रुग्णताओं से बचने पर

ज्यादा जोर दो। बने वहां तक किसी भी नकारात्मक भाव को उभरने ही मत दो। ज्यादा से ज्यादा स्वतंत्रता से जिओ व कम-से-कम दबो। साथ ही दूसरों को भी स्वतंत्रता से जीने दो। किसी को दबाने की कोशिश मत करो। यह भी आपकी अपनी स्वतंत्रता में बड़ा काम आएगा। आप सबको बख्शेंगे तो ही सब आपको बख्शेंगे। एक हाथ दे व एक हाथ ले, दुनिया का यही नियम है। सो चलो स्वस्थ रहने हेतु अपना जाप मंत्र अपनी भाषा में लिखो।

स्वयं का जाप मंत्र

....

....

....

....

....

खैर, इतना सबकुछ करने के बाद भी यह बात तो ध्यान रख ही लेना कि प्रकृति की रचना में ही शरीर अनप्रेडिक्टेबल है। इसलिए पूर्ण रूप से मानसिक व शारीरिक स्वस्थता वाले मनुष्य के साथ भी कभी भी कुछ भी, हो ही सकता है। स्वामी विवेकानंद इसके श्रेष्ठ उदाहरण हैं। उनका शरीर भी मजबूत था व मन भी। फिर भी युवावस्था में ही उनकी मृत्यु हो गई। अत: मेरा सुझाव है कि शरीर की यह अनप्रेडिक्टीबलिटी को तो स्वीकार कर ही जीना। ...ताकि ऐन वक्त पे कोई बड़ा झटका आपको न लगे। और इससे एक सबक भी लेना, आज के काम 'आज' निपटाना शुरू हो जाना। कल किसने देखा है?

स्टेप-2 का सार

स्टेप-2 आपको आपके तमाम दुख-दर्दों से छुटकारा दिलवाने का एक सटीक उपाय है। स्टेप-2 आपके तमाम नकारात्मक भावों से आपको निजात दिलाने वाला प्रमुख हथियार है। अत: इसका भरपूर फायदा आपको उठाना ही रहा। अपने

नकारात्मक भावों से छुटकारा पाने का ऐसा हसीन मौका आपको दोबारा नहीं मिलेगा। हो सकता है कि हरेक को यह आसान न पड़े। फिर भी यह असरकारक तो सबके लिए होगा ही। क्योंकि यह शुद्ध स्पीरिच्युअल साइन्स है। इसलिए यही आपके दुख-दर्द दूर करने का एकमात्र उपाय है। नकारात्मकता से छुटकारा पाने का दूसरा कोई उपाय विश्व में नहीं है। इस लिहाज से देखा जाए तो अब आप मानवीय सायकोलॉजी को अन्य सभी से बहुत ज्यादा समझ चुके हैं। अपने तमाम दुख-दर्दों का मूल आप पहचान चुके हैं। आप जान चुके हैं कि बाहरी जगत से हर प्रकार की कनेक्टीविटी आपके तमाम दुख-दर्दों का मूल है। और जिसने स्टेप-1 अच्छे से ग्रहण की होगी, वह फटाफट स्टेप-2 पर बड़ी आसानी से अमल कर पाएगा।

खैर, इस बाबत एक चीज और स्पष्ट समझ लो। नकारात्मक भाव आप लेकर पैदा नहीं हुए थे। प्रकृति ने आपको शुद्ध मन के साथ ही भेजा था। और इसका सबूत यह है कि बचपन में आपको टेन्शन, दुख, हताशा, निराशा, डिप्रेशन, भय वगैरह में से कुछ भी नहीं पकड़ता था। फिर ये आये कहां से? खैर, जहां से भी आये हों पर इस हेतु आप ना तो मुझे और ना ही प्रकृति को दोष दे सकते हो। यह तो सही है, पर बताओ न कि ये आये कहां से? तो इस बाबत यह स्पष्ट समझ लो कि ये सब आये वहां से जहां से आपने ज्ञान ग्रहण किया। और आपने ज्ञान कहां-कहां से ग्रहण किया? निश्चित ही परिवार वालों से, शिक्षकों से, समाज से और संप्रदायों से। और चूंकि इनमें से किसी को भी ना तो स्पीरिच्युअल साइन्स का पता है और न प्रकृति की रचना का, सो अपनी अज्ञानतावश सबने आपको अपनी हर शिक्षा में बाह्य-जगत से कनेक्ट होना सिखाया। और अंत में जाकर यही आपके तमाम दुख-दर्दों का मूल बन बैठा। सो अपने नकारात्मक भावों हेतु आप प्रकृति को कुछ कह नहीं सकते हैं। और ना ही आप उसका फ्रस्ट्रेशन मुझपे निकाल सकते हैं। अपने नकारात्मक भावों हेतु आपको गला पकड़ना है तो संप्रदायों का पकड़ो, सामाजिक व्यवस्था का पकड़ो, अपनी शिक्षा-पद्धति का पकड़ो तथा अपने परिवार वालों का पकड़ो। और इसीलिए मैं कहता हूँ कि तमाम प्रकार की शिक्षाएं उपयोगी हो सकती हैं यदि उसमें स्पीरिच्युअल साइन्स का तड़का लगा हुआ हो। उसके बगैर अच्छे-से-अच्छी शिक्षा भी बेकार हो जाती है। अत: मेरा सबसे निवेदन है कि वे

अपनी बातों में स्पीरिच्युअल साइन्स के सिद्धांतों का तड़का लगा लें। प्रकृति की रचना के सिद्धांतों को अपनी सीमा बना ले। और यदि यह नहीं कर सकते हैं तो मुंह पे ताला लगा लें। वरना नकारात्मक भावों का जहर फैलता चला जाएगा। अब कहने को तो सभी संप्रदायों के लोग ऊंची-ऊंची बातें करने में लगे रहते हैं। लेकिन इससे बाकियों का तो छोड़ो, क्या उन तक का भला हो रहा है? उनके संप्रदायों तथा उनके विचारों के बाबत जरा बोल दो, पूरा फ्रस्ट्रेशन बाहर निकल आता है। मार-काट व हिंसा पर उतर आते हैं। ऐसा ही फ्रस्ट्रेशन समाज के ठेकेदार भी निकालते रहते हैं। सच तो यह है कि नकारात्मक भावों के संदर्भ में अधिकांश धर्मगुरु व समाज के ठेकेदारों का हाल तो सामान्य लोगों से भी बुरा है। अत: अब जागो व सावधान हो जाओ। दूसरों की बातें सुनना बंद करो वरना और उलझते चले जाओगे। मैंने अपने डॉक्टर आप बनने का तरीका सिखा दिया है। बस अपने स्वयं की शानदार सर्जरी कर तमाम नकारात्मकताओं से हमेशा के लिए छुटकारा पा लो। इतना कर लो, फिर आप स्टेप-3 में प्रवेश करने के उत्तराधिकारी हो जाएंगे। वहां हम सीखेंगे कि बाहरी जगत से कनेक्टीविटी बिठाये बगैर सफलता के शिखर कैसे छूए जाते हैं? बस एकबार स्टेप-2 पास कर लो, देखिए आपका जीवन कितनी बड़ी करवट लेने हेतु आपका इन्तजार कर रहा है...।

स्टेप-३

क्या आपने कभी मनुष्यजाति के इतिहास पर गौर किया है? क्या मनुष्यजाति का इतिहास देख के कोई बात आपके जहन में आयी है? शायद नहीं...। क्योंकि आयी होती तो आपका जीवन यह नहीं होता, जो है। और मेरे यह कहने के पीछे के कई कारण हैं। पहले तो यह समझो कि एक सामान्य मनुष्य को बेहतर जीवन गुजारने हेतु यहां सबकुछ स्वत: उपलब्ध है। उसे अपने आत्मोद्धार के लिए कृष्ण, बुद्ध व क्राइस्ट जैसों का ज्ञान उपलब्ध है। मनोरंजन हेतु संगीतकारों के बनाये एक से बढ़कर एक गाने उपलब्ध हैं। भोजन करने हेतु हजारों वानगियां बनाने के तरीके उपलब्ध हैं। पहनने हेतु वस्त्र मौजूद हैं। रहने हेतु तमाम सुविधाओं से पूर्ण आधुनिक मकान उपलब्ध है। मनोरंजन हेतु टीवी व फिल्में उपलब्ध हैं। बीमार होने पर सर्जरी करने से लेकर बल्ड टेस्ट करवाने तक की सुविधा उपलब्ध है। घर, गाड़ी, एअरकंडीशन, हवाईजहाज वगैरह...वगैरह क्या कुछ उपलब्ध नहीं है। और यह सब कहां से आया है? आसमान से नहीं टपका है। प्राचीन युग के मनुष्यों के पास इनमें से कुछ नहीं था। यानी प्रकृति की ओर से यह सब नहीं मिला है। तो फिर यह सब अस्तित्व में आया कैसे? इन्हें अस्तित्व में लाया कौन? अब इसका तो एक ही उत्तर है कि महान लोग अपने महान कार्यों से यह सब अस्तित्व में लाये हैं। और आज के मनुष्य के पास सुख-सुविधा तथा मौज-मस्ती के इतने विकल्प उपलब्ध हैं तो वह इन महान लोगों को ही आभारी हैं। पर सवाल यह कि पिछले पांच हजार वर्ष में महान लोग

हुए कितने? तो उस संबंध में भी स्पष्ट है कि हजारों-हजारों में कोई एक महान हो पा रहा है। और महान कौन है, वे ही जो अपनी कर्मठता से कुछ ऐसी चीज क्रिएट करते हैं, जिससे सम्पूर्ण मनुष्यता का भला होता है। मनुष्य के महानता की दूसरी कोई परिभाषा हो नहीं सकती है।

अब यह सीधी बात आपने सोची क्यों नहीं? और सोची है तो महान होने का खयाल क्यों नहीं आया? क्योंकि दुनिया ने बेकार के कामों और ज्ञानों में सबको इतना उलझा दिया कि आम मनुष्य को महान होना असंभव नजर आने लगा। चलो, महान बनना मुश्किल जान पड़ रहा है तो कोई बात नहीं। पर यह तो मानते हो कि आपको महान लोगों की बदौलत सबकुछ रेडी-प्लेटर पर उपलब्ध है। बहुत हुआ तो वह सबकुछ पाने हेतु कमाना है। और यह एक काम भी अधिकांश लोगों से ढंग से नहीं हो पा रहा है। यह वाकई बहुत दुखद परिस्थिति है। लेकिन सोचो यह कि जब हजारों-हजारों में कोई एक महान हो रहा है तब दुनिया इतनी हसीन हो गई है, तो ऐसे में यदि हर सौ में से एक व्यक्ति महानता को उपलब्ध होने लग जाए तो दुनिया क्या हो जाए? निश्चित ही हमारी धरती सारे स्वर्ग की कल्पनाओं को मात दे...दे। बस तो फिर जो हो सकता है, वह होना ही चाहिए। महानता पे सबका अधिकार है। उस हेतु प्रकृति की ओर से कोई बाधा नहीं है। मनुष्यजाति के इतिहास में अनपढ़ों तथा नास्तिकों ने ही नहीं, बल्कि अत्यंत गरीब परिवार में पैदा होने वालों तक ने महानता के श्रेष्ठ शिखर छूए ही हैं। यहां तक कि दिव्यांगों ने भी यहां एक-से-एक कमाल कर के दिखाये ही हुए हैं। अर्थात महान बनने हेतु प्रकृति की रचना में किसी को कोई बाधा नहीं है। और महान बनना मनुष्य का धर्म है। मनुष्यता के लिए कुछ नया क्रिएट करना हरेक का एकमात्र कर्तव्य है। क्योंकि जब वह हजारों-हजारों मनुष्यों की ईजाद की चीजों का मजा ले रहा है तो बदले में मनुष्यजाति को कुछ नया क्रिएटिव देकर जाना उसका कर्तव्य हो ही जाता है।

चलो, यह सब तो समझे पर फिर महान बनने में बाधा क्या है? चूक कहां हो रही है? बस अब मैं सीधे उसपर आता हूँ। और उस बाबत यह स्पष्ट समझ लो कि मनुष्य की बुद्धि इसमें एकमात्र बाधा है। लेकिन इस बात का किसी को अहसास नहीं है, क्योंकि सायकोलॉजी के ज्ञान का आज भी बेहद अभाव है। कोई बात नहीं,

उस ओर एक इशारा मैं कर देता हूँ। दरअसल मनुष्य के पास जीवन बनाने वाली दो प्रमुख शक्तियां हैं। एक उसकी बुद्धि, जिससे सब वाकिफ हैं तथा दूसरा है उसका मन, जिसके बारे में अधिकांश लोग कुछ ज्यादा जानते नहीं हैं। और जब मैं मन कह रहा हूँ तो निश्चित ही शक्तिशाली मनों की बात कर रहा हूँ। कमजोर मन तो आपकी अपनी बुद्धि की ईजाद है। परंतु आश्चर्य तो यह है कि यहां अधिकांशों को तो मन और बुद्धि का फर्क तक नहीं मालूम है। और आप मन और बुद्धि का फर्क समझना चाहते हैं तो मेरी किताब ''मैं मन हूँ'' पढ़ लें। यदि आप मन को अपनी सम्पूर्णता में समझना चाहते हो तो यह किताब पढ़ना ही बेहतर है। खैर, अभी आपको मैं मन और बुद्धि की शक्तियों बाबत संक्षेप में बताता हूँ। उससे और कुछ नहीं तो एक शुरुआती अहसास तो आपको हो ही जाएगा।

बुद्धि की शक्तियां	मन की शक्तियां
1. सोचना-विचारना, एनालिसिस करना, तर्क देना, कैल्क्यूलेशन करना वगैरह बुद्धि के काम हैं।	1. मनुष्य के पास कुल चार शक्तिशाली मन होते हैं। और वे इनमें से कुछ नहीं करते हैं।
2. जो कुछ भी पहले से अस्तित्व में है, उस आधार पर ही बुद्धि निर्णय करती है। तथा यही उसकी सीमा है।	2. मन की शक्तियों के निर्णय का आधार सदैव नया व नवीन होता है।
3. चूंकि उपलब्ध वस्तुओं के आधार पर चलना बुद्धि की सीमा है, इसलिए वह अपने सारे निर्णय जानकारियों व तर्क के आधार पर लेती है।	3. मन को जानकारियों की जरूरत न के बराबर होती है। वह इतना शक्तिशाली होता है कि वह पलभर में नये ही तरीके से विचार प्रकट कर सकता है। उसे तो बस इस हेतु एक हिंट ही पर्याप्त होती है।

4. बुद्धि मैकेनिकल कार्य तो परफेक्शन से कर सकती है, पर कुछ क्रिएटिव नहीं कर सकती है।	4. मन मैकेनिकल कार्य नहीं कर सकता है। नया-नया करने की उसे लत होती है। इसलिए हर प्रकार की क्रिएटिविटी सिर्फ मन से निकल सकती है।
5. बुद्धि का दायरा चूंकि जानकारी होता है, इसलिए वो संसार से आकर्षित होती है।	5. मन प्रकृति की परमसत्ता से एक होता है। इसलिए प्रकृति के नियमों व शक्तियों से वह आकर्षित होता है। तथा उनके सहारे वह अनेक क्रिएटिव चमत्कार दिखा सकता है।

अब ये दोनों शक्तियां आपके भीतर हैं और दोनों महत्त्वपूर्ण हैं। परंतु महान बनना हो तो यह 'मन' की सक्रियता के बगैर नहीं बना जा सकता है। क्योंकि मनुष्य के जो चार शक्तिशाली मन हैं, वे बुद्धि से कई गुना पावरफुल हैं। बुद्धि की हजार सीमाएं हैं, पर मन असीम है। मन तो सीधे प्रकृति की तमाम शक्तियों से कनेक्टेड है। और प्रकृति की शक्तियों के बगैर कोई महान कैसे हो सकता है? मानवजनित शिक्षाओं से मनुष्य क्या व कितना कर लेगा? परंतु फिर भी सभी मानवजनित शिक्षाओं के सहारे ही जीवन बनाने में लगे हैं, और इसीलिए सब सिर्फ रोटी, कपड़ा और मकान के संघर्ष में उलझकर रह गए हैं। और आपके संप्रदाय हों या समाज, आपकी शिक्षा पद्धति हो या आपका अन्य कोई नॉलेज, सबके सब मानवजनित हैं। यह महत्त्वपूर्ण हो सकते हैं, पर सम्पूर्ण नहीं। सम्पूर्ण तो प्रकृति की परमसत्ता ही है। तभी तो अनपढ़ व नास्तिक महान हो जाते हैं और धार्मिक व पढ़े-लिखे जीवन के धक्के खाते रह जाते हैं। अब इससे ज्यादा स्पष्ट बोलने वाला दूसरा कोई मिलेगा नहीं। तो यही मौका है, सम्भल जाओ। समझो इतना कि आपके लिए मन की शक्तियों का सक्रिय होना बेहद जरूरी है। आपके लिए प्रकृति की शक्तियों का सहयोग पाना अत्यंत आवश्यक है। समझते क्यों नहीं कि आपके शक्तिशाली मन ही आपके महान बनने की इकलौती चाबी है। तथा प्रकृति की शक्तियां व नियम ही इस जगत के

भगवान हैं। अत: मुझे भगवान शब्द से ऐतराज नहीं है। परंतु यदि प्रकृति के नियमों को आप भगवान मान रहे हों, तो। लेकिन सामान्य तौरपर ऐसा हो नहीं रहा है। भगवान की सबकी अपनी-अपनी कल्पना है और वह भी लाखों तरीके की। और इनमें से किसी का भी वास्तविक भगवान से कुछ लेना-देना नहीं है। इसलिए मैं भगवान शब्द का उपयोग ही टालता हूँ। उम्मीद है कि आप मेरी मजबूरी भी समझ गए होंगे।

खैर, जो प्रकृति इतने बड़े यूनिवर्स को सम्भाले हुए है, उसकी शक्ति व सत्ता पर तो किसी को शंका होने का सवाल ही नहीं है। और कोई सोचे कि ऐसी अपार शक्ति के साथ के बिना भी मेरा जीवन बन जाएगा, तो ऐसा सोचना अपनेआप में अज्ञानता का सबूत है। लेकिन दुर्भाग्य से प्रकृति की सत्ता, शक्ति या नियमों के बाबत किसी को कुछ खास मालूम नहीं है। प्रकृति के नियमों की कोई खास चर्चा भी नहीं है। अपनी ही बातों में हरकोई इतना उलझ गया है कि इस ओर झांकता भी नहीं है। वहीं दूसरी ओर बाहरी आकर्षणों में खोया मनुष्य अपने भीतर स्थित चारों शक्तिशाली मनों की महासत्ता से भी अनजान है। कुल-मिलाकर बुद्धि और मानवीय ज्ञान के भरोसे ही अधिकांश लोग यहां अपना जीवन बनाने में लगे हुए हैं। और सोचते हैं कि इसी से सबकुछ हो जाएगा। कोई यह देखता ही नहीं है कि प्रकृति वर्षों से पूरे यूनिवर्स को चला रही है। और उसके सामने सारे मानवीय ज्ञान पांच सौ से लेकर पांच हजार वर्ष पुराने हैं। ऐसे में वे जीवन कैसे बना सकते हैं? और नहीं ही बना पा रहे हैं, यही तो सबकी भटकन का प्रमुख कारण है। खैर, मनुष्य की यह उलझन दूर करने हेतु जल्द ही मेरी अगली किताब "लॉज ऑफ नेचर" प्रकाशित होने जा रही है। निश्चित ही उससे प्रकृति के तमाम नियमों को समझना सबके लिए आसान हो जाएगा। हालपूरता तो इतना समझो कि प्रकृति की परमसत्ता के सहयोग के बिना जीवन नहीं बनाया जा सकता है। और प्रकृति को परमात्मा मानना चाहो तो कह सकते हो कि परमात्मा की मरजी के बगैर जीवन बनने वाला नहीं है। खैर, प्रकृति को चाहे जो कह दो पर उसकी परमसत्ता का सहयोग चाहते हो तो उस हेतु आपके चारों शक्तिशाली मनों का सक्रिय होना जरूरी है। क्योंकि प्रकृति की परमसत्ता से आपका कनेक्शन वे ही बिठाएंगे। अत: पहले मैं आपको आपके चारों शक्तिशाली मनों की विशेषताओं के बाबत संक्षेप में इशारा कर देता हूँ।

सुपर–कोन्शियस माइंड

इसके सक्रिय होने पर आत्मविश्वास, कॉन्सन्ट्रेशन, उत्साह व दृढ़ता जैसे गुण स्वत: ही उपलब्ध हो जाते हैं। और ये सारे गुण इस मन के सक्रिय हुए बगैर प्राप्त किये ही नहीं जा सकते हैं। और यही इस मन का महत्त्व है।

स्पॉन्टेनियस माइंड

यह मन एक ऐसा कम्प्यूटर है कि जो पलभर में सारे डेटा की एनालिसिस करके रिजल्ट दे देता है। इसके सक्रिय होने पर मनुष्य का समय भी बचता है तथा उसके निर्णय भी हमेशा सही पड़ते हैं। सोचो... सोचो, यदि यह मन सक्रिय हो जाए तो आपको सफल होने से कौन रोक सकता है?

कलेक्टिव कोन्शियस माइंड

यह माइंड एक ऐसा कम्प्यूटर होता है जो सबके मनों से कनेक्टेड होता है। यानी इस मन के सक्रिय होने पर आप पूरी–की–पूरी भीड़ की मानसिकता पलभर में पता कर सकते हैं। जिनका यह मन सक्रिय होता है, वे हमेशा मास सायकोलॉजी पकड़ लेते हैं। वे जान लेते हैं कि कौन–सा प्रोडक्ट चलेगा, कौन–सी मूवी चलेगी, कैसी कॉपी राइटिंग की जाए कि पब्लिक को प्रोडक्ट खरीदने की चाह पैदा हो जाए? यानी भीड़ की मानसिकता पहचानने की क्षमता इस मन की विशेषता है। प्राय: ऐसे लोग बड़ी आसानी से जनता को प्रभावित कर लेते हैं। इस मन से बनी सारी मार्केटिंग स्ट्रेटेजी हमेशा सटीक होती है। सो मुझे यकीन है कि इस मन की सक्रियता का महत्त्व भी आपकी समझ में आ गया होगा।

अल्टीमेट माइंड

मनुष्य का यह मन नेचर से कनेक्टेड होता है। जिसका यह मन सक्रिय हो जाता है वह नेचर से पूरे–पूरा कनेक्ट हो जाता है। फिर वह कुछ भी क्यों न करे, हमेशा सही ही होता है। पाक साफ ही होता है। संक्षेप में कहूं तो बुद्ध, कृष्ण, क्राइस्ट वगैरह को आप इस श्रेणी में रख सकते हैं।

कुल-मिलाकर मैंने संक्षेप में शक्तिशाली मनों व उनकी कार्यक्षमताओं के बाबत बताया। निश्चित ही इससे आप इतना तो समझ ही गए होंगे कि इनके सक्रिय होने पर चमत्कार हो सकते हैं। बस तो आप दस काम छोड़ इन्हें सक्रिय कर पाने वाली शिक्षाओं पर ध्यान दो। सच्ची स्पीरिच्युअल सायकोलॉजी में ज्यादा-से-ज्यादा रस लो। उम्मीद है कि अपना जीवन बनाने हेतु इतना तो आप कर ही लेंगे।

खैर छोड़ो, चलो यह बताओ कि मनुष्य को महान कौन बना सकता है? तो उस संदर्भ में यह स्पष्ट समझ लो कि मनुष्य को महान उसके शक्तिशाली भाव जैसे उत्साह, आत्मविश्वास, कॉन्सन्ट्रेशन, दूरदृष्टि वगैरह बनाते हैं। और यह भाव सुपर कोन्शियस माइंड के सक्रिय हुए बगैर आते नहीं है। तो फिर इसमें बाधा क्या है? बाधा है, आपका मानवीय ज्ञान। वरना बच्चा तो पैदा ही सुपर कोन्शियस माइंड में होता है। इस कारण ध्यान, उत्साह, आत्मविश्वास, आनंद, मस्ती वगैरह उसका नॅचरल स्वभाव होता है। वह तो यह सब आप मानवीय शिक्षाओं के आकर्षणों में फंसकर खो देते हो। जिसके चलते दुख, चिंता, भय, हताशा, डिप्रेशन वगैरह देने वाले तीन कमजोर मनों के जाल में आप फंस जाते हैं। और आपके वे कमजोर मन हैं; कोंशियस माइंड, अनकोन्शियस माइंड तथा सब-कोन्शियस माइंड। दिक्कत यह है कि सायकोलॉजी पर लिखने-बोलने वाले भी नहीं जानते हैं कि मनुष्य के सात मन हैं। वे भी ज्यादा से ज्यादा यह मानते हैं कि दो मन हैं। एक कमजोर मन जिसे कोंशियस माइंड कहते हैं तथा एक शक्तिशाली मन जिसे सब कोन्शियस माइंड कहते हैं। परंतु आपको यदि अपने सातों मनों का अनुभव करना हो तो बेहतर है कि मेरे द्वारा लिखित किताब ''मैं मन हूँ'' पढ़ लें। यह आपको अपने शक्तिशाली मनों को सक्रिय करने हेतु सहायक सिद्ध होगी। साथ ही यह आपको बच्चों की सही परवरिश कैसे करना, यह भी सिखाएगी। क्योंकि जैसा कि मैंने कहा, बच्चा सुपर कोन्शियस माइंड में ही पैदा होता है। अत: अपना कुछ न कर पाओ तो भी बच्चे के हसीन जीवन की नींव तो डाल ही दो। और इसीलिए मुझे यह किताब पढ़ने हेतु बार-बार कहना पड़ रहा है।

खैर, अबतक आप इतना तो समझ ही गए होंगे कि शक्तिशाली मनों की सक्रियता तथा प्रकृति के साथ के बगैर जीवन बनने वाला नहीं है। और स्टेप-1 तथा

स्टेप-2 इसी बात का फाउंडेशन है। दरअसल मानवीय ज्ञानों तथा बाहरी आकर्षणों में उलझकर हरकोई यहां सर्कस का शेर बन गया है। जबकि प्रकृति ने हरेक को यहां जंगल का राजा बनाकर भेजा था। लेकिन वह तो अब कोई रहा नहीं। चंद लोग ही हैं जो सर्कस में भरती होने से अपने को बचा पाये हैं। कुछ अच्छी परवरिश के कारण तथा कुछ अपनी जिद्द व दृढ़ता के बल पर। बाकी के तो मानवीय ज्ञान से निर्मित सर्कस में भरती हो ही जाते हैं। फिर उनके जीवन में सैकड़ों रिंग मास्टर चाबुक लिये खड़े होते हैं। और हर चाबुक की आवाज पर वे एक या दूसरा करतब दिखाते रहते हैं। यानी उनका जीवन मजबूरी व गुलामी का दूसरा नाम हो जाता है। और ऐसा व्यक्ति क्या कर सकता है? सो बस, स्टेप-1 आपको थोड़ा बोल्ड व स्वतंत्र बनाने हेतु है। स्टेप-1 आपके जीवन की कमान अपने स्वयं के हाथ में लेने हेतु है। स्टेप-1 आपको पुरजोर जिंदा कर अपनी रक्षा करना सिखाने हेतु है। स्टेप-1 गुलामी की जंजीरें तोड़ने हेतु है। और जिसने स्टेप-1 की प्रैक्टिकल एप्लीकेशन्स अच्छे से ग्रहण की होगी निश्चित ही उसका पर्सनालिटी ट्रान्सफॉर्मेशन हो चुका होगा। और जिसका पर्सनालिटी ट्रान्सफॉर्मेशन हो चुका होगा, वही स्टेप-2 में प्रवेश कर पाएगा।

अब चर्चा करते हैं स्टेप-2 के प्रभाव की। तो स्टेप-2 आपको तमाम बेकार के मानवीय ज्ञानों से आजाद कराने हेतु है। क्योंकि आपके सारे दुख-दर्दों की जड़ मानवीय ज्ञानों में उलझकर बेकार के कनेक्शन बिठाना है। स्टेप-2 आपके वे तमाम कनेक्शन तोड़ने हेतु है। यूं भी एकबार दुख-दर्द दूर हो जाएं तो जीवन हाथोहाथ हसीन हो ही जाता है। और जीवन हसीन तो उड़ान हेतु तैयार। सो स्टेप-1 तथा स्टेप-2 आपको उड़ान हेतु तैयार करती है। क्योंकि बेकार के मानवीय ज्ञानों ने सबको इतना उलझा दिया है कि पूछो ही मत। उड़ने की बात तो छोड़ो, जमीन पे भी चलना मुश्किल कर दिया है। इन बेकार के ज्ञानों ने सबको समझा दिया है कि सुख-शांति तब मिलेगी जब सब क्षेत्रों में सफलता हासिल कर लोगे। और बस सब सफलता पाने की रेस में कूद पड़े हैं। और फिर चालू हो जाता है एक संघर्ष जो कि मरते दम तक पीछा नहीं छोड़ता है। परिणामस्वरूप सफलता तो छोड़ो, एक सामान्य जीवन जीना भी मुश्किल हो जाता है। और करीब-करीब सबका यह हाल हो चुका है। क्योंकि प्रकृति की रचना इससे उलट है। तभी तो कबीर जगत को 'उलट-बांसुरी' कहते हैं।

प्रकृति की रचना यह है कि कोई भी महानता पाने हेतु पहले मनुष्य को अपने दुख-दर्द दूर करने होते हैं। और जो इसमें कामयाब हो गया वह एक ऊंची उड़ान का अधिकारी हो गया। और इसीलिए सभी सच्चे स्पीरिच्युअल साइन्स में आनंद, शांति, मस्ती, सुकून, संतोष वगैरह पर जोर है। क्यों? क्योंकि यह सब है तो इसका मतलब जीवन में दुख-दर्द नहीं है। अब इतना तो आप भी जानते हैं कि टेन्शन व आनंद एक साथ नहीं जा सकते हैं। लेकिन लोगों को लगता है कि शांति व संतोष में रहेंगे तो जीवन कैसे बनाएंगे? टेन्शन नहीं पालेंगे तो आगे कैसे बढ़ेंगे? लेकिन प्रकृति की रचना ही ऐसी है कि यहां शांत चित्त वाला प्रसन्न व्यक्ति ही बड़ी सफलता पाने का उत्तराधिकारी है। अब समझो इतना कि मानवीय ज्ञान भी चाहता सफलता है तथा प्रकृति की चाह भी मनुष्य की महानता ही है। परंतु दोनों में बुनियादी भेद है। मानवीय ज्ञान सोचता है कि सफलता मिलेगी तो सुख व शांति बने रहेंगे। जबकि प्रकृति का नियम है कि सुख व शांति पा लोगे तो सफलता आपके स्वत: कदम चूमेगी। यानी सुख-शांति व सफलता तो दोनों का उद्देश्य है, पर पहले क्या, इस बात पर विरोध है। और जीत प्रकृति के नियमों की सुनिश्चित है। इसीलिए स्पीरिच्युअल साइन्स में जोर दुख-दर्द दूर करने पर है। लेकिन मानवीय ज्ञान इससे राजी नहीं होता। मानवीय ज्ञान कहता है कि यह-यह पाओगे तो दुख-दर्द दूर होंगे। यह-यह पा लोगे तो मस्ती व शांति जीवन में आएंगे। बस ऐसी बेकार की बातों में आकर ही मनुष्य ने जीवन को एक 'रेस' बना दिया है। और परिणाम में सफलता व सुख-शांति दोनों से हाथ धो बैठा है।

कुल-मिलाकर इतना समझ लो कि दुख-दर्द दूर करना ही सफलता पाने की सीधी राह है। और फिर जीवन में दुख-दर्द नहीं तो वह आदमी तो वैसे ही सफल है। जिसका जीवन आनंद, मस्ती व शांति से भरा हुआ है, उसे असफल कहा ही कैसे जा सकता है? अत: स्टेप-2 पास करते ही आप सफल हो ही जाते हैं। फिर बचता है मामला सांसारिक भाषा में सफलता पाने का, तो उस हेतु आगे की राह आपको आपके शक्तिशाली मन तथा प्रकृति मिलकर दिखाते रहते हैं। इसे वैज्ञानिक भाषा में समझें तो जीवन का हाल हवाईजहाज जैसा है। जहाज को एक ऊंचाई तक पहुंचाने की जवाबदारी पायलट की है, फिर उसे क्रूस कंट्रोल पर छोड़ दिया जाता है। बस ठीक यही नियम जीवन का भी है। जीवन को दुख-दर्दों से मुक्ति दिलवाने

की जिम्मेदारी मनुष्य की स्वयं की है, उसके पश्चात उसे प्रकृति थाम लेती है। आगे की सारी जिम्मेदारी फिर उसके शक्तिशाली मन तथा प्रकृति मिलकर उठा लेते हैं। दोनों मिलकर उसे महान बना देते हैं। यह स्पष्ट समझ लो कि शक्तिशाली मनों की सक्रियता तथा प्रकृति की मेहरबानी के बगैर कोई महानता प्राप्त नहीं की जा सकती है। और जिसने स्टेप-2 पास कर लिया, वह अपने को इस हेतु तैयार पाए। हालांकि मैं जानता हूँ कि स्टेप-2 पास करना सबके लिए इतना आसान होने वाला नहीं है। क्योंकि अधिकांश लोग यहां बेकार के मायाजाल में उलझे पड़े हैं। ...पर स्टेप-1 पास करने के बाद यह इतना मुश्किल भी नहीं। मुझे यकीन है कि आप लोग हरहाल में स्टेप-2 पास कर ही लोगे। जीवन के दुख-दर्दों से जल्द-से-जल्द मुक्ति पा ही लोगे। यूं भी अपना जीवन बनाने हेतु इतना तो आपको करना ही पड़ेगा। और उम्मीद है कि आप कर भी लोगे।

अब एक बात और समझ लो। मनुष्य की तमाम नाकामियों का मूल क्या है? यही कि वह अच्छे से परफॉर्म ही नहीं कर पा रहा है। ऐसा नहीं है कि वह प्रतिभावान नहीं है। परंतु अपनी प्रतिभा का सही प्रदर्शन न कर पाना, यहां हरेक की समस्या है। इसका कारण क्या है? यही कि वह दुख-दर्द व टेन्शनों से उलझा पड़ा है। और टेन्शन में परफॉर्मन्स कमजोर हो ही जाता है, यह सभी जानते हैं। महाभारत के युद्ध का ही उदाहरण लो। सभी जानते हैं कि अर्जुन उस समय के श्रेष्ठ धनुर्धारियों में से एक था। लेकिन ठीक युद्ध से पहले उसे "क्या होगा" का टेन्शन पकड़ लिया। फिर उसके क्या हाल हो गए, यह सभी जानते हैं। वह कृष्ण से कहता है कि त्वचा जल रही है, मुख सूखा जा रहा है, मैं लक्षणों को भी विपरीत देख रहा हूँ। यहां तक तो ठीक, पर वह आगे कहता है कि मैं धनुष उठाने के काबिल भी नहीं बचा हूँ। यानी वह श्रेष्ठ धनुर्धारी, जो हजारों का खात्मा कर सकता है, वह धनुष उठाने के भी काबिल नहीं बचता है। सोचो, एक टेन्शन ने अर्जुन का क्या हाल कर दिया था। तो फिर ऐसे में कृष्ण ने क्या किया? उसका टेन्शन दूर किया। कृष्ण ने अर्जुन को दूसरे तरीके से धनुष उठाना या चलाना नहीं सिखाया। वह तो अर्जुन उनसे बेहतर जानता ही था। अत: कृष्ण ने अर्जुन का टेन्शन दूर किया। और टेन्शन दूर होते ही उसने महाभारत का युद्ध जीत लिया। सबका खात्मा बोला दिया। सो आप सभी

होनहार हैं। अनेकों कार्य आप सभी मुझसे बेहतर कर ही लेते होंगे। सो मैं आपको कार्य करना नहीं सिखा रहा हूँ। मैं आपके टेन्शन दूर करने के प्रयास कर रहा हूँ, ताकि आप अपनी प्रतिभा का श्रेष्ठ प्रदर्शन कर पाएं। और स्टेप-2 आपके टेन्शन दूर करने के लिए ही है।

खैर, एक अंतिम बात और...। स्टेप-1 तथा स्टेप-2 में आपको अपना डॉक्टर स्वयं बनना था। वही मैंने सिखाया था। लेकिन स्टेप-3 पूर्णत: भिन्न है। यहां आपको आपकी डॉक्टरी की तिलांजलि देनी है। यहां आपको अपने लिए कुछ नहीं करना है। इसमें आपको अपने शक्तिशाली मनों तथा प्रकृति की शरण जाना है। अब जो करना होगा, वे सारे प्रमुख काम वे दोनों मिलकर करेंगे। सारे प्रमुख निर्णय उन दोनों के तालमेल से ही होंगे। यदि आपने स्टेप-2 ठीक से पास किया होगा तो आपको अब किसी मानवीय ज्ञान की कोई गुलामी नहीं रह गई होगी। क्योंकि अब आपके बुद्धि-अहंकार को कुछ खास करने की जगह ही नहीं है। अब तो आपकी बुद्धि व आपके शरीर, दोनों को ''प्रकृति व शक्तिशाली मन'' ही चलाएंगे। क्योंकि स्टेप-2 पूर्णत: पास करते ही आप प्रकृति की संतान हो गए हैं। आपके आगे के जन्मो-जन्मांतर की बागडोर अब उसी के हाथ में है। और अब प्रकृति की परमसत्ता आपके शक्तिशाली मनों के थकी क्या-क्या चमत्कार करवा लेगी, यह आप देखते रह जाएंगे। बस इतना समझ लेना कि स्टेप-1 तथा स्टेप-2 में दूसरे को डॉक्टर बनने दिया तो आप वह दो स्टेज पास नहीं कर पाएंगे। लेकिन स्टेप-3 में उलटा है। यहां आप डॉक्टर बनने गए तो फेल हो जाएंगे। यहां तो समर्पण ही महत्त्वपूर्ण है। क्योंकि अब आपके जीवन के डॉक्टर प्रकृति तथा शक्तिशाली मन ही हैं।

खैर, अब जब इतनी बात चली है तो स्पीरिच्युअल साइन्स की एक गहरी बात और समझ लो। स्पीरिच्युअल साइन्स का काम है आपके मन को सेट कर उसको प्रकृति से कनेक्ट करवाना। बाकी का सबकुछ फिर अपनेआप हो जाता है। लेकिन ये सारी बातें दो स्टेज में होती हैं। क्योंकि दो भिन्न प्रकार के मनुष्य हैं इस जहां में। एक जो सांसारिक आकर्षणों में फंसे हुए हैं तथा दूसरे जो उससे ऊपर उठ चुके हैं। इस किताब का ही उदाहरण लो। यहां स्टेप-1 तथा स्टेप-2 उनके लिए है जो सांसारिक आकर्षणों के शिकार हैं। जबकि स्टेप-3 उनके लिए है जो अपने मन

की स्वतंत्रता पा चुके हैं। सो दोनों बातों को अलग-अलग ही कहनी पड़ेगी। स्टेप-1 तथा स्टेप-2 में कहना पड़ेगा कि अपने डॉक्टर स्वयं बनो, क्योंकि आप गुलाम हैं। लेकिन स्टेप-3 में मैं यह मानकर चल रहा हूँ कि अब आपको कोई गुलामी नहीं। अत: वहां के लिए मैं कह रहा हूँ कि अपने को समर्पित कर दो। अपने डॉक्टर बनने की कोशिश करो ही मत। अब बात तो दोनों एक-दूसरे के विरोधाभासी हैं, पर है एक ही। बात में फर्क दो भिन्न-भिन्न स्टेज में जी रहे मनुष्यों के कारण है। अत: आज के बाद जब भी कोई सटीक स्पीरिच्युअल साइन्स पढ़ो तो यह समझ लेना कि उसमें बातों का विरोधाभास होगा ही। भगवद्‌गीता भी इसमें अपवाद नहीं है। क्योंकि अर्जुन नीचे गिरता है तो बात अलग हो जाती है तथा ऊपर उठता है तो दूसरी ही बात कहनी पड़ती है। यह बात मैं इसलिए कह रहा हूँ कि गहरे स्पीरिच्युअल साइन्स को समझने में मनुष्य अक्सर मात खा जाता है। उनकी विरोधाभासी बातों को मनुष्य समझ नहीं पाता है। और अंत में उसी में उलझकर रह जाता है। सो, आज के बाद जब भी कोई गहरा स्पीरिच्युअल साइन्स पढ़ो, तब ध्यान रखना कि उसमें विरोधाभासी बातें होंगी ही। और उन दोनों से अपने को कनेक्ट करना सीख जाओगे तो ही उन बातों को समझ पाओगे। यह याद रख लेना कि एकतरफा बात अज्ञानी करते हैं। इसीलिए उनकी बातें आपको जल्द आकर्षित कर जाती हैं। खैर, मैंने आपको स्पीरिच्युअल साइन्स समझने का तरीका सिखा दिया है। उम्मीद है कि आज के बाद आप सारे स्पीरिच्युअल साइन्स को अच्छे से ग्रहण कर पाएंगे।

सो अब मैं सीधे स्टेज-3 की कुछ प्रैक्टिकल एप्लीकेशन्स दूंगा। जिसके सहारे अपने शक्तिशाली मनों की शक्तियों का कैसे फायदा उठाना, यह समझाऊंगा। साथ ही उनके जरिए यह भी बताऊंगा कि कैसे अपने जीवन की बागडोर प्रकृति की परमसत्ता को सौंप देना। बस एक उलझन है। स्टेप-3 की इन सारी एप्लीकेशन्स का फायदा वे ही उठा पाएंगे जिन्होंने वास्तव में स्टेप-2 पास कर लिया है। जिन्होंने वास्तव में बेकार के सारे कनेक्शन काट दिये हैं। क्योंकि तभी आप प्रकृति की परमसत्ता को अपना जीवन सौंप पाएंगे। और प्रकृति की परमसत्ता आपके किसी मानवीय ज्ञान की मोहताज नहीं है। वह पेट्रोल पंप पर पेट्रोल भरने वाले धीरूभाई अंबानी को आसमान की ऊंचाइयों पर पहुंचा देती है। वह अनपढ़ एडीसन को एक

हजार से ऊपर के पेटेंट रजिस्टर कराने वाला वैज्ञानिक बना देती है। तथा यह भाग्य व भगवान में न मानने वाले को महान बिल गेट्स बना देती है। सो कुल-मिलाकर यह परमसत्ता है तो बड़ी शक्तिशाली, पर वो आपको वैसे ही नहीं स्वीकारेगी। स्टेप-2 जिसने सौ प्रतिशत पास किया होगा, उसे ही यह अवसर उपलब्ध होगा। अत: पहले मैं आपको चन्द टेस्ट देता हूँ जिससे आपको पता चल सके कि आपने वास्तव में स्टेप-2 कितने प्रतिशत पास किया है? उसके बाद ही मैं स्टेप-3 की प्रैक्टिकल एप्लीकेशन्स पर आऊंगा...।

आपको सकारात्मकताओं से भरा हुआ होना चाहिए

स्टेप-1 तथा स्टेप-2 दरअसल क्या है? यह आपको आपके सुपर कोन्शियस माइंड में फिर से स्थापित करने की एक प्रक्रिया है। अर्थात यह आपको बचपन की मन:स्थिति में पहुंचाने की विधि है। मैं कह ही चुका हूँ कि हर बच्चा सुपर कोन्शियस माइंड में पैदा होता है। और सारी सकारात्मकताएं उस मन में नॅचरली विद्यमान होती हैं। यह मन तमाम प्रकार की नकारात्मकताओं से मुक्त होता है। इसीलिए आप किसी बच्चे को चिंतित, फ्रस्ट्रेटेड, उदास या निराश नहीं पाएंगे। आप हर बच्चे को आनंद, मस्ती, शांति व ऊर्जा से भरा पाएंगे। दृढ़ता, उत्साह, ध्यान, विश्वास वगैरह हर बच्चे के नॅचरल गुण होते ही हैं। तो फिर इतना कीमती खजाना खोकर आप नकारात्मकताओं के जाल में कैसे फंस जाते हैं? तो उस बाबत इतना समझो कि गलत बातों के शिकार होकर आप सकारात्मकताओं को खोकर नकारात्मकताओं में जीने पर मजबूर हो जाते हैं। लेकिन स्टेप-1 तथा स्टेप-2 पास करने पर आप फिर बच्चों जैसे हो जाएंगे। खुशी, मस्ती, विश्वास, ध्यान व आनंद से भरे व्यक्ति हो जाएंगे। और वह हो गए हो तो ही अपने को स्टेप-1 तथा स्टेप-2 में उत्तीर्ण हुआ समझना।

अब सवाल यह है कि बच्चों का मन वापस पाना क्यों जरूरी है? क्योंकि उसके बगैर तो कोई बात बनने वाली ही नहीं है। आपने स्पीरिच्युअल साइन्स के कई वाक्य सुने ही होंगे, लेकिन शायद उनकी अनदेखी कर दी होगी। आपने सुना होगा कि क्राइस्ट हमेशा कहते थे कि मेरे राज्य में वे ही प्रवेश कर पाएंगे जो बच्चों जैसे

हैं। यहां क्राइस्ट कौन से राज्य की बात कर रहे हैं? निश्चित ही प्रकृति के राज्य की। परमात्मा के राज्य की। और वह राज्य क्या है? जहां सिर्फ सुख और सफलता है। परंतु वहां प्रवेश कौन कर पाएगा? क्राइस्ट कह रहे हैं कि जो बच्चों जैसा होगा। अब आप समझ गए होंगे कि मैं फिर आपको बच्चा क्यों बना रहा हूँ। वैसे ही आपने सुना होगा कि बच्चों को परमात्मा पालता है। परमात्मा यानी प्रकृति। और यह बिल्कुल सही है। इसीलिए बच्चा तमाम प्रकार की सकारात्मकताओं से भरा होता है। लेकिन फिर परमात्मा से छीनकर यह जवाबदारी बेकार की बातें करने वाले बुद्धिमान उठा लेते हैं। और यहीं से जीवन पटरी से उतरना शुरू हो जाता है। लेकिन कोई बात नहीं। स्टेप-1 तथा स्टेप-2 आपका जीवन फिर परमात्मा को सौंपने की विधि है। और एकबार आपके जीवन की बागडोर प्रकृति ने थाम ली, फिर क्या? मस्ती, खुशी और सफलता।

खैर, यहां एक निवेदन और कर दूं। आप इस महत्त्वपूर्ण बात को समझ गए हों तो मेहरबानीकर अपने बच्चों को बेकार की बातों के मायाजाल में उलझने से बचा लेना। क्योंकि बचपन से ही जिसके जीवन की बागडोर हमेशा के लिए परमात्मा के हाथों में रह गई, उसका तो महान बनना तय हो ही गया। और अब आपपर लौट आता हूँ। मुझे यकीन है कि आपने स्टेप-1 तथा स्टेप-2 पास करके बच्चों-सा मन पा लिया होगा। और अब आप एक बड़ी उड़ान के लिए तैयार होंगे।

आपके जीवन की कमान आपके हाथ में आ गई होनी चाहिए

स्टेप-1 तथा स्टेप-2 पास करने पर अब आपको अपना मालिक स्वयं हो ही जाना चाहिए। आप अपनेआप को स्वतंत्र महसूस करने ही चाहिए। हर प्रकार की बाहरी गुलामियों से छुटकारा पा ही लेना चाहिए। और यह सब हुआ या नहीं, उसका सबूत क्या? सबूत यही कि आपका काम में ध्यान बढ़ा होना चाहिए। जीवन की मस्ती काफी कुछ बढ़ गई होनी चाहिए। आप अपने शौकों की तथा अपनी इच्छाओं की अच्छे से रक्षा कर पाते होना चाहिए। यानी शौक व इच्छाएं दबनी नहीं चाहिए। बस यह सब परिवर्तन आये हों तो समझ लो कि आपने स्टेप-1 तथा स्टेप-2 अच्छे से पास कर लिये हैं।

अपने को 'राजा' महसूस करना चाहिए

बस यह स्टेप-1 तथा स्टेप-2 पास किया या नहीं, यह जानने का सबसे महत्त्वपूर्ण टेस्ट है। यदि आपने यह टेस्ट पास कर लिया होगा तो आप अपने को किसी राजा से कम नहीं समझ रहे होंगे। और राजा यानी कौन? वह जिसके पास वो सबकुछ है जो होना चाहिए। और यह राजापन महसूस करना मन का भाव है। यह कोई शारीरिक परिस्थिति नहीं है। ऐसा नहीं है कि जिसके पास यह-यह हो, तो वह राजा। नहीं, यह मनुष्य के मन की स्थिति है। मैं मान लूं कि मैं राजा हूँ, तो मैं राजा। ...फिर मेरे पास कुछ भी क्यों न हो? और बचपन में आप राजा थे। बचपन में आप स्टेटस के लिए मर्सिडीज पर निर्भर नहीं थे। पचास रुपये की खिलौने की कार जमीन पर दौड़ा के अपने को संसार का राजा महसूस करते ही थे। बचपन में आप अपनी खुशी हेतु बड़े घर के मोहताज नहीं थे। मिट्टी से घंटों खेल मस्त हो ही जाया करते थे। बचपन में धार्मिक होने के लिए आप धार्मिक क्रियाओं के मोहताज नहीं थे। जो कुछ भी करते थे उसी में धर्म कर लेने का सुकून पा लेते थे। बस तो स्टेप-1 तथा स्टेप-2 अच्छे से पास किये होंगे तो एकबार फिर आप वैसे ही राजा हो गए होंगे।

खैर, राजा का अर्थ क्या है? वही जो यह माने कि उसके पास सबकुछ है। अब सबकुछ का अर्थ क्या है? इतना ही कि मुझे और कुछ नहीं चाहिए। जो कुछ भी है व जैसा भी है, वह इतना परफेक्ट है कि हँसते-गाते मस्ती में जिंदगी गुजार लूंगा। बस वही राजा है। बाकी रहा सवाल सबकुछ का, तो वह तो कभी कोई पा ही नहीं सकता है। ना ही कोई कभी सबकुछ बन सकता है। पर हां, मेरे पास सबकुछ है, यह अहसास कर राजा होने के गुमान से जिया जा सकता है। और इसी राजा होने के गुमान को स्पीरिच्युअल साइन्स की भाषा में 'संतोष' कहते हैं। स्पीरिच्युअल साइन्स कहता ही है कि संतोष परमधन है। उससे ऊपर का कोई धन संसार में नहीं। तो यह बिल्कुल सही है। लेकिन मानवीय अज्ञानों के चक्कर में पड़कर मनुष्य सोचने लगा है कि संतोष मान लेंगे तो प्रगति कैसे करेंगे? और इसीलिए मानवीय अज्ञानों का जोर चाहों और महत्त्वाकांक्षाओं पर है। अब सवाल यह कि जीवन किससे बनेगा? संतोष से या चाहों और महत्त्वाकांक्षाओं से? तो चाहें और महत्त्वाकांक्षाएं तो हरकोई पाले बैठा है। जीवन कितनों का बन रहा है? क्योंकि चाह और महत्त्वाकांक्षा का अर्थ है

कि मुझे क्या चाहिए व क्या बनना, यह मैं तय करूंगा। और मैं, यानी अहंकार। तथा मनुष्य के इस 'मैं' रूपी अहंकार की "प्रकृति की परमसत्ता" के सामने औकात ही क्या है? कुछ भी नहीं, तभी तो सब परेशान हैं। दूसरी ओर संतोष का अर्थ है, चाहों का अभाव। संतोष का अर्थ है, मेरे पास क्या होना चाहिए तथा मुझे क्या बनना चाहिए, यह प्रकृति मुझसे बेहतर जानती है। सो उसे जो देना हो दे जाए, जो लेना हो ले जाए तथा जो बनाना है, बनाते चले जाए। मैं तो मस्ती व संतोष से जीवन गुजारता रहूंगा। कुल-मिलाकर समझें तो चाहें व महत्त्वाकांक्षाएं अहंकार का द्योतक हैं। यह प्रकृति की मरजी पर अपनी मरजी थोपने की कोशिश है और जो संभव नहीं है। और संतोष है, जीवन प्रकृति को समर्पित कर देना। और स्टेप-3 यही सिखाती है कि कैसे अपना सम्पूर्ण जीवन प्रकृति को समर्पित कर दें। वह जो दे वह ठीक तथा जो न दे वह भी ठीक। मुझे न सोचना, न दिमाग लगाना और न किसी चीज की चाह करना। और किसी बाबत चिंता तो बिल्कुल नहीं करना।

खैर, इतना स्पष्ट समझ लो कि किसी भी प्रकार की ऐतिहासिक सफलता पाने हेतु उपरोक्त मनोदशा में होना बहुत जरूरी है। क्योंकि तभी प्रकृति को आपके जीवन में घुसने का मौका मिलता है। तभी आपके शक्तिशाली मनों को सक्रिय होने का अवसर मिलता है। और फिर ये दोनों मिलकर आपके जीवन में एक-से-एक चमत्कार करने शुरू हो जाते हैं। आपको तो बस सिर्फ श्रद्धा व सबूरी बनाये रखनी होती है। वह खोई तो हाथोहाथ आपका राजापन भी खो जाएगा। फिर आप संतोषी नहीं रहेंगे। क्योंकि श्रद्धा व सबूरी संतोषी का नॅचरल स्वभाव है। श्रद्धा व सबूरी, संतोष का ही दूसरा रूप है। इसलिए कई ज्ञानियों ने श्रद्धा व सबूरी पर जोर दिया है। कुल-मिलाकर यदि उपरोक्त सारी मनोदशाएं नहीं हैं तो समझ लो कि अभी आपने पहले दो स्टेप पूरी तरह से पास नहीं किये हैं। तो कोई बात नहीं। मानवीय अज्ञानों का मायाजाल ही इतना गहरा है कि कुछ वक्त लग सकता है। परंतु आप स्टेप-1 तथा स्टेप-2 पास करने हेतु भिड़े रहना। एकबार अपने को राजा समझने का अहसास कर लेना। क्योंकि तभी आप प्रकृति को समर्पित हो पाओगे। प्रकृति की कृपा उन भिखारियों पर कभी नहीं बरसती है जो एक के बाद एक चीज मांगते ही रहते हैं। ऐसे लोगों को तो प्रकृति नजर उठाकर एकबार देखती भी नहीं है। उनके जीवन में

तो प्रकृति झांकती तक नहीं है। तभी तो उन लोगों का ऐसा बुरा हाल हो जाता है। जीवनभर मांगते व चाहते रह जाते हैं, पर हाथ कुछ नहीं लगता है। दुख व टेन्शन ताउम्र उनका पीछा करते रहते हैं। सो आप न मांगो, न चाहो। जो है व जैसा है, उसी में राजापन का एहसास करो। बस प्रकृति आपको थाम लेगी।

खैर, अब भी अगर कुछ कचास रह गई हो तो अपने को राजा मानने हेतु अपनी भाषा में एक दृढ़ रिसोल्यूशन पास कर लो। और फिर उसे जब आवश्यकता लगे तब जाप मंत्र की तरह दोहराओ। यदि राजापन से दस-बीस प्रतिशत दूरी रह गई होगी, तो वह इससे दूर हो जाएगी।

स्वयं का जाप मंत्र

....

....

....

....

....

....

आप अपनी इस मन:स्थिति का सम्मान करो

अब यदि आपको वाकई राजापन महसूस होता है तो आप अपनी इस मन:स्थिति का सम्मान करो। क्योंकि मन की इस ऊंचाई पर हजारों-हजारों में कोई एक पहुंच पाता है। और फिर वही एकदिन ऐतिहासिक व्यक्ति हो जाता है। सच कहूं तो कुछ नहीं चाहिए, सब परफेक्ट है - यह भाव ही अपनेआप में महान है। तृप्ति की मस्ती का अंदाजा वही लगा सकता है, जिसने इस राजापन को महसूस किया हो। इसका आनंद संसार की तमाम चीजों पर भारी है। और वह तो होना ही है, क्योंकि अब आप सीधे परमात्मा की देख-रेख में जो आ गए हैं। अब आपको अपनी चिंता करनी कहां है? अब तो प्रकृति आपकी चिंता कर रही है। अब तो आपके जीवन में आपसे ज्यादा रस उसे है। क्योंकि आपने अपने को उसे समर्पित जो कर दिया है।

इसलिए अब तो मनुष्यता के हित में आपसे कोई महान कार्य करवाने हेतु वह आपसे ज्यादा उतावली है। तभी तो कह रहा हूँ कि अब आप अपनी इस मन:स्थिति का सम्मान करो। बाहर कितनी ही ऊंच-नीच हो जाए, अपने राजापन को खोने मत देना। यह एक काम आप कर लो, बाकी का सब प्रकृति कर लेगी।

खैर, अपनी इस मन:स्थिति की परमसत्ता को भी समझ लो। अर्जुन, गीता में कृष्ण से ऐसी ही मन:स्थिति के बारे में जानना चाहता है। वह पूछता है कि स्थितप्रज्ञ योगी के लक्षण क्या-क्या होते हैं? तब कृष्ण कहते हैं कि वह आत्मा में ही रमण करने वाला, आत्मा से ही निर्देश लेने वाला, आत्मा हेतु ही कार्य करने वाला होता है। अत: सदैव वह अपनी आत्मा से ही तृप्त रहता है। उसे हरदम यह अहसास होता है कि मुझसे बड़ा राजा कौन? मेरे पास वह सबकुछ तो है, जो होना चाहिए। ना सिर्फ पर्याप्त सुविधा है, बल्कि मैं ज्ञान-विज्ञान से भी तृप्त हूँ। और यह समझना महत्त्वपूर्ण है। इस स्टेज में जी रहा व्यक्ति सिर्फ सांसारिक दौड़ से ही अलग नहीं हो जाता है, बल्कि वह बेकार के जानने, सीखने व समझने से भी अपनी दूरी बना लेता है। क्योंकि अब उसके पास मन की शक्तियों का साथ है। अब उसके पास प्रकृति की परमसत्ता की कृपा है। ऐसे में उसके किसी भी बात हेतु संसार पे आश्रित रहने का सवाल ही नहीं उठता है। और यही कृष्ण के कहने का आशय है। उनके कहने का आशय यही है कि हे अर्जुन, तू अभी भी हार-जीत व पाप-पुण्य के तराजू पर तौलकर युद्ध करूं या न करूं का निर्णय करना चाहता है। परंतु योगी लोग अपने निर्णय हेतु किसी बाह्य-परिस्थिति पर निर्भर नहीं होते हैं। उनके कर्म भी आत्मा से ही फूटते हैं तथा वे कर्म भी आत्मा के लिए ही करते हैं। यहां यह भी समझ लें कि कृष्ण आत्मा उन शक्तिशाली मनों को कह रहे हैं जो प्रकृति से कनेक्टेड हैं। कुल-मिलाकर यदि आप ऐसे योगी हो गए हों जिसे कोई वस्तु या कोई बात हिला ही न सकती हो, तो आप मान सकते हो कि अब आप स्थितप्रज्ञ हो गए हो। यदि आपके सारे कर्म आपके भीतर से फूट रहे हों तो आप मान सकते हैं कि आप स्थितप्रज्ञ हो गए हो। यदि आपका हर कर्म आपको तृप्त कर जाता हो तो ही अपने को पक्का स्थितप्रज्ञ समझना। और स्थितप्रज्ञ को क्या चिंता? उसने अपना जीवन प्रकृति को सौंप दिया है। और जब जीवन प्रकृति की चाह से चल रहा है तो आने वाली ऊंच-नीच की

चिंता भी प्रकृति करे। स्थितप्रज्ञ को इन सबकी क्या चिंता? बस यही इस मन:स्थिति का कमाल है। सदैव चिंतामुक्त...।

खैर, मनुष्य की इसी मन:स्थिति की ओर इशारा करते हुए महान चाइनिज फिलॉसोफर लाआत्से कहते हैं कि इस मन:स्थिति का व्यक्ति अपने कमरे के बाहर झांके बगैर भी संसार के तमाम रहस्यों से एक हो सकता है। यानी इस मन:स्थिति में पहुंचते ही आप जीनियस हो जाते हैं। आपमें एक ऐसा सेन्स उत्पन्न हो जाता है जो हर बात पलभर में समझने की क्षमता रखता है। और ऐसा 'सेन्स' तो जागेगा ही, क्योंकि अब आप उन शक्तिशाली मनों में जी रहे हैं जो प्रकृति से कनेक्टेड हैं। और प्रकृति एकमात्र है जो सबकुछ जानती है। उम्मीद है कि अब आपको प्रकृति की परमसत्ता का अहसास हो ही गया होगा। सो अब मैं आपको मन की शक्तियों का फायदा कैसे उठाना, उस हेतु चन्द प्रैक्टिकल एप्लीकेशन्स दूंगा। साथ ही प्रकृति की महासत्ता की मेहरबानी कैसे पाना, उस हेतु भी कुछ प्रैक्टिकल एप्लीकेशन्स बताऊंगा। जिनके सहारे आप ना सिर्फ एक चिंतामुक्त जीवन जिओगे बल्कि महानता के शिखर भी छूओगे। लेकिन फिर कहता हूँ कि इन सारी एप्लीकेशन्स का फायदा वही उठा पाएगा जिसने वाकई स्टेप-1 तथा स्टेप-2 पास किया होगा। और न भी कर पाये हों तो भी चिंता की कोई बात नहीं। अब आप अच्छेखासे आगे तो बढ़ ही चुके होओगे। और फिर यह आप ही का शास्त्र है। आप ही के पास रहना है। सो बस, लगे रहो। आज नहीं तो कल, स्टेप-1 तथा स्टेप-2 पास कर ही लोगे। और यदि अच्छीखासी मात्रा में पहले के दोनों स्टेप पास कर लिये होंगे तो भी आप आगे की प्रैक्टिकल एप्लीकेशन्स से अपने को कनेक्ट कर ही लोगे। कुल-मिलाकर इतना समझ लो कि संसार की अंतिम ऊंचाई पर आप बैठे हो तथा विश्व की अंतिम सत्ता का आपको सहयोग उपलब्ध हो चुका है। इसलिए ये सारी एप्लीकेशन्स भी गहरी ही होगी। सो शांति से इसे ग्रहण करो तथा अपने हसीन व शानदार जीवन की नींव रखो। समझ इतना लो कि स्टेप-1 तथा स्टेप-2 पास करने के बाद अब आप कोई साधारण व्यक्ति नहीं रह गए हैं। अब आप वे नहीं बचे हैं जिसका जीवन छोटी-मोटी जरूरतों के इर्द-गिर्द घूमता रह जाए। अब आप एक वेल-सेटल्ड व्यक्ति हैं जिसके पास कम हो या ज्यादा, गुमान उसे अपने राजा होने का ही है। और ऐसे ही राजाओं

को प्रकृति ढूंढ़-ढूंढ़कर महान बनाती है। क्योंकि ऐसे राजाओं को अब कष्ट भी कष्ट नहीं मालूम पड़ते हैं तथा दुख भी दुखी नहीं कर पाते हैं। यह नहीं है कि महान लोगों के जीवन फूलों की सेज पे सजे पड़े होते हैं। लेकिन जीवन के संघर्ष उन्हें संघर्ष नहीं जान पड़ते हैं।

खैर, अब आप यह समझो कि महान कौन हो पाता है? वही जो कुछ क्रिएटिव कर जाता है। और क्रिएटिविटी बिना प्रकृति की मेहरबानी के निकलती नहीं है। तथा प्रकृति की मेहरबानी सिर्फ राजाओं पर होती है। फिर वह राजा क्या कर रहा है तथा उसके पास क्या है, इससे कोई मतलब नहीं रह जाता है। और क्रिएटिविटी निकालने हेतु कोई कभी लेट नहीं हुआ होता है। राजा जैसी मानसिकता पायी नहीं कि प्रकृति ने आपको क्रिएटिविटी निकालने हेतु चुना नहीं। अब धीरूभाई अंबानी का ही उदाहरण लो। वे पेट्रोल पंप पे पेट्रोल भरा करते थे। पर उसी से राजा-से संतुष्ट थे। बस, प्रकृति ने उन्हें सब सिखा भी दिया तथा उन्हें क्रिएटिव तथा इनोवेटिव बना भी दिया। मैनेजमेन्ट से लेकर फाइनेंस तक का कुछ भी उन्हें सीखने नहीं जाना पड़ा। कंपनी-लॉ समझने हेतु उन्हें कोर्स नहीं करना पड़ा। क्योंकि राजा-सा महसूस करते ही उनका प्राकृतिक सेन्स जाग चुका था। और प्राकृतिक सेन्स को बाहर से कुछ जानने-समझने की जरूरत नहीं होती है। वह तो पलभर में सब समझने की क्षमता रखती है। मनुष्य की प्राकृतिक सेन्स को तो एक हल्का सा इशारा काफी होता है। और देखो, धीरूभाई अंबानी ने कैपिटल मार्केट में भी एक-से-एक क्रिएटिव खेल दिखाये। प्रोडक्ट ब्रान्डिंग भी उनकी अनोखी थी तथा व्यवसाय का सिलेक्शन भी हमेशा इनोवेटिव रहा। ऐसा ही एडीसन, वॉल्ट डिज्नी से लेकर स्टीव जॉब्स तक का रहा। पैदा सभी गरीब परिवार में हुए थे, पर मन से राजा थे। फिर प्रकृति ने थाम लिया और चमत्कार हो गया। जो सीखना था, सीख भी गए व एक से बढ़कर एक क्रिएटिव कार्य कर भी गए। कुल-मिलाकर कहने का तात्पर्य इतना ही कि आप भी अभी लेट नहीं हुए हैं। राजा-सी मनोदशा में आ जाइए, बाकी का सब अपनेआप हो जाएगा।

खैर, अब आप इतना तो समझ ही गए होंगे कि स्टेप-3 आपको महान बनाने हेतु है। और महान बनने हेतु क्रिएटिविटी के बहने का इन्तजार करना ही होगा। बिना क्रिएटिविटी के कोई महान नहीं बन सकता है। अत: स्टेप-3 की सारी शुरुआती

प्रैक्टिकल एप्लीकेशन्स क्रिएटिविटी के लिए ही होगी। आप तो बस उन्हें अच्छे से ग्रहण कर महान बनने की नींव रखने पर ध्यान देना...। और श्रद्धा तथा सबूरी इसकी सबसे बड़ी आवश्यकता है। यदि आपने महान बनने की चाह की तो भी इस हसीन मौके से चूक जाओगे। क्योंकि आपके चाहते ही प्रकृति आपके लिए चाहना बंद कर देगी। यानी आपको तो हरहाल में जीवनभर राजा बने रहना है... तथा बाकी का सब प्रकृति पर छोड़ देना है। वह जो व जैसा बनाते चले जाए, ठीक। इस राह में ऊंच-नीच आए तो भी ठीक व कष्ट आए, तो भी ठीक। स्पष्ट इतना समझ लो कि आपने राजापन खोया नहीं कि मौका चूके नहीं। और मैं जानता हूँ कि यह सब हरेक के बस की बात नहीं। तभी तो 'महान' बनना भी हरेक के बस की बात नहीं। खैर, आप तो अभी क्रिएटिविटी पे दी जाने वाली प्रैक्टिकल एप्लीकेशन्स को ग्रहण करो। बात बन ही जाएगी...।

1) अपनी क्रिएटिविटी को निकलने का मौका दें

यह सत्य तो हम सभी जानते ही हैं कि अपनी तमाम कोशिशों के बाद भी हजारों-हजारों में कोई एक महान हो पा रहा है। तो इसका कारण क्या है? इसका कारण एक ही है कि हजारों-हजारों में से कोई एक क्रिएटिव कर पा रहा है। और मनुष्य को महान सिर्फ क्रिएटिविटी बनाती है। क्षेत्र कोई-सा भी हो, बिना कुछ क्रिएटिव किये कोई महान नहीं बन सकता है। यदि कृष्ण व बुद्ध महान हैं तो इसलिए कि उन्होंने प्रचलित शास्त्रों से भिन्न कोई नयी बात कही। पिकासो व विन्सेंट सफल हैं तो इसलिए कि उन्होंने नयी-नयी पेंटिंग बनायी। यदि आइन्स्टाइन तथा न्यूटन सफल हैं तो इसलिए कि उन्होंने नये मौलिक सिद्धांत दिये। और बिल गेट्स व स्टीव जॉब्स सफल हैं तो इसलिए कि उन्होंने जरूरत के हिसाब से नयी चीजें बनायी। नया व क्रिएटिव यानी क्या, यह भी स्पष्टतापूर्वक समझ लो। क्रिएटिव यानी वह जो आज से पहले कभी किसी ने नहीं किया हो।

अब सवाल यह कि ये नया क्रिएटिव आएगा कहां से? और क्यों हजारों-हजारों में से कोई एक ही क्रिएटिव हो पा रहा है? तो इस हेतु फिजूल के मानवीय ज्ञान जवाबदार हैं। उसी चक्कर में मनुष्य ज्ञान को बाहर से भीतर डालता है।

वह समझता ही नहीं है कि बाहर से भीतर जो कुछ भी डालते हैं, वह सिवाय कोरी जानकारी के और कुछ नहीं है। यह सब वे बातें हैं जो कही, करी या सुनी जा चुकी हैं। और ऐसी बातें आपको महान नहीं बना सकती हैं। ऐसी बातें एक मैकेनिकल लाइफ दे सकती हैं, परंतु आपको क्रिएटिव नहीं बना सकती हैं। ऐसी बातें रोजमर्रा के जीवन को आसान बना सकती हैं, परंतु ये बातें मनुष्य को महान नहीं बना सकती हैं। मनुष्य को महान सिर्फ क्रिएटिविटी बनाती है और वह हरहमेशा भीतर से बाहर निकलती है। ठीक से समझें तो दुनिया में दो प्रकार की शिक्षाएं हैं। एक जो ज्ञान बाहर से भीतर डालने को उकसाती है। अधिकांश लोग इसी के शिकार हैं। इसलिए उनके भीतर से कुछ निकलता नहीं है। लेकिन जो बाहर के अकारण के आकर्षणों से अपने को बचाने में सफल हो जाते हैं, उनके भीतर से एकदिन क्रिएटिविटी बह जाती है। और वह बही क्रिएटिविटी ही उन्हें महान बना देती है।

अब जो लोग स्टेप-1 तथा स्टेप-2 अच्छे से ग्रहण कर चुके होंगे, वे तो समझ ही चुके होंगे कि हमारा जो कुछ भी मूल्यवान है, वह हमारे भीतर ही है। अब सवाल उठता है कि यदि अपने इस भीतर को एक्टिव करना हो तो इसका उपाय क्या है? एक ही कि बेकार के अनावश्यक बाहरी ज्ञानों से छुटकारा पा लो। और गौर से समझेंगे तो स्टेप-2 में मैंने आपसे यही करवाया है। आपके सारे बाहरी कनेक्शन काट के फिजूल की बातों से आपकी जान छुड़वाई है। क्योंकि कचरा हटेगा तो कोहिनूर निकलेगा। और जिस किसी ने भी स्टेप-2 पास कर लिया होगा, क्रिएटिविटी का खजाना उसके भीतर से निकलेगा। हालांकि बाहरी बकवास भीतर घुसेड़ के उनसे कनेक्शन बिठाना आसान है, पर उनसे जान छुड़ाना मुश्किल है। इसीलिए स्टेप-2 कइयों को कठिन जान पड़ सकती है। लेकिन अपने अस्तित्व से कुछ बड़ा क्रिएटिव निकालना चाहते हो तो स्टेप-2 पास करनी ही पड़ेगी।

चलो, मैं स्टेप-2 के महत्त्व को एक उदाहरण से समझाता हूँ। स्वामी विवेकानंद का नाम तो सबने सुना ही है। वे युवावस्था में ही बड़े तेज थे। बड़े ही प्रतिभावान थे। इसकी उनमें अपनी एक अकड़ भी थी। तथा अपनी इसी अकड़ के साथ एकदिन वे महान संत रामकृष्ण परमहंस से टकराए। और टकराते ही चमत्कार हो गया। उनकी बातें सुन वे चक्कर खा गए। क्योंकि उन्हें अहसास हुआ कि वे जिसे

ज्ञान समझ रहे थे वह तो सिवाय भटकाव के और कुछ नहीं है। वे जिसके बल पे अकड़ पाले बैठे थे, वह सब तो दो-कौड़ी का है। और मार्ग तो एक ही था कि अब उसे भुलाना पड़ेगा। और विवेकानंद ने कहा भी था कि उन्हें वह सब भुलाने हेतु बड़ी जहमत उठानी पड़ी थी। लेकिन कर्मठ थे इसलिए बेकार की बाहरी बातों से छुटकारा पा लिया था। और छुटकारा पा लिया तो भीतर से क्रिएटिविटी भी बह निकली। अमेरिका में 'शून्य' पर दिया उनका शानदार प्रवचन उनकी महान क्रिएटिविटी का ही एक नमूना है। लेकिन वह निकली तभी जब उन्होंने बेकार की बातों से अपनी जान छुड़ा ली।

कुल-मिलाकर इससे आपको समझना इतना ही है कि आपका जो कुछ भी महत्त्वपूर्ण है, वह आपके भीतर मौजूद है। आपकी हँसी-खुशी ही नहीं, आपके ज्ञान व आपकी इंटेलजेंस भी आप ही के भीतर है। तो फिर वह सब पाने हेतु बाहरी कनेक्शन क्यों बिठाना? स्पीरिच्युअल साइन्स युगों से कहता आ रहा है कि आपका भगवान तक आपके भीतर है। सो पहले तो आप यह तय कर लो कि अब मैं अपने भीतर के आसरे ज्यादा रहूंगा व बाहर के आसरे कम। और उस हेतु एक प्रैक्टिकल रिसोल्यूशन पास करो। अपनी ही भाषा में इसे दृढ़तापूर्वक लिखो। आपका लिखा यह जाप मंत्र आपको बेकार के बाहरी ज्ञानों से बचाता रहेगा। और तभी भीतर से क्रिएटिविटी निकलने की संभावना जागेगी। अत: महान बनने हेतु सबसे पहले यह पहली प्रैक्टिकल एप्लीकेशन ग्रहण कर लो। आज के बाद बेकार की बाहरी बकवासों की जगह अपने भीतर को ज्यादा महत्त्व देना शुरू कर दो।

स्वयं का जाप मंत्र

....

....

....

....

....

....

2) अपना कार्यक्षेत्र स्वयं चुनें

अब आपको बार-बार यह समझाने की जरूरत नहीं है कि आपका जो कुछ भी महत्त्वपूर्ण है, वह आपके भीतर ही है। उस हेतु बाह्य-जगत पर आपकी कोई खास निर्भरता नहीं है। और उस तर्ज पर अपना कार्यक्षेत्र भी आपको अपने भीतर से ही तय करना है। और हर व्यक्ति को कार्य करने हेतु भीतर से धक्के आते ही हैं। उन कार्यों को करने में भी उसे मजा आता ही है। लेकिन जल्द ही वह उन्हें भुला देता है। बाहरी आकर्षणों व दबावों में उलझकर नये-नये कार्यक्षेत्रों को खोजने में लग जाता है। कहीं धन ज्यादा दिखता है तो कहीं डिमांड। किसी पर परिवार दबाव डालता है तो कोई शिक्षण-पद्धति के दबाव में आ जाता है। बस फिर भीतर से आये क्षेत्र को छोड़ के अपना कार्यक्षेत्र बाहरी प्रभावों से चुन लेता है। और यहीं आकर मनुष्य फंस रहा है। अधिकांश लोग अपने भीतर से आये कार्यक्षेत्र को दबाकर दूसरी राह पकड़ चुके हैं। अब समझो यह कि जो भीतर से आ रहा है, उसी में आपका मजा छिपा होता है। उसी में आपका मन लगता है। और उसी में आपकी प्रतिभा भी होती है। और एकदिन उसी क्षेत्र में आपसे कोई महान क्रिएटिविटी बह जानी होती है। परंतु हजारों में कोई एक भीतर से आ रही प्रतिभा के क्षेत्र में अपने को सेट कर पाता है। बाकी के तो बाहरी आकर्षणों से ही अपना कार्यक्षेत्र चुन रहे होते हैं। बस इस चक्कर में वे कुदरत से डिसकनेक्ट हो जाते हैं। परिणामस्वरूप न कार्य में मन लगता है और न कार्य करने में मजा ही आता है। और इससे भी बुरा तो यह कि क्रिएटिविटी निकलने की तमाम संभावनाओं पे भी ताले लग जाते हैं। क्योंकि क्रिएटिविटी तो आपके अपने चुने हुए क्षेत्र से ही बहेगी। और महान आपको बही हुई वही क्रिएटिविटी बनाएगी।

खैर, उम्मीद है कि उपरोक्त बात आपकी समझ में आ गई होगी। अब आप इस किताब के अंतिम चरण में हैं। सो बातें इशारों में कहूंगा तो भी समझ ही जाओगे। अत: समझ लो कि प्रकृति ने आपको सबकुछ आपके भीतर देकर ही भेजा है। आप तो बस अपने भीतर को महत्त्व दो और महान बन जाओ। अपना कार्यक्षेत्र चुनने जैसा महत्त्वपूर्ण फैसला भी अपने भीतर से होने दो, फिर देखो आप क्या-क्या कमाल नहीं कर दिखाते हो। चलो यही बात मैं आपको चंद महान लोगों के उदाहरणों से समझाता हूँ। मोजार्ट को संगीत भीतर से ही आया था। वैसे ही एडीसन ने भी विज्ञान का क्षेत्र

स्वयं चुना था। वॉल्ट डिज्नी ने भी अपने भीतर से आये धक्के के आधार पर ही पेंटिंग को अपना कार्यक्षेत्र चुना था। उन्होंने इसे प्रकृति का इशारा मान के स्वीकार लिया था। और दो चार नहीं, सभी महान लोगों ने अपना कार्यक्षेत्र स्वयं ही चुना है।

सो, आप भी अपने कार्यक्षेत्र को भीतर खोजो। वहां से जो आएगा उसी में कुछ क्रिएटिव हो पाएगा। क्योंकि उसी में आपको मजा भी आएगा व उसी में आपका मन भी लगेगा। और कम-से-कम अपने बच्चों को तो कार्यक्षेत्र उनकी भीतरी आवाज पर चुनने ही देना। एक इतनी छोटी-सी मेहरबानी अपने बच्चों पर जरूर कर लेना ताकि वे बचपन से ही अपनी एक सीधी राह पकड़ के बढ़ते चले जाएं। ताकि उन्हें स्टेप-1 तथा स्टेप-2 झेलना ही न पड़े। ताकि महान बनने हेतु उन्हें सिर्फ स्टेप-3 समझना रह जाए। और जहां तक आपका सवाल है, तो आप भी अभी चूके नहीं ही हैं। यहां कोई कभी चूकता नहीं है। कुदरत का कमाल ही यह है कि यहां जब जागो तब सबेरा हो ही जाता है। अत: स्टेप-1 तथा स्टेप-2 पास करते ही भीतर से बहुत कुछ आने ही लगेगा। और उम्र व ऊर्जा बची हो तो उसका साथ देकर अब भी आप कमाल कर ही सकते हैं। बस उस हेतु अपना एक जाप मंत्र लिख लो। और फिर एकांत में आंख बंदकर उसे दोहराते रहो। बार-बार ऐसा करने से जल्द ही क्रिएटिविटी दस्तक देना शुरू हो जाएगी। पहले वर्तमान कार्य को आप बेहतर क्रिएटिव तरीके से करना शुरू हो जाएंगे। क्योंकि व्यवसाय हो या मैनेजमेन्ट, आजकल सबमें क्रिएटिव चमत्कार होते ही हैं। और फिर बचपन में भी आपने अनेक क्रिएटिविटी की ही है। इससे वे भी फिर-फिर दस्तक देना शुरू हो जाएगी। और फिर अन्य कुछ नहीं तो भी भीतर से निकली क्रिएटिविटी जीने का संतोष तो दे ही जाएगी। पर चाहे जो हो जाए, भीतर से बाहर निकलने की प्रोसेस को चालू करके ही दम लेना। बाहर से भीतर घुसेड़-घुसेड़ के अपने को पहले ही बहुत दबा चुके हो। अब यह सब कम ही कर दो तो अच्छा है। सो बस, उस हेतु दृढ़ रिसोल्यूशन पास कर के अपना जाप मंत्र बना लो।

स्वयं का जाप मंत्र

....

....

....

....

....

....

....

....

3) महान बनना है तो प्रभावों में आना छोड़ना होगा

अब स्टेप-1 तथा स्टेप-2 पार कर लेने के बाद हम महान कैसे बनना, उसी की प्रैक्टिकल एप्लीकेशन्स पर चर्चा कर रहे हैं। अपने शक्तिशाली मनों तथा प्रकृति की जुगलबंदी का उपयोग कैसे करना, यह समझ रहे हैं। और उस हेतु क्रिएटिविटी कैसे निकले, वहां तक हम चर्चा कर चुके हैं। अब उस संदर्भ में इतना और समझ लो कि क्रिएटिविटी तो कइयों में से निकलती है, पर निकलने वाली हर क्रिएटिविटी पिकासो, माइकल जैक्सन या चार्ली चैपलिन जैसी महान नहीं होती है। क्यों? क्योंकि क्रिएटिव पॉईंट जागने के बाद भी अधिकांश लोग गलती कर बैठते हैं। जिसे लेखन में रस होता है वह सोचता है कि इस क्षेत्र के दूसरे लेखकों को पढ़ लूं, इससे मुझे भाषा का पता चलेगा कि कैसे लिखना है? इससे समझ आएगा कि क्या-क्या संभव है? और यहीं आकर वे भटक जाते हैं। फिर उनके लेखन में पढ़े हुए व्यक्तियों का प्रभाव टपकने लगता है। मौलिकता छूट जाती है। और जो क्रिएटिविटी भीतरी प्रभाव से आनी थी, उसपर बाहरी प्रभाव हावी हो जाता है। और इस चक्कर में मिले एक हसीन मौके से वे चूक जाते हैं। यही गलती, पेंटर, संगीतकार, गीतकार, साहित्यकार से लेकर व्यवसायी तक सभी कर बैठते हैं। जबकि क्रिएटिविटी शुद्ध व मौलिक होनी चाहिए। अब संगीतकार यदि दूसरों की बनायी धुनें ज्यादा सुनेगा तो उसकी बनायी धुन पर भी उनका प्रभाव पड़ेगा ही। फिर महान संगीत नहीं ही निकल पाएगा। क्योंकि महान क्रिएटिविटी तभी निकल सकती है जब उसपर कोई बाहरी प्रभाव न हो। और मैं जो कुछ भी कहता हूँ वह मेरा खुद का अनुभव भी है। मैंने पांच सौ घंटे से ऊपर के वर्कशॉप्स व लेक्चर्स दिये हैं। और सब के सब नये टॉपिक पर। यानी इन पांच सौ घंटे में कोई भी टॉपिक एकबार भी रिपीट नहीं किया है। मैं एक के बाद एक किताबें

लिखे ही जा रहा हूँ तथा शायद सौ से ज्यादा किताबें तो मैं लिख ही लूंगा। लेकिन यह सब संभव कैसे हो पा रहा है? क्योंकि मैंने बचपन से लेकर आजतक इस विषय पर कुछ खास सुना-पढ़ा नहीं है। बचपन में कबीर, गीता, लाओत्से वगैरह पढ़ी है, बस...। अत: जब मैं लिखता व बोलता हूँ तो चीज भी मौलिक होती है तथा भाषा भी सबसे भिन्न होती है। अत: इतना समझ लो कि क्रिएटिविटी निकलना प्रारंभ होना एक बात है तथा महान क्रिएटिविटी निकलना सर्वथा दूसरी बात है। और महान क्रिएटिविटी निकालना चाहते हो तो उस क्षेत्र के अन्य क्रिएटिव प्रभावों से बचो। हां, वैज्ञानिकों को अबतक की खोज पढ़नी होती है, परंतु उन्हें भी जाना तो वहां से आगे ही होता है। उनका भी पुरानी बातें पढ़ने का उद्देश्य तो वहां से आगे बढ़ना ही होता है। फिर भी कहा जा सकता है कि विज्ञान से संबंधित क्षेत्र इसमें एकमात्र अपवाद है। बाकी के तमाम क्षेत्रों में तो क्रिएटिविटी के बहने हेतु सारे बाहरी प्रभाव बाधा ही हैं। सो शुरुआती दौर में अन्य महान लोगों को पढ़ना व सुनना अलग बात है। परंतु वहां भी सावधान तो रहना ही है, उनका प्रभाव आपकी क्रिएटिविटी पर नहीं ही पड़ने देना है। और एकबार क्रिएटिविटी निकलना प्रारंभ हो जाए, फिर तो सबकुछ छोड़ ही देना चाहिए। फिर तो उसे लगातार भीतर से बहने देना चाहिए। और जो यहां तक पहुंच चुके हैं, वे मेरी बात की गंभीरता को अच्छे से समझ गए होंगे। तथा बाकियों के लिए भी इशारा तो कर ही दिया गया है। अत: बात तो उनके लिए भी पूरी तरह से स्पष्ट ही है। बस तो अपनी क्रिएटिविटी को महान बनाने हेतु एक रिसोल्यूशन पास कर लो। यह रिसोल्यूशन आपको दूसरों के प्रभावों से बचा के रखेगा। आपकी हर क्रिएटिविटी को मौलिक बनाये रखेगा।

स्वयं का जाप मंत्र

....

....

....

....

....

4) क्रिएटिविटी आपके समय पे नहीं निकलेगी

मैं कह ही चुका हूँ कि तमाम प्रकार की क्रिएटिविटी कुदरत की देन है। क्रिएटिविटी का धक्का प्रकृति से ही आपके भीतरी मनों में आता है। और आपको सिर्फ उसे बाहर निकालना होता है। यही सभी प्रकार की महान क्रिएटिविटी के निकलने की एकमात्र प्रोसेस है। और इसीलिए भीतर से कुछ भी महान तभी निकलेगा जब आपने प्रकृति की पूर्ण शरणागति स्वीकारी होगी। क्योंकि हर प्रकार की क्रिएटिविटी प्रकृति की मरजी से, प्रकृति के समय पर तथा प्रकृति के चाहे अनुसार ही निकलेगी। आपको तो सिर्फ उसे बाहर निकलने देना है। बस इतना ही आपका रोल है। इससे ऊपर आपने कुछ भी कोशिश करी तो फिर महान क्रिएटिविटी कभी नहीं निकल पाएगी। अत: क्रिएटिविटी के संबंध में यह मत सोचना कि मैं कल यह कर लूंगा। कल तो क्रिएटिविटी तभी निकलेगी जब प्रकृति भेजेगी। उसने नहीं भेजी तो बात समाप्त। फिर चुपचाप बैठे रहना। निकालने की जबरदस्ती मत करना। वरना इससे तो 'आप' पिक्चर में आ जाएंगे। और मैं समझा ही चुका हूँ कि क्रिएटिविटी में आपका कोई रोल नहीं है। अत: आपने जबरदस्ती कोशिश की तो वह कोई बेकार की आइटम ही सिद्ध होगी। इसीलिए मैं बार-बार कह चुका हूँ कि स्टेप-3 महान बनने हेतु है। और मनुष्य को महान बनाना यह शक्तिशाली मनों तथा प्रकृति की जुगलबंदी का काम है। इसमें आपका कोई रोल नहीं है। अत: स्टेप-3 का पूरा विज्ञान शरणागति का है, समर्पण का है।

अत: कुल-मिलाकर यह बात समझ ही लो कि महान क्रिएटिविटी प्रकृति की मरजी से, प्रकृति के समय पे तथा प्रकृति के अनुसार निकलेगी। अत: क्रिएटिव करने की कोशिश कभी मत करना, क्रिएटिविटी को तो बहने ही देना। और उस हेतु प्रकृति के भेजने का इन्तजार करना। खुद कोशिश में मत लग जाना। वरना सब बिगाड़ दोगे। कइयों ने तो क्रिएटिविटी के बहने हेतु महीनों इन्तजार किया है। और इन्तजार का फल मीठा ही होता है। सो जिन्होंने भी इन्तजार किया है, उन्हीं के भीतर से महान क्रिएटिविटी बही है। और जिन्होंने जिद्द की है, उन्होंने अपनी ही क्रिएटिविटी को नष्ट कर दिया है। उम्मीद है कि यह सीधी बात आपकी समझ में आ गई होगी। सो, बस इस हेतु एक दृढ़ रिसोल्यूशन पास कर लो, जो आपको इन्तजार करना सिखाए। जो

आपको जबरदस्ती मार-पीटकर कुछ क्रिएटिव करने को न उकसाए। जो पहले से क्रिएटिव हैं उन्होंने उपरोक्त बात की तगड़ी गांठ बांध ही ली होगी। क्योंकि वे अनेक बार यह गड़बड़ कर चुके होंगे। लेकिन आज उन्हें क्रिएटिविटी का जादू स्पष्ट हो ही गया होगा। अत: हर प्रकार की क्रिएटिविटी पर प्रकृति का एकाधिकार है, यह उनकी समझ में आ ही गया होगा। फिर भी, इशारा मैं सबके लिए कर चुका हूँ। समझ इतना लो कि हर कार्य में यह प्रक्रिया काम आने वाली है। अत: जब भी बड़ा कुछ कर रहे हो तब खुद हट जाना व प्रकृति को आने देना। कार्य आपकी जगह प्रकृति निपटाएगी, तो वह स्वत: महान हो जाएगा। और जिस दिन अपने हर कार्य प्रकृति को सौंपना सीख जाओगे, उस दिन तो कमाल ही हो जाएगा। आपका यह किताब पढ़ना पूर्णत: सार्थक हो जाएगा। खैर, अब इस हेतु एक जाप मंत्र लिख लो। जो आपको क्रिएटिविटी निकालने हेतु इन्तजार करना सिखाए।

स्वयं का जाप मंत्र

....

....

....

....

....

....

5) क्रिएटिविटी एक फ्लो है

अब यह तो मैं समझा ही चुका हूँ कि हर प्रकार की क्रिएटिविटी पर कुदरत का एकाधिकार है। क्रिएटिविटी का धक्का वहीं से आता है और आपके शक्तिशाली मनों से वह बह जाती है। यही सब तरह की क्रिएटिविटी का मूल सिद्धांत है। और जब क्रिएटिविटी का धक्का आता है तो इसका सीधा अर्थ है कि क्रिएटिविटी एक बहाव है, एक फ्लो है। फ्लो का अर्थ है, बीच में सोचने-विचारने की रुकावट कहीं नहीं है। प्रकृति से आया और मन से बहा। अत: क्रिएटिविटी के संबंध में यह स्पष्ट समझ

लेना कि उस बाबत सोचने-विचारने को जगह नहीं है। सोच-विचार के कभी कुछ महान क्रिएटिव नहीं किया जा सकता है। यदि आपको सोच-विचार के करना पड़ रहा है तो समझ लो कि अभी प्रकृति से आपके मनों का पूरा कनेक्शन नहीं बैठ पाया है। ऐसे में सोच-विचार के कुछ करने की बजाए प्रकृति से कनेक्शन बैठने का इन्तजार करो। लेकिन कार्य तभी करो जब भीतर से उसका धक्का आए। कवि, साहित्यकार, लेखक, पेंटर, संगीतकार वगैरह पर यह नियम पूरी तरह से फिट होता है। वहीं गायक, एक्टर तथा खिलाड़ी वगैरह को प्रैक्टिस करनी पड़ती है। परंतु तमाम प्रैक्टिस के बाद भी उन्हें प्रदर्शन तो स्पॉन्टेनियसली ही करना होता है। यानी प्रमुख समय तो उन्हें भी फ्लो के सहारे ही रहना पड़ता है। ऐन वक्त पर फ्लो नहीं आया तो बड़े-से-बड़ा खिलाड़ी तथा बड़े-से-बड़ा परफॉर्मर भी फ्लॉप हो जाता है। यानी परफॉर्मेन्स तो इन सबका भी प्रकृति से कनेक्टीविटी पर ही निर्भर है। और वैसा ही उद्योगपतियों का भी है। शुरुआती सोच-विचार तो सभी को करना पड़ता है, परंतु सबके अंतिम निर्णय स्पॉन्टेनिटी से ही होते हैं। और जो लोग अंतिम निर्णय स्पॉन्टेनिटी से लेते हैं, वे ही बड़े उद्योगपति बन पाते हैं। तथा इस बात की गवाही हर बड़ा उद्योगपति दे ही देगा।

कुल-मिलाकर कहने का तात्पर्य यही कि स्पॉन्टेनिटी व फ्लो वही समझ सकता है, जिसका मन प्रकृति से कनेक्ट हो चुका हो। अन्यथा बिना विचार तथा बिना प्रयत्न के कार्य कैसे होते हैं, वह समझ में नहीं ही आएगा। लेकिन इतना समझो कि दुनिया के सभी महान कार्य प्रकृति से आये फ्लो को आभारी हैं। उसमें मनुष्य स्वयं कहीं बीच में आया ही नहीं है। और यह बीच में नहीं आना ही हम सीख रहे हैं। क्योंकि उसके बगैर कुछ भी महान होने वाला नहीं है। हालांकि कुछ क्षेत्रों में "विचार और प्रयत्न" बीच में आता ही है। अब वैज्ञानिकों का ही उदाहरण लो। शुरुआती प्रिपरेशन हेतु उन्हें विचार भी करना होता है तथा प्रयत्न भी। परंतु जब एक बार खोज करने में डूबते हैं तो खोज फ्लो में ही होती है। कहने का तात्पर्य यह कि सारे वैज्ञानिक चमत्कार भी प्रकृति के फ्लो को ही आभारी हैं।

यहां एक बात और समझ लो। प्रकृति से आये हर फ्लो में एक अद्‌भुत परफेक्शन होता है। और मैं कह ही चुका हूँ कि साहित्यकार, लेखक, कवि, चिंतक, पेंटर, संगीतकार वगैरह को तो क्रिएटिविटी हेतु सिर्फ फ्लो पर ही निर्भर रहना है। तथा

इनका हर फ्लो परफेक्शन की अंतिम ऊंचाई होता है। कृष्ण की गीता हो, कबीर के दोहे हों या खलील जिब्रान की रचनाएं, सबकुछ प्रकृति के फ्लो को ही आभारी हैं। इसलिए ज्ञानी यह नहीं कहते कि कृष्ण ने गीता लिखी या कबीर ने दोहे कहे। वे यही कहते हैं कि कृष्ण से गीता बही। कबीर से दोहे बहे। और बहने का अर्थ है कि फुलस्टॉप या कौमा की भी गलती नहीं। कृष्ण यह नहीं कह रहे हैं कि यह मुंह से गलत निकल गया। कहने की जरूरत ही नहीं है। क्योंकि स्पॉन्टेनिटी से परफेक्ट कुछ नहीं है।

खैर, मुझे उम्मीद है कि क्रिएटिविटी के संबंध में आप लोग सबकुछ समझ गए होंगे। हर क्रिएटिविटी एक फ्लो व स्पॉन्टेनिटी है, यह बात अब आपके जहन में उतर गई होगी। अब समझो इतना कि क्रिएटिव कार्य लाखों लोग करते हैं, पर उनमें महान दो-चार ही हो पाते हैं। क्यों? क्योंकि अधिकांश लोग सोच-विचार के क्रिएटिविटी करने का प्रयत्न करते हैं। यानी अपने मन को मार-पीटकर कुछ क्रिएटिव करने का प्रयत्न करते हैं। लेकिन उससे कभी कुछ श्रेष्ठ होना ही नहीं है। हर महान क्रिएटिविटी एक फ्लो ही है, जो सिर्फ भीतर से बह जाती है। अत: वाकई महान बनना चाहते हो तो सोच-विचार के क्रिएटिव करना कम कर दो। उससे तो बेहतर है कि क्रिएटिविटी के बहने का इन्तजार करो। यह इन्तजार ही एकदिन आपका कनेक्शन कुदरत से बिठा देगा। हालांकि मैं जानता हूँ कि यह इन्तजार करना आसान नहीं है। परंतु उसका तरीका भी बताता हूँ। आप लगातार क्रिएटिविटी का भीतर-ही-भीतर मनन करो। एकांत में रहो व अपनी क्रिएटिविटी की धुन में रहो। पूरी तरह से डूब जाओ उसमें। करो कुछ भी मत, सिर्फ भीतर से कुछ आने का इन्तजार करो। शुरुआत में वक्त लगेगा, लेकिन एकदिन भीतर से फ्लो आएगा...। और जब फ्लो आएगा तब आप आश्चर्यचकित रह जाएंगे। फ्लो न दिन देखेगा न रात, बस बह ही जाएगा। और यह वाकई बड़ा कीमती अनुभव है। तथा मैं चाहता हूँ कि एक न एक दिन सब यह अनुभव करे। मजा तो यह है कि फ्लो आते ही महीनों का काम घंटों में निपट जाएगा। और वह भी पूरे परफेक्शन के साथ। तब पूरी तरह से आपकी समझ में आ जाएगा कि क्रिएटिविटी आपके समय पर व आपकी चाह पे नहीं बहेगी, उसका तो भीतर से धक्का ही आएगा। तभी तो क्रिएटिव लोग कभी आपकी मांग पे परफॉर्म

नहीं कर पाते हैं। क्योंकि वे परफॉर्मन्स हेतु फ्लो पे निर्भर होते हैं। और सब सोचते हैं कि क्रिएटिव लोग बड़े मूडी होते हैं। लेकिन यह स्पष्ट समझ लो कि वे मूडी नहीं होते हैं, बल्कि प्रकृति के फ्लो पर निर्भर होते हैं। उम्मीद है कि स्पीरिच्युअल साइन्स की यह गहरी बात आपकी समझ में आ गई होगी।

अब क्रिएटिविटी के बारे में एक बात और समझ लो। एक ही बार में पूरी क्रिएटिविटी बह जाए, यह जरूरी नहीं है। कई बार क्रिएटिविटी टुकड़े-टुकड़े में भी आती है। अत: जब जितना धक्का आता है, उतना लिख लो या उतनी पेंटिंग बना लो। फिर विश्राम करो। कुछ समय बाद फिर धक्का आएगा, फिर भिड़ जाओ। सारे महान साहित्य, महान संगीत व महान पेंटिंग्स ऐसे ही अस्तित्व में आये हैं। क्रिएटिविटी का एक ही सिद्धांत है, यह जब व जितनी आएगी, फ्लो में आएगी तथा स्पॉन्टेनियस होगी। परंतु एकबार में पूरी बह जाए यह जरूरी नहीं।

सो आपको कुछ महान करना है तो एक दृढ़ रिसोल्यूशन पास कर ही लो। तय कर ही लो कि बने वहां तक सोच के या प्रयत्न करके कुछ क्रिएटिव करने की कोशिश नहीं करूंगा। उसके बजाय एकांत में बैठकर उस क्रिएटिविटी के बाबत मनन करूंगा उसके बहने का इन्तजार करूंगा। परंतु चाहे जो हो जाए, अपने शक्तिशाली मनों को नेचर से कनेक्ट करके ही रहूंगा। कुदरत की लीला का यह महान अनुभव करके ही रहूंगा। और बस उस हेतु अपनी भाषा में अपना एक जाप मंत्र बना लो। फिर उसका बार-बार मनन करो, यह आपको प्रकृति से कनेक्ट होने में सहायक सिद्ध होगा। तय इतना कर लो कि प्रकृति से कनेक्ट हुए बिना रुकोगे नहीं। एकबार उसने हाथ थाम लिया फिर कमाल-पे-कमाल स्वत: होते चले जाएंगे।

स्वयं का जाप मंत्र

....

....

....

....

....

खैर, आपने दृढ़ रिसोल्यूशन तो पास कर लिया। अब इस संदर्भ में एक अंतिम बात और समझ लो। महान बनने का पूरा खेल इस बात पर निर्भर है कि आप कब 'करना' बंद कर देते हैं। क्योंकि आपके करे कुछ नहीं होगा, यही बात आपको स्टेप-3 में ग्रहण करनी है। आपको यह समझना है कि मनुष्य को महान बनाना उसके शक्तिशाली मनों व प्रकृति की ट्यूनिंग का काम है। उन दोनों पे छोड़ोगे तो ही महान हो पाओगे। और हम अपना सबकुछ इन दोनों पे कैसे छोड़ना, इसी की प्रैक्टिकल एप्लीकेशन्स पे स्टेप-3 में चर्चा कर रहे हैं। अब समझो यह कि महान होते ही धन, वैभव, मान और सम्मान की मनुष्य के जीवन में वर्षा हो ही जाती है। लेकिन बताओ यह कि इस हेतु उसने क्या किया है? निश्चित ही सिवाय मन और प्रकृति की ट्यूनिंग बिठाने के उसने कुछ नहीं किया है। और जब उसने कुछ किया ही नहीं है तो उसे अहंकार पकड़ने का भी सवाल नहीं है। और यही कारण है कि आपने बिल गेट्स, रतन टाटा, स्टीफन हॉकिंग वगैरह सबको हमेशा बड़ा ही सरल पाया है। और यही सबकी महानता को और महान बना देता है। अत: कुछ भी छोटी-मोटी सफलता से आपको अहंकार पकड़ने लगे तो सावधान हो जाना। क्योंकि फिर उसी क्षण से क्रिएटिविटी बहना बंद हो जाएगी। क्योंकि अहंकार यानी आप, और आपका तथा कुदरत की क्रिएटिविटी का कोई मेल-मिलाप कभी नहीं होने वाला है। उम्मीद है कि महान बनने हेतु यह महत्त्वपूर्ण बात भी आप गांठ बांध ही लेंगे। जितने सफल होते चले जाओ उतने और सरल होते जाओ, उतना और झुकते चले जाओ... बस एकदिन महान हो ही जाओगे। बेकार के अहंकार में उलझ के कुदरत की क्रिएटिविटी का फ्लो तोड़ मत देना, वरना महानता से वंचित रह जाओगे। कुल-मिलाकर कहने का तात्पर्य इतना ही कि सभी क्रिएटिव लोग अहंकार से बचें।

सारा बोझ आप पर नहीं आन पड़ा है

हरेक जिस्म घायल, हरेक रुह प्यासी...है। निगाहों में उलझन और दिलों में उदासी...है। यह दुनिया है या आलमे-बदहवासी? महान शायर साहिर लुधियानवी का यह शेर संसार की हालत पर एकदम सटीक फिट होता है। यहां जिसे देखो वो हैरान व परेशान है। जिसे देखो वह दुख व चिंता के बादलों से घिरा पड़ा है। जिसे

देखो वह एक या दूसरे प्रकार के संघर्षों में उलझा पड़ा है। सवाल यह है कि दुनिया का यह हाल क्यों है? कौन है इस हेतु जवाबदार? तो इस विषय में स्पष्ट समझ लो कि अपने इस हाल हेतु मनुष्य स्वयं जवाबदार है। क्योंकि हरकोई यह समझता है कि जीवन बनाने का एक बहुत बड़ा बोझ उसपर आन पड़ा है। अब उसे जमीन-आसमान एक कर देना होगा। और फिर लग जाता है रेस में...। और वह भी एक-दो नहीं, पचासों तरह की रेस में। वह धार्मिक भी होना चाहता है तथा सामाजिक भी। वह शिक्षित भी होना चाहता है तथा जानकार भी। वह दुनिया हिला देना चाहता है, क्योंकि उसपर जीवन बनाने का बहुत बड़ा भार आ पड़ा है।

अब सवाल यह है कि कोई एक पल ठहरकर सोचता क्यों नहीं है? वह चारों ओर प्रकृति पे एक नजर घुमाता क्यों नहीं है? वह देखता क्यों नहीं है कि कोई है जो इतने विशाल चांद-तारे से लेकर पृथ्वी तक का सबकुछ सम्भाले हुए है। कोई है जो नदियां भी बहा रहा है तथा हवा भी। ऐसे में निश्चित ही वह हमारी सोच व कल्पना से भी कई गुना शक्तिशाली है ही। ऐसे में सवाल एक ही कि क्या यह सबकुछ चलाने वाला हमारा जीवन भी नहीं चला रहा होगा? चला ही रहा है। और स्टेप-3 उस परमसत्ता की शरणागति स्वीकारने हेतु ही है। और सच कहूं तो वही सच्चा धार्मिक है जो ब्रह्मांड की एकमात्र सत्ता 'प्रकृति' की शरणागति स्वीकार लेता है। बाकी तो इन संप्रदाय के पिछल्लुओं को आप धार्मिक मानने की गलती मत कर बैठना। वह भी एक तरीके के अंधकार का विस्तार ही है। और फिर संप्रदायों के पीछे भागने में क्या महानता है? वह तो बड़ा ही आसान है। क्योंकि उससे अहंकार मजबूत होता है। और इसीलिए संप्रदायों के जाल में पूरा विश्व उलझा हुआ है। और वे भी बेमतलब के गर्व पकड़ाकर सबको बांधे हुए हैं कि तुम्हारा संप्रदाय दूसरों से श्रेष्ठ है। और सामान्य मनुष्य इसी से राजी है। लेकिन दुर्भाग्य से इनमें से अधिकांश दुखी व असफल हैं। इनमें से किसी के जीवन के संघर्ष कम नहीं हो रहे हैं। और वे होंगे भी नहीं। जीवन तो सच्चे आस्तिक बनने से ही बनेगा। और सच्चा आस्तिक वही है जो अपना 'अहंकार' त्याग देता है। जो यह मानकर नहीं चलता कि जीवन बनाने का एक बहुत बड़ा बोझ मुझपर आ पड़ा है। सच्चा आस्तिक वह है जो अपने जीवन की बागडोर नेचर को सौंप देता है। जो उसकी सम्पूर्ण शरणागति स्वीकार लेता है।

और यह इतना आसान नहीं है। सच तो यह है कि इस बाबत का कोई बहुत ज्यादा ज्ञान भी उपलब्ध नहीं है। लेकिन आपने यह समझ लिया है कि प्रकृति के सहयोग के बिना महानता को उपलब्ध नहीं ही हुआ जा सकता है। क्योंकि महान होने हेतु भीतर से क्रिएटिविटी का बहना जरूरी है। और हर प्रकार की क्रिएटिविटी पे नेचर का अधिकार है। और उस हेतु नेचर का सहयोग कैसे पाना, यह हमने स्टेप-3 के प्रारंभ में समझ लिया। और मुझे यकीन है कि सबने स्पीरिच्युअल साइन्स के इस अंतिम सिद्धांत को अच्छे से ग्रहण कर लिया होगा।

अब सवाल यह कि इतना सबकुछ होते हुए भी हर मनुष्य गच्चा क्यों खा जाता है? क्योंकि कोई अपनी ही परमसत्ता को पहचानता नहीं है। दरअसल यहां हर मनुष्य जो सोच रहा है, उससे तो वह हजारों गुना शक्तिशाली है। बस वह जीवन का युद्ध अकेले न लड़े, बल्कि अपने शक्तिशाली मनों तथा नेचर को अपने साथ मिला ले। इससे रातोरात वह जो है, उससे हजारों गुना शक्तिशाली हो जाएगा। और स्टेप-1 तथा स्टेप-2 उसको शक्तिशाली करने की प्रोसेस है। और स्टेप-3 शक्ति का परम-विस्फोट है। क्योंकि इसमें आपको शक्तिशाली मनों तथा प्रकृति से सहयोग लेने हेतु चंद प्रैक्टिकल एप्लीकेशन्स दी गई हैं। अभी तक आपने समझा कि क्रिएटिविटी हेतु शक्तिशाली मनों तथा प्रकृति का सहयोग कैसे लेना? आगे हम चर्चा करेंगे कि जीवन के प्रमुख निर्णयों हेतु इन दोनों का सहयोग कैसे प्राप्त करना? जीवन की प्रमुख समस्याएं निपटाने हेतु इन दोनों की सहायता कैसे पाना? क्योंकि महान बनने की राह में भी रोड़े व उतार-चढ़ाव तो हैं ही। अब महान लोगों को भी जीना तो संसार में ही है। और ऊंच-नीच संसार का नियम है ही। सो अब मैं सीधे आपको जीवन की प्रमुख समस्याएं "शक्तिशाली मनों तथा प्रकृति की ट्यूनिंग" से कैसे हल करना, उसकी चंद प्रैक्टिकल एप्लीकेशन्स बताता हूँ। जीवन के प्रमुख निर्णय कैसे लेना, उस हेतु कुछ प्रैक्टिकल एप्लीकेशन्स देता हूँ। समझ आप इतना लो कि आपके शक्तिशाली मन तथा प्रकृति, आपके ज्ञान और अहंकार से हजारों-हजारों गुना शक्तिशाली व जागृत हैं। अत: उनके सहयोग के बगैर तो न महानता को उपलब्ध हो पाओगे और ना ही जीवन में समस्याओं का अंत ला पाओगे। सो अब सीधे चंद प्रैक्टिकल एप्लीकेशन्स पर आते हैं।

सत्य-असत्य पलभर में पहचानें

मनुष्य बहुत कुछ जानना और समझना चाहता है। ताकि वह हर बाबत सही निर्णय ले सके। अब रोजमर्रा के सामान्य निर्णयों तक तो यह ठीक है। वहां जानना और समझना काम आ जाता है। जैसे, क्या कपड़े पहनना या क्या खाना खाने जाना। क्या खरीदना व कहां घूमने जाना जैसे निर्णय करने हेतु जानने और समझने से काम चल जाता है। परंतु उससे ऊपर के तमाम महत्त्वपूर्ण निर्णय करने हेतु आपका जानना और समझना दम तोड़ देता है। आपके ज्ञान और आपकी एनालिसिस छोटे-मोटे निर्णय तो ले सकती है पर सच-झूठ नहीं पहचान सकती है। उस हेतु तो आपको अपने स्पॉन्टेनियस माइंड की ही शरण जाना होगा। वह हर सच-झूठ पहचानने की मशीन है। और मैं आपको उसके उपयोग का तरीका बताता हूं। मानो आपको सीने में दर्द हो रहा है। स्वाभाविक तौरपर आप दौड़कर डॉक्टर के पास जाएंगे। अब यह सीने में दर्द आपको गैस के कारण भी हो सकता है तथा हार्ट की समस्या के कारण भी। अब डॉक्टर सीधा है तो ठीक-ठीक एनालिसिस करके बता ही देगा। लेकिन सभी डॉक्टर सीधे हों, यह जरूरी नहीं है। ऐसे अनेकों उदाहरण हैं ही कि जहां मामूली गैस की समस्या होने के बावजूद डॉक्टर ने हार्ट-सर्जरी करके उसका बिल थमा दिया है। अब डॉक्टर सच बोल रहा है या झूठ, यह निर्णय कैसे लें? तो बस उस हेतु आप डॉक्टर को अपनी समस्या बता दो व हट जाओ। फिर डॉक्टर जो कुछ भी कहता है उसे सीधे मन के भीतर गहरे में स्पॉन्टेनियस माइंड तक जाने दें। वह क्या कह रहा है उसपर सोच-विचार करें ही मत। अपने ज्ञान और अपनी एनालिसिस को बीच में लाएं ही मत। साथ ही अपने भय को भी बीच में मत आने दें। आप एक पल को भी यह सोचें ही मत कि यह आपकी समस्या है। आप तो डॉक्टर जो कुछ भी कहता है उसे वैसा-का-वैसा भीतर जाने दें। यदि वह शुद्ध रूप से भीतर गया तो पलभर में आपका स्पॉन्टेनियस माइंड बता देगा कि डॉक्टर कितना सच बोल रहा है तथा कितना झूठ? वह आपकी समस्या को समझ भी रहा है या नहीं? और यह उत्तर हमेशा सटीक रहता है। साथ ही डॉक्टर के कहने के अंदाज-मात्र से आपको हाथोहाथ आपकी वास्तविक समस्या भी समझ में आ जाएगी। यही स्पॉन्टेनियस माइंड का वो कमाल है जिसका उपयोग करने की कला आपको आनी ही चाहिए।

कुल-मिलाकर सच-झूठ पहचानने की मशीन आपके भीतर है और विधि मैंने बता दी। कोई कुछ भी बोल रहा हो, यदि आप अपने को पार्टी बनाये बगैर उसे सीधे भीतर जाने दोगे तो भीतर से सच-झूठ का सटीक उत्तर आ ही जाएगा। आप अपने ज्ञान को तथा अपनी एनालिसिस को बीच में लाये बगैर बात को भीतर जाने दोगे, तो पलभर में सबकुछ जान ही लोगे। लेकिन जिसने स्टेप-1 तथा स्टेप-2 पास नहीं किया होगा, वह अपने को बीच में से हटा ही नहीं पाएगा। वह यह समझ ही नहीं पाएगा कि उसकी बुद्धि तथा उसके ज्ञान की सीमा है तथा प्रकृति असीम है। प्रकृति तो किसके भीतर क्या चल रहा है, यहां तक का सबकुछ जानने वाली है। और यही प्रकृति आपके स्पॉन्टेनियस माइंड से कनेक्टेड है। सो उसकी शरणागति स्वीकार लो तथा अपने को बीच में से हटा लो। और अपने को बीच में से हटाने हेतु एक दृढ़ रिसोल्यूशन पास करो। अपनी भाषा में लिखो कि मैंने बहुत बुद्धि चला ली तथा बहुत ज्ञान झाड़ लिया। लेकिन फिर भी मेरे अधिकांश निर्णय गलत ही पड़े हैं। अब मुझे बीच में आना ही नहीं है। अपने बेकार के ज्ञान को बीच में आने ही नहीं देना है। अब मुझे अपनी चिंता ही नहीं करनी है। अब तो मेरे सारे निर्णयों की कमान मुझे अपने स्पॉन्टेनियस माइंड को सौंपनी है। मुझे तो कोई कुछ भी कह रहा है, बात सीधे अपने स्पॉन्टेनियस माइंड तक पहुंचानी है। बस ऐसा ही एक दृढ़ रिसोल्यूशन अपनी भाषा में पास कर लो। और जब भी कोई महत्त्वपूर्ण निर्णय लेने का समय आए, एक जाप मंत्र की तरह इसका मनन करो। इसे रोजमर्रा के छोटे-मोटे निर्णयों हेतु भी अपनाना शुरू करो। अपनी चिंता उसपे छोड़ दो जिसने पैदा किया है। विश्वास जानें कि आप जीवन के सारे गढ़ जीत जाएंगे।

स्वयं का रिसोल्यूशन

....

....

....

....

....

जीवन के महत्त्वपूर्ण निर्णय प्रकृति पर छोड़ो

हर मनुष्य के जीवन में आठ-दस बड़े निर्णय लेने का समय आता ही है। यदि उसके वे सारे निर्णय सही पड़ जाएं तो कहना ही क्या? उसका जीवन एक यादगार जीवन बन जाए। और इन महत्त्वपूर्ण निर्णयों में कौन-सा केरिअर चुनना से लेकर किससे शादी करना तक के सारे मामले आ जाते हैं। कार्य चाहे किसी भी क्षेत्र का हो, उसमें भी फैक्टरी डालने या न डालने से लेकर किसे पार्टनर बनाना व किसे नहीं, जैसे अनेक निर्णय लेने ही होते हैं। अब यह तो तय है कि ऐसे हर निर्णय लेते वक्त मनुष्य सिर्फ अपने हित की सोचता है। उस हेतु ही सारे गणित बिठाता है। परंतु अधिकांश मनुष्यों के जीवन के अधिकांश निर्णय फिर भी गलत सिद्ध होते हैं। और इसीलिए उसका जीवन मन-मुताबिक हसीन नहीं हो पाता है। ऐसे में किया क्या जाए? सही निर्णय पर कैसे पहुंचा जाए? इसका मार्ग एक ही है, प्रकृति की शरणागति। जबतक आप अपने सोच-विचार तथा गणित बीच में लाते रहोगे, आपके निर्णय गलत होते रहेंगे। अब शादी करने का ही निर्णय ले लो। आदमी कितना कुछ सोचता है। सामने वाले की स्टैंडिंग, शिक्षा, स्वभाव, खानदान, धर्म, समाज तक की हर बात पर सोचता है। यह कम पड़ता है तो अनेकों की राय भी लेता है। चांद-तारों में उलझकर कुंडली भी मिला लेता है। शादी भी धार्मिक विधि से करता है। बावजूद इसके अधिकांश विवाह अंत में सरदर्द ही साबित हो रहे हैं। क्योंकि निर्णय में सोच-विचार तथा ज्ञान का भंडार है, परंतु प्रकृति की राय नहीं जानी गई है। और कायदे से सोच-विचार की आवश्यकता ही नहीं, एक प्रकृति की सहमति ही काफी है। उसकी सहमति से विवाह किया तो मियां-बीवी दोनों सुखी भी रहोगे तथा एक-दूसरे को आगे बढ़ाने में सहायक भी सिद्ध होओगे।

अब सवाल यह कि प्रकृति की राय कैसे जानना? उपाय एक ही है कि अपने को तथा अपने ज्ञान को बीच में से हटा लो। आप लड़की देखो पर कुछ भी सोचो मत। उसके शिक्षा, धर्म, जात-पात या खानदान बाबत विचार करो ही मत। आपको विवाह लड़की से करना है, उसकी जातपात या उसके खानदान से नहीं। सो बस, आप तो शांत भाव से लड़की को देखो, और बात वहीं समाप्त कर दो। फिर उस बाबत सोचो भी मत। किसी से राय भी मत लो, क्योंकि विवाह आपको करना

है, दूसरों को नहीं। हालांकि हो सकता है कि इसका उत्तर हाथोहाथ न भी आए। क्योंकि यह कोई रोज-रोज लिये जाने वाले निर्णयों में से नहीं है। यह जीवन के चन्द महत्त्वपूर्ण निर्णयों में से एक है। सो प्राय: ऐसे निर्णय समय पर छोड़ना बेहतर है। समय पे छोड़े निर्णयों में प्राय: प्रकृति से सही दिशा चुनने के निर्णय आ ही जाते हैं। क्योंकि ये प्रकृति तक जाएंगे तथा वहां से उत्तर आएंगे। अत: इस हेतु कुछ वक्त दो। उस दरम्यान इस बाबत कुछ भी सोचे बगैर अपने नियमित कार्यों में लगे रहो। कुछ दिनों बाद इसका हां या ना में सटीक उत्तर आ जाएगा। बस उसे फॉलो करो, कोई अड़चन नहीं। जिसने भी वहां से उत्तर आने पे शादी की, वही स्वर्ग में बनायी जोड़ी सिद्ध होती है। और जिन्होंने भी ऐसे निर्णय लिये हैं वे एक हसीन व शानदार जीवन बिताकर इस बात की गवाही दे ही रहे हैं। वहीं दूसरी ओर क्लेषपूर्ण वैवाहिक जीवन भी सोच-विचार से लिये गए निर्णयों के सबूत के तौरपर खड़े ही हैं।

खैर, यह बात ध्यान रख लेना कि शक्तिशाली मनों तथा प्रकृति का यह सारा साथ उसे ही मिलेगा, जो अपने अहंकार को मिटा चुका है। और अहंकार क्या है? यही कि मैं समझदार व बुद्धिमान हूँ। मैं इतना ज्ञानी हूँ ही कि अपने निर्णय स्वयं ले सकता हूँ। जिसको भी ऐसा गुमान होगा, उसे प्रकृति का साथ नहीं मिलेगा। लेकिन अपना यह गुमान छोड़ना आसान नहीं। अपनी चिंता किये बगैर जीना, हरेक के बस की बात नहीं। इसीलिए तो महान बनना हरेक के भाग्य में नहीं। अत: अपने अस्तित्व को मिटा दो। मैं कुछ नहीं जानता, प्रकृति ही इकलौती ज्ञानी है... यह समझ पैदा करो। तभी यह सारे उपाय कार्य करेंगे। और जो भी महान हैं, वे तो यह सारी ट्रिक जानते ही हैं। आप भी अपने को मिटाकर प्रकृति के सहारे अपने को महान बना ही सकते हो। और जब बना सकते हो तो बना ही लो। मैं तो स्पीरिच्युअल साइन्स का अंतिम हथियार आपके हाथ में दे रहा हूँ। इसका भरपूर फायदा उठा लो। और उपरोक्त सारी बातें पढ़कर इस हेतु अपनी भाषा में एक दृढ़ रिसोल्यूशन पास कर लो। और फिर जब भी जीवन में महत्त्वपूर्ण निर्णय लेने का वक्त आए, अपने ही लिखे इस जाप मंत्र पे मनन कर अपने को सटीक निर्णय हेतु तैयार कर लो। समझ इतना लो कि भीतर से इस हां या ना के जवाब आने को ही 'इन्ट्यूशन' कहते हैं। और यह इन्ट्यूशन प्रकृति की भाषा है। आपके सारे कैल्क्यूलेशन गलत हो सकते हैं पर प्रकृति

के भरोसे जीने वाले मनुष्य के इन्ट्यूशन कभी गलत नहीं होते हैं। बस तो इस महान उपलब्धि हेतु तैयार हो जाओ।

स्वयं का जाप मंत्र

....

....

....

....

....

....

....

मन सौ प्रतिशत राजी हो, तभी कुछ करें

अब एक जीवन व हजार काम। मनुष्य ने अपनी ही सोच से अपने को व्यस्त कर रखा है। अब अधिकांशों का हाल यह है कि एक ही दिन में दस महत्त्वपूर्ण कार्य करने जान पड़ रहे हैं। अब मनुष्य एकदिन में आठ घंटे, दस घंटे और बहुत हुआ तो बारह घंटे काम कर सकता है। और उसके साथ ही दिन तो पूरा हो ही जाना है। यानी समय की अपनी सीमा है तथा काम की सूची बड़ी है। आज के जमाने में तो एक विद्यार्थी तक को दसियों काम होते हैं। पढ़ना भी है, स्कूल भी जाना है, ट्यूशन भी करना है, होमवर्क भी करना है, खेलना भी है, कार्टून भी देखना है, दोस्तों के साथ भी जाना है, माता-पिता की भी ख्वाहिशें पूरी करनी है...। यानी दिन एक व काम हजार, यह तो आजकल के स्टूडन्ट्स तक का हाल हो चुका है। ऐसे में काम-काज कर रहे मनुष्य का तो कहना ही क्या? वह तो ऐसे बरतता है मानो उसका एक-एक सेकंड मूल्यवान हो! और इतनी व्यस्तता के बाद भी रात को तो वह यही गम ले के सोता है कि यह करना भी रह गया और वह करना भी रह गया। और उसपर मजा यह कि बचपन से लेकर मृत्यु तक व्यस्त रहने के बाद भी जीवन कुछ कमाल नहीं दिखा पाता है। जीवन तो दुख-दर्द, कष्ट व संघर्ष में ही गुजरता है।

अब ऐसे में सवाल एक ही कि ऐसा क्यों? और उत्तर एक ही कि यह सबकुछ आपके ही सोच-विचार का परिणाम है। आपके ही बेकार के ज्ञानों और बेमतलब के आकर्षणों के कारण आपका यह हाल हुआ है। उसके कारण महत्त्वपूर्ण जान पड़ने वाले कार्यों की सूची लंबी होती गई, और अंत में निकले सब बेकार के। परिणाम में जीवन काम करते-करते बीत गया पर हाथ कुछ न लगा। अब इस दुष्परिणाम से बचना चाहते हो तो उसका एक ही उपाय है, और वह है प्रकृति की शरणागति। प्रकृति की शरणागति का अर्थ क्या है? यही कि कौन-से कार्य करना तथा कितने कार्य करना, यह प्रकृति के तालमेल से ही तय होना चाहिए। मैं कह ही चुका हूँ कि प्रकृति आपके शक्तिशाली मनों से कनेक्टेड है। बस तो उन दोनों के कनेक्शन से ही क्या करना तथा क्या नहीं के निर्णय होने दो। आपकी समझ तथा आपकी आवश्यकताएं बाजू में रखो। कार्य वही करो जिस हेतु मन सौ प्रतिशत राजी हो। कार्य उतने ही करो तथा तभी करो, जब मन उसमें सौ प्रतिशत डूब सकता हो। यानी आपके किसी कार्य को अर्जंट व आवश्यक मानने का कोई महत्त्व नहीं है। यदि आपका मन भी उसे अर्जंट व आवश्यक मान ले, तो ही कार्य करना सार्थक है। यदि कार्य करने हेतु मन ही तैयार नहीं है, फिर भी आप करे जा रहे हैं... तो यह आप प्रकृति की मरजी के खिलाफ जा रहे हैं। और अधिकांश लोग अपने अधिकतम कार्य प्रकृति की मरजी के खिलाफ जाकर ही कर रहे हैं। कार्य सिर्फ इसलिए कर रहे हैं कि उन्हें आवश्यक जान पड़ रहे हैं। कार्य इसलिए कर रहे हैं कि उन्हें वे कार्य लाभकारी मालूम पड़ रहे हैं। लेकिन यह सब आपकी सोच है, प्रकृति की नहीं। इसीलिए बेमन से किये जाने वाले कार्यों के कोई परिणाम नहीं आते हैं। यही कारण है कि कार्य तो सब बहुत कर रहे हैं पर परिणाम बिल्कुल नहीं आ रहे हैं।

खैर, फिर कार्य कैसे करें कि परिणाम आएं? बस तो वह बताने हेतु ही तो यह सारी प्रस्तावनाएं गढ़ रहा हूँ। ऐसा समझें कि यहां जीवन बनाना हरकोई चाहता है और उस हेतु कार्य करने पड़ेंगे, यह भी हरकोई जानता है। यहां तक कोई उलझन नहीं है। लेकिन कार्य कब करना व कौन-से करना, यहां आकर सब भ्रमित हो जाते हैं। अधिकांश लोग बाहरी आकर्षणों व दबावों में उलझकर जीवन बनाने हेतु अनगिनत कार्यों की सूची बना लेते हैं। फिर खुद ही कन्फ्यूज्ड हो जाते हैं कि कौन-सा पहले

करें व कौन-सा बाद में? किसे महत्त्व दें तथा किसे नहीं? उसपर मजा यह कि मन किसी कार्य में लगता नहीं है। यही करीब-करीब सबका हाल है। तो इससे बचने का एक ही उपाय है। अपने शक्तिशाली मनों की सम्पूर्ण शरणागति स्वीकार लो। वह प्रकृति से कनेक्टेड है तथा आपका हित प्रकृति आपसे बेहतर जानती है। अत: कार्य उतने ही करो जितनों में प्रकृति राजी है तथा तभी करो जब वह करने को कहती है। आप कहेंगे कि यह हमें कैसे पता चलेगा? तो बड़ा आसान है। अपने विचारों, अपनी जरूरतों, अपने आकर्षणों तथा अपने दबावों की तिलांजलि दे दो। वे सब उल्टा भटका रहे हैं, यह समझ ही लो। बस इतना करते ही आप हाथोहाथ व्यस्तता से फुर्सत में आ जाएंगे। क्योंकि अब कुछ भी अर्जंट नहीं तथा कुछ भी आवश्यक नहीं। अगर कार्य निपटाने की लंबी-चौड़ी सूची पड़ी हुई है, तो उसे पड़े रहने दो। प्रकृति की शरणागति स्वीकारी है तो वहां से इशारे के आने का इन्तजार करो। ध्यान इतना रख लो कि श्रद्धा और सबूरी, प्रकृति की हर मेहरबानी पाने की परम शर्त है। और इसे पूरा करने में ही सब अपने को असमर्थ पाते हैं। बिना अपनी चिंता किये आराम से बैठना तथा अपनी चिंता प्रकृति पर छोड़ देना, हरेक के बस की बात नहीं है। और इसीलिए महान बन पाना भी हरेक के बस की बात नहीं है।

अब सवाल यह कि चलो हमने अपनी सारी अर्जेन्सी त्याग दी व आराम से बैठ गए। बैठ गए तो आपका काम हो ही गया समझो। बस फिर कुछ इन्तजार के बाद कोई एक कार्य निपटाने हेतु आपका सौ प्रतिशत मन लग जाएगा। और ऐसे में वह कार्य आपसे ऑटोमैटिक निपट जाएगा। कार्य निपटते ही फिर विश्राम का समय आएगा। यह विश्राम का समय घंटों से लेकर दिनों का व बड़े कार्यों हेतु यह समय महीनों तक का हो सकता है। यानी छोटे कार्यों हेतु घंटों व दिनों का व बड़े कार्यों हेतु यह समय महीनों का हो सकता है। तो होने दो, आप अपनी तमाम चिंताएं प्रकृति की परमसत्ता को सौंप ही दो। हर विश्राम के बाद कोई एक नया कार्य करने हेतु मन से फिर सौ प्रतिशत का धक्का आएगा। बस तब वह कार्य निपटा लो। लेकिन हां, निपटाये जा रहे कार्यों की लाभ-हानि पर विचार मत करो। कर्म भी प्रकृति के निर्देश पर करो तथा उसके फल भी उसी पर छोड़ो। आप तो बस विश्राम के क्षणों तथा सौ प्रतिशत मन से किये जाने वाले कार्यों के बीच झूलते रहो। जीवन में लाये इस एक

परिवर्तन से बिना कष्ट पाये तथा बिना मन मारे आप कहां-से-कहां पहुंच जाओगे, इसकी आप कल्पना तक नहीं कर सकते हैं। सभी महान लोग यही राह पकड़ के महान हुए हैं। अत: एकबार फिर कहता हूँ कि जीवन अहंकार से नहीं, शरणागति से बनेगा। और यही प्रकृति का परमसिद्धांत है।

खैर, अब प्रकृति की इस रचना का पूरा गणित भी समझ लो। मनुष्य इसलिए नाकाम नहीं है कि वह कामचोर है। बल्कि मनुष्य इसलिए नाकाम है कि वह हजार बेकार के काम करता है। और ये बेकार काम कभी उसके आकर्षण व दबाव करवा जाते हैं तो कभी उसके विचार व उसकी जरूरतें। लेकिन मनुष्य के जीवन का पूरा खेल चन्द महत्त्वपूर्ण कार्यों का ही है। और वे कार्य हर मनुष्य के लिए प्रकृति से ही तय होते हैं। तथा जो कार्य प्रकृति तय करती है, उस हेतु आपका सौ प्रतिशत मन भी बन जाता है। और उतने ही कार्य वास्तव में आपके हित के होते हैं। अत: बने वहां तक बेमन से कार्य करना बंद कर दो, आपकी आधी समस्याएं वैसे ही निपट जाएगी। और दो कार्यों के बीच उपलब्ध विश्राम के समय को शानदार तरीके से बिताना शुरू कर दो, आपकी बची हुई समस्या भी समाप्त हो जाएगी। समझते क्यों नहीं कि आप मनुष्य हैं, मशीन नहीं... जो एक के बाद एक कार्य करते ही रहे। आपके जीवन में कार्य निपटाने का जितना महत्त्व है, उतना ही महत्त्व विश्राम का भी है। यह तो इस बात को न समझ पाने के कारण ही आप व्यस्तता में फंस गए हैं। मनुष्य छोड़ मशीन हो गए हैं। और वह भी इस कदर कि बड़े-बड़े उद्योगपतियों से आप ज्यादा व्यस्त हैं। आपके पास जितने अर्जंट काम हैं, उतने तो बिल गेट्स या मार्क जकरबर्ग के पास भी नहीं हैं। कुल-मिलाकर कार्य तभी करना है जब सौ प्रतिशत उसे करने का मन बन जाए। यह सौ प्रतिशत मन बनना प्रकृति का इशारा है। और हर कार्य निपटते ही बीच में विश्राम का क्षण आता ही है। यह विश्राम का क्षण भी बड़ा महत्त्वपूर्ण होता है। इस दरम्यान आपको अपने को नयी ऊर्जा से भर लेना चाहिए। यह विश्राम का समय आपको अपने लिए अपने हिसाब से बिताना चाहिए। उसके बाद नया काम करने हेतु फिर आप सौ प्रतिशत मन से तैयार हो जाएंगे। और इस सिलसिले के चलते आप कब और कहां पहुंच जाएंगे, आपको खुद को पता नहीं चलेगा।

चलो, इसी बात को विद्यार्थियों के उदाहरण से समझाने की कोशिश करता हूँ। आजकल स्कूल, ट्यूशन व होमवर्क मिलाकर बच्चों को दस घंटे के करीब पढ़ाई में व्यस्त रखा जाता है। और सालभर की इतनी व्यस्तता किस लिए? महज हजार-दो हजार पेज समझने के लिए। अब युवा मन की अपनी हजार उमंगें होती हैं। परंतु पढ़ाई के दबाव के आगे सब दब जाती हैं। इस कारण पढ़ाई में उसका सौ प्रतिशत मन नहीं लगता है। परिणाम में मेहनत खूब व मार्क्स कम। अब कुल-मिलाकर कार्य क्या है? यही न कि सालभर में हजार-दो हजार पेज समझकर उसे परीक्षा में बेहतर तरीके से लिखना है। बस तो इतना ही कार्य है ना, तो हो जाएगा। उसे प्रकृति पर छोड़ दो। मन से सौ प्रतिशत नहीं आ रहा है तो मत पढ़ो। उसे विश्राम का समय मानो तथा अपने युवा मन की उमंगें पूरी करो। चिंता करो ही मत। अपनी पढ़ाई की चिंता प्रकृति पर छोड़ दो। हर विश्राम के बाद वह सौ प्रतिशत मन बना ही देती है। तो जब वह सौ प्रतिशत मन बना दे, तब पढ़ो। आप आश्चर्यचकित हो जाएंगे। महीनेभर की मेहनत के बाद जो दूसरे छात्र नहीं कर पाये हैं, वह आप हफ्तेभर में कर दिखाएंगे। और साथ ही बचे हुए समय में शायद दस दूसरी चीजें और सीख लेंगे। आप सुने ही होंगे कि विवेकानंद हजार पेज एक घंटे में पढ़ लेते थे और फिर उसे वैसा-का-वैसा बता भी देते थे। वह इसलिए कि वे जब भी... जो कुछ भी करते थे, प्रकृति की मरजी से करते थे। अपने सौ प्रतिशत मन से करते थे। चलो, यह बताओ कि जीवन किस चीज से बनता है? निश्चित ही अच्छे परफॉरमेन्स से। और वह कब संभव है? जब कार्य में पूरा मन लगा हुआ हो। और मन आप अपनी मरजी से नहीं लगा सकते हैं। आपके यह सोचने से कि यह कार्य लाभकारी है या आवश्यक है, कार्य में मन नहीं लग जाता है। कार्य में मन लगना तो प्रकृति की मरजी से ही होगा। और अंत में वे ही कार्य परिणामकारी सिद्ध होंगे। सो कुल-मिलाकर कान कहीं से भी पकड़ें, अपनी चिंता प्रकृति पर छोड़े बगैर आपका उद्धार होने वाला नहीं है।

अब मैं तो अपनी ओर से आपको गहरे-से-गहरा स्पीरिच्युअल साइन्स समझा रहा हूँ। लेकिन उसे आप समझ तभी पाएंगे जब इसके चन्द अनुभव करेंगे। बिना अनुभव के यह सारी बातें नहीं ही समझी जा सकती है। जिसने कभी मीठा न खाया हो, उसे मिठास के बाबत कितना ही क्यों न समझा दिया जाए, क्या वह

मिठास का अनुभव कर सकता है? उस अनुभव हेतु उसका एकबार मीठा खाया होना जरूरी है। तो यह तो मीठा खाने से लाखों गुना ऊपर का अनुभव है। अत: यह बिना किये समझ में आने वाला नहीं है। लेकिन जो महान हैं, जो क्रिएटिव हैं... वे इस बात को तुरंत पकड़ लेंगे। क्योंकि उन्हें इसके अनुभव हैं। कुल-मिलाकर आप सौ प्रतिशत मन से कार्य करने और फिर दिल खोल के विश्राम करने को पकड़ लो। एकबार अपने को इसमें सेट कर लोगे तो यह पूरी सिस्टम स्वत: सेट हो जाएगी। फिर प्रकृति आप से सारे महत्त्वपूर्ण कार्य करवा लेगी। क्योंकि अब आप प्रकृति के 'निमित्त' जो हो गए हैं। अब हम सुनते हैं कि एडीसन ने एक हजार से ऊपर के पेटेंट रजिस्टर्ड करवाये हैं। तो क्या उन्होंने एक खत्म करते ही दूसरा प्रयोग करना प्रारंभ कर दिया था? बिल्कुल नहीं...। दो प्रयोगों के बीच में विश्राम का समय आता ही था। और ऐसा करते-करते ही उन्होंने अपने नाम हजार से ऊपर पेटेंट रजिस्टर्ड करवा लिये थे। और आज की शिक्षा पद्धति को फॉलो करें तो उन हजार पेटेंट समझने हेतु भी जीवन छोटा पड़ जाए। यानी किये जा चुके आविष्कार समझना भी मुश्किल, करने की तो बात ही छोड़ो।

सो उम्मीद है कि आपको बात पूरी तरह समझ में आ गई होगी। बस तो इसपर अमल करने हेतु अपनी ही भाषा में एक दृढ़ रिसोल्यूशन पास कर लो। लिखो कि प्रकृति की मरजी के बगैर कुछ भी करो, परिणाम आने वाला नहीं है। अत: मैं अपना जीवन बनाने की चिंता प्रकृति को सौंपता हूँ। वह जिस कार्य हेतु सौ प्रतिशत मन बनाएगी वही कार्य करूंगा। नहीं भेजेगी तो इन्तजार करूंगा, लेकिन कार्य तो प्रकृति के निर्देश पर ही करूंगा। इसके आगे-पीछे की कोई चिंता मैं नहीं करूंगा। बस वगैरह-वगैरह बातों को अपनी भाषा में लिख के अपना जाप मंत्र बना लो। और यह अति महत्त्वपूर्ण मंत्र है। अत: बेहतर है रोज सुबह इसका मनन करो और इसका मनन तबतक करो जबतक कि इस पर अमल करना शुरू न हो जाओ।

स्वयं का जाप मंत्र

....

....

....

....

....

....

....

हालांकि मैं जानता हूँ कि अपनी चिंता छोड़ना इतना आसान नहीं रहने वाला है। आकर्षणों व दबावों से छूटना हरेक के बस की बात नहीं है। और फिर गलत राह पे चल के जीवन उलझा भी तो चुके हो। इसलिए अब मन लगे या न लगे, पचासों कार्य जरूरी जान पड़ ही रहे हैं। अब जीवन में आपने गलत राह पकड़ ली है, उसका दोष आप मुझे या प्रकृति को तो दे नहीं सकते हैं। दोषी आप स्वयं हैं और इसलिए शुरुआत में आपको इसपर अमल करने में डर लगेगा ही। यह नहीं करेंगे तो मर जाएंगे तथा वह नहीं करेंगे तो मर जाएंगे, जैसी पचास उलझनें खड़ी होंगी ही। तो ठीक है, प्रारंभ में छोटे-मोटे कार्य बेमन से निपटाते रहो, परंतु महत्त्वपूर्ण कार्य हेतु तो प्रकृति के निर्देशों का इन्तजार करना ही श्रेष्ठ है। समझो इतना कि यह तो गलत राह पे चल के जीवन को बांध चुके हो, इसलिए ये सारी अड़चनें हैं। पहले से सही राह पकड़ ली होती तो आज कहां-से-कहां पहुंच चुके होते। खैर, देर आये पर दुरुस्त आये। सो जितना हो सके उतना भिड़ जाओ।

डायलेमा में हो तब कोई निर्णय न करें

अब जीवन में अक्सर ऐसे मौके भी आते हैं जब आप सिक्के के दोनों पहलुओं से बराबरी पर कन्वीन्स होते हैं। शादी करने हेतु लड़की पसंद भी आती है तथा फिर भी उस हेतु पूरी तरह से कन्वीन्स भी नहीं हो पाते हो। व्यवसाय आकर्षक भी लगता है तथा उसे लेकर दिल में एक डर भी बना रहता है। ऐसे अनेक मौके, अनेकों बार जीवन में आते ही हैं। ऐसे में क्या करें? वही, एकबार फिर प्रकृति की शरण चले जाओ। अपने गणित बिठाकर तथा अपने स्वार्थ का कैल्क्यूलेशन कर निर्णय पर पहुंचने की कोशिश मत करो। और ना ही दोनों में से एक चुनने की जल्दबाजी करो। सच कहूं तो हर प्रकार की जल्दबाजी ने ही मनुष्य को मरवाया

है। इसलिए जबरदस्ती निर्णय करने की कोशिश कभी न करें। यह तय जान लें कि डायलेमा में कोई भी निर्णय लोगे तो वह कष्ट देने वाला ही साबित होगा। कुछ दिन बाद ऐसा लगेगा ही कि काश दूसरा विकल्प चुन लिया होता। अत: यह समझ ही लो कि प्रकृति तीनों काल की ज्ञाता है। वह आपका हित आपसे बेहतर जानती है। बस निर्णय उसपर छोड़ दें। कैसे...? बस अपने दोनों ऑप्शन मन में डाल के भूल जाएं और अन्य किसी कार्य में व्यस्त हो जाएं। एकदिन अचानक भीतर से किसी एक को चुनने का फर्म निर्णय आ जाएगा। उसका दूसरा ऑप्शन डिलीट हो जाएगा। शादी करने या न करने में से एक ही ऑप्शन पेन्डिंग रह जाएगा। बस उसे फॉलो कर लें। आपका यह निर्णय सौ प्रतिशत मन से होगा। और मैं कह ही चुका हूँ कि जो कुछ भी पूरे मन से होता है, उसमें प्रकृति की मरजी शामिल ही होती है। अब आप इस विषय को इतना समझ चुके हैं कि मुझे बहुत ज्यादा विस्तार में जाने की जरूरत नहीं है। सो बस, डायलेमा में सही निर्णय करने हेतु एक दृढ़ रिसोल्यूशन अपनी भाषा में पास कर लें। फिर हर डायलेमा के वक्त उसे ही जाप मंत्र बनाकर उसका मनन करें। इससे निर्णय प्रकृति को सौंपने में सहायता मिलेगी। रिसोल्यूशन में लिखें कि मैं अपने दोनों ऑप्शन मन में डाल के उसे प्रकृति के निर्णय पर छोड़ दूंगा। फिर उस बाबत तमाम विचार त्यागकर अपने अन्य रूटीन के कार्यों में व्यस्त हो जाऊंगा। वहां से हां या ना के स्पष्ट निर्देश आने का इन्तजार करूंगा। वगैरह वगैरह बातें अपने रिसोल्यूशन में शामिल कर लें।

स्वयं का जाप मंत्र

....

....

....

....

....

....

....

एकबार में एक टास्क चुनो

सबके जीवन में अनेक बार ऐसे समय आते ही हैं जब एक ही वक्त में तीन-चार अर्जंट कार्य आन टपकते हैं। उसी दिन महत्त्वपूर्ण मीटिंग भी होती है, उसी समय पिताजी की तबीयत भी बिगड़ जाती है तथा उसी दिन घर पे मेहमान भी आने वाले होते हैं, वगैरह-वगैरह। बस फिर उलझन आ खड़ी होती है कि क्या करें व क्या न करें? मन कभी एक से राजी होता है तो कभी दूसरे से। कई बार तो मन करता है कि सभी कुछ सम्भाल लें। यानी बड़े ही कन्फ्यूज्ड स्टेट में हरकोई फंस जाता है। ऐसे में सीधे-सीधे एक कार्य सिलेक्ट कर लो। और वह भी अपनी बुद्धि के कैल्क्यूलेशन से नहीं। अपने प्लस और माइनस के विचारों से नहीं...। कार्य वह सिलेक्ट करो जिस ओर आपके मन का झुकाव हो। जिससे आपका मन सर्वाधिक राजी हो। बस फिर उस एक कार्य को निपटाने में लग जाओ तथा उस दरम्यान बचे हुए कार्य प्रकृति की न्याय-व्यवस्था पर छोड़ दो। आप यह मानो ही मत कि आपके जीवन का पूरा बोझ आप पर आ पड़ा है। एक साथ कई महत्त्वपूर्ण कार्य आ पड़े हैं तो एक को सिलेक्ट कर बाकी के कार्य प्रकृति पे छोड़ दो। प्रकृति आपके बचे हुए कार्यों में पूर्ण सहयोग करेगी, परंतु एक शर्त पर! फिर बचे हुए कार्य आपके जहन से निकल जाने चाहिए। आपको अपने सिलेक्ट किये कार्य में पूरी तरह से डूबा होना चाहिए। बचे हुए कार्यों की आपको न चिंता होनी चाहिए और ना ही उनके खयाल आना चाहिए। बस फिर आपके बचे हुए कार्य प्रकृति सम्भाल ही लेगी। जो यह जगत सम्भाले हुए है, उसके लिए आप लोगों को सम्भालना क्या बड़ी बात है? बस आपको कार्य उसके भरोसे छोड़ना सीखना पड़ेगा। यह नहीं होने वाला कि बचे हुए कार्यों की आप भी चिंता करें व प्रकृति भी। प्रकृति तो आपके बचे हुए कार्यों की चिंता तभी करेगी जब आप पूरी तरह से उन्हें उसके भरोसे छोड़ चुके होंगे। समझते क्यों नहीं है कि आपके जीवन के सारे कार्य आपको ही निपटाने होते हैं, ऐसा नहीं है। सच तो यह है कि आपके जीवन के अधिकांश महत्त्वपूर्ण कार्य प्रकृति को ही सलटाने होते हैं। और उन्हें वह सलटाए उसी में आपकी भलाई है। सो कार्यों को प्रकृति पे छोड़ना सीख ही जाओ। हां, पहला कार्य सलट जाए तथा फिर समय व ऊर्जा बचे हों तो दूसरे कार्य को भी अपने हाथों में ले लो। परंतु एकबार में एक ही कार्य अपने हाथ में लो, और उस

दरम्यान बचे हुए कार्य प्रकृति पर छोड़ दो। यह एक ऐसा जादू है कि जिसके कमाल से जीवन के सारे युद्ध आसान हो जाएंगे।

सो, उम्मीद है कि संक्षेप में समझायी गई यह बात पूरी तरह से आपकी समझ में आ गई होगी। बस तो अब इन्तजार किस बात का? चलो, उस हेतु अपनी भाषा में एक दृढ़ रिसोल्यूशन पास कर लो। और फिर जब भी एक साथ अनेक कार्य सर पे आ पड़े, तब इसे जाप मंत्र समझकर इसका लगातार मनन करो। और तब तक मनन करो जब तक कि एक कार्य अपने हाथ में लेकर बाकी के कार्य प्रकृति पे छोड़ न दो। बस फिर प्रकृति का कमाल देखो!

स्वयं का जाप मंत्र

....

....

....

....

....

....

....

समस्याओं से हाथोहाथ निजात पाएं

हरकोई यहां अपने को हजार समस्याओं से घिरा पाता है। सवाल यह कि क्या वाकई हरेक के जीवन में इतनी समस्याएं हैं? सच कहूं तो मनुष्य की अधिकांश समस्याएं काल्पनिक तथा अव्यावहारिक हैं। उन्हें वह स्वयं ही सोच-सोचकर अपने लिए पैदा करता है। और अच्छे से जीना है तो इस आदत पर फुलस्टॉप लगाना ही होगा। क्योंकि जो समस्याओं से घिरा हुआ हो, उसे जीने का मजा आ ही कैसे सकता है? और फिर प्रकृति के होते-सोते जीवन में इतनी समस्याएं? हो ही नहीं सकती...! जरूर कोई चूक आपसे हो रही है। बस तो उस गलती को सुधार लो तथा आज, अभी व यहीं, समस्याओं से हमेशा के लिए छुटकारा पा लो।

अब आप कहेंगे कैसे? मैं समझाता हूँ। सबसे पहले तो यह समझो कि आपकी अधिकांश समस्याएं मानसिक हैं, वास्तविक नहीं। और मानसिक समस्याएं ऐसी नहीं हैं, जिनका कोई इलाज हो सके। अत: आप एक काम करो। अपनी दस प्रमुख समस्याओं की सूची बनाओ। और उन्हें तीन कैटेगरी में विभाजित करो। एक वो, जिसका हल आपके हाथ में हो। यानी जिसे आप सोल्व कर सकते हों। उसे तुरंत आप सोल्व करने में भिड़ जाओ। दूसरी वे, जिसे प्रकृति भी आ के सॉल्व नहीं कर सकती। जैसे अपने हाथ का कट जाना, बच्चे का फेल हो जाना, धंधे में नुकसान हो जाना। यह सब वह है, जो हो चुका है। फिर भी आपके मन को यह सब एक समस्या की तरह कचोट रहा है। अब सवाल यह कि जो समस्या भगवान भी नहीं सलटा सकता, वह समस्या कैसे बची? क्योंकि प्रकृति का यह परमनियम है कि यहां जो कुछ भी हो चुका है, उसे रिवर्स नहीं किया जा सकता है। तो फिर क्या करें? कुछ नहीं, उसे स्वीकार लो। और स्वीकारते ही फिर वह समस्या आपके जीवन का हिस्सा हो जाएगी। वह आपकी आज की हकीकत हो जाएगी। फिर वह 'समस्या' बचेगी ही नहीं।

चलो, इस स्वीकारने को समाधान कैसे बनाना, उस हेतु मैं आपको एक खूबसूरत किस्सा सुनाता हूँ। तुर्की में एक महान फकीर हुए थे। उन्होंने अपने ही तरीके का एक गुरुकुल खोल रखा था। वे काफी लोकप्रिय भी थे। अनेक शिष्य उनकी शिक्षा का लाभ उठा रहे थे। और उनकी जाती जिंदगी की बात करूं तो वे अपनी पत्नी और दो बच्चों के साथ बड़ा ही खुशहाल जीवन बिता रहे थे। वे अपने बच्चों से इतना प्यार करते थे कि बच्चे देर से आएं तो भी वे भोजन करने हेतु उनका इन्तजार करते थे। दूसरी ओर उनको किसी कारणवश घर लौटने में देर हो जाए तो बच्चे भी उनके बगैर भोजन नहीं करते थे।

लेकिन एक दिन अचानक दोनों बच्चों के साथ एक हादसा घट गया। खेलते-खेलते दोनों कुएं में गिर गए। चूंकि कुंआ गहरा था, इसलिए दोनों में से एक को भी बचाया न जा सका। उधर फकीर उस दिन कहीं बाहर गया हुआ था, सो घर देर से लौटा। लंबी यात्रा कर लौटा था, इसलिए कुछ थका हुआ भी था। इधर पत्नी निश्चित ही बच्चों की अकाल मृत्यु से काफी दुखी थी, पर वह फकीर की थकान देखते

हुए गम छिपा गई थी। वह चाहती थी कि पहले फकीर कुछ खा ले, फिर उन्हें इस भयानक हादसे के बाबत बताया जाए। सो उसने फकीर का खाना परोस दिया। इधर फकीर यह देख आश्चर्यचकित रह गया! बच्चे घर लौटे नहीं थे, अकेले उसने कभी खाया नहीं था; फिर आज पत्नी यह क्या कर रही है? उसने तुरंत पत्नी से कहा - प्रिये! क्या मैंने बच्चों के बगैर कभी खाया है? तो फिर आज उनके आये बगैर मुझ अकेले को खाना परोसने का क्या तुक?

पत्नी क्या कहे! पर कुछ तो कहना ही था, बात तो सम्भालनी ही थी। सो उसने कहा - दरअसल आप काफी थके हुए हैं और बच्चे अपने मित्रों के साथ दूसरे गांव गये हुए हैं और आने में देरी होने की पूरी-पूरी संभावना है। हो सकता है वे रास्ते में कुछ खाकर भी आएं। ...बस इसलिए मैंने आज आप अकेले का भोजन परोस दिया। फकीर ने कहा - मैं थक अवश्य गया हूँ पर इतना भी नहीं कि बच्चों का इन्तजार तक न कर सकूं। और बच्चे खाकर आएं तो भी क्या, इस उम्र में दोबारा फिर पेट भर खा ही सकते हैं। वे चाहे जितना खाकर आएं या चाहे जितनी देरी से आएं, मेरे साथ अवश्य खाएंगे।

अब तो पत्नी के पास कहने को कुछ नहीं बचा था, सो न चाहते हुए भी उसे बच्चों के साथ घटे हादसे वाली बात फकीर से कहनी ही पड़ी। ऐसी दुख भरी खबर भोजन की थाल पर बैठे अपने पति को सुनानी ही पड़ी। ...पर यह क्या? खबर सुनते ही फकीर ने तुरंत खाना शुरू कर दिया। उसके चेहरे पे बच्चों की मृत्यु का कोई रंज नहीं था। इतना ही नहीं, वह बच्चों के हिस्से का भोजन भी चट कर गया। और उससे भी बड़े आश्चर्य की बात तो यह कि उसने भोजन करते वक्त या करने के बाद भी पत्नी से उस हादसे के बाबत और कुछ नहीं पूछा। यही नहीं, भोजन करने के पश्चात नियमानुसार वह टहलने भी गया और आकर बड़ी शांति से सो भी गया। उधर पत्नी की बच्चे खो देने के कारण वैसे ही नींद उड़ी हुई थी, ऊपर से फकीर के इस व्यवहार ने उसके रातभर के जागने की व्यवस्था अलग से कर दी। लेकिन सुबह उठते ही उसने फकीर को पकड़ा और उनके इस "न समझ में आए ऐसे व्यवहार" का रहस्य जानना चाहा। फकीर ने उसको अपने पास प्रेम से बिठाते हुए कहा - देख प्रिये! जो है उसे प्यार करना, उसके साथ जीना तथा उसका आनंद लेना एक कला

है; परंतु जो खो जाए उस बाबत पूछना, उसका मातम मनाना या उसे याद करना एक रोग है। बच्चे अल्लाह ने दिये थे और अल्लाह ने ले लिये, हमारे जीवन में तो वे वैसे ही मेहमान थे। पर एक बात माननी पड़ेगी कि जबतक वे थे, उन्होंने बड़ा आनंद दिया। लेकिन हमारा आनंद कोई खुदा की किसी एकाध बख्शीश का मोहताज तो है नहीं, हमें तो खुदा ने उस कला का मालिक बनाकर भेजा है जहां हमारे पास 'जब जो हो' उसका हम भरपूर आनंद उठा सकते हैं। और आज भी देखो, मुझे आनंद देने हेतु तुम हो, गुरुकुल है, वहां के बच्चे हैं; कहने का तात्पर्य खुदा का दिया इतना कुछ मेरे पास है कि जो है उसका जीते-जी भरपूर आनंद ले लूं, बस मेरे लिए वही काफी है। अपने पति के मुख से इतनी महान बात सुनकर पत्नी का दुख भी हल्का हो गया।

चलो, अब आप स्वीकार के समस्याओं को समाप्त कैसे करना, यह समझ ही गए होंगे। अब आते हैं तीसरे प्रकार की समस्याओं पे। तो यह वे समस्याएं हैं जिनका आपके पास कोई समाधान तो नहीं है, पर वे वैसी भी नहीं हैं जो रिवर्स नहीं की जा सकती हो या जिन्हें सुलझायी नहीं जा सकती हो। यानी यह दोनों के ठीक बीच की समस्या है। तो कोई बात नहीं, आप इन समस्याओं को उस समय तक के लिए भूल जाओ जब तक कि एकदिन इनका समाधान हाथ न लग जाए। यानी ऐसी समस्याएं प्रकृति की न्याय-व्यवस्था पे छोड़ दो। आप उस बाबत सोचना ही बंद कर दो। बस एकदिन या तो आपके पास उस समस्या का समाधान आ जाएगा या वह अटल बन के आपके सामने खड़ी हो जाएगी। बस, तब यदि समाधान हाथ लगा हो तो समस्या को सॉल्व कर लो और यदि वह अटल हो गई हो तो उसे स्वीकार लो। समझो इतना कि दोनों ही सूरतों में समस्या तो सॉल्व हो ही गई।

खैर, मुझे उम्मीद है कि इस महत्त्वपूर्ण स्पीरिच्युअल साइन्स का विज्ञान आपकी समझ में आ गया होगा। कुल-मिलाकर समस्याओं को तीन कॅटेगरी में बांट लो। जो सॉल्व कर सकते हो उसे सॉल्व कर लो। जो अटल हो गई हो उन्हें स्वीकार लो। और जो दोनों में से किसी भी कॅटेगरी में न आती हो उसे प्रकृति की न्याय-व्यवस्था को सौंपकर भूल जाओ। इसका परिणाम क्या होगा? आप हाथोहाथ समस्याओं से मुक्त हो जाओगे। इसके तात्कालिक दो बड़े फायदे होंगे। एक तो समस्यामुक्त जीवन जीने के कारण आपकी मस्ती व ऊर्जा कई गुना बढ़ जाएगी और

दूसरा समस्याएं प्रकृति पे छोड़ने के कारण प्रकृति का पूर्ण सहयोग भी आपको मिलता रहेगा। और आपका काम आसान हो जाए इस हेतु मैं आपको चार्ट भी बनाकर देता हूँ:

1 समस्याओं की सूची ....

....

....

....

....

समस्याओं के समाधान के लिए किसी एक विकल्प पर टिक करें

☐ **यदि सलटा सकते हों तो ✔ टिक करें**

☐ **अटल हो तो स्वीकार के ✔ टिक करें**

☐ **अगर सलटायी जा सकती है पर अभी नहीं, तो प्रकृति की न्याय–व्यवस्था पे छोड़ के ✔ टिक करें**

2 समस्याओं की सूची ....

....

....

....

....

समस्याओं के समाधान के लिए किसी एक विकल्प पर टिक करें

☐ **यदि सलटा सकते हों तो ✔ टिक करें**

☐ **अटल हो तो स्वीकार के ✔ टिक करें**

☐ **अगर सलटायी जा सकती है पर अभी नहीं, तो प्रकृति की न्याय–व्यवस्था पे छोड़ के ✔ टिक करें**

3 समस्याओं की सूची

....

....

....

....

....

....

समस्याओं के समाधान के लिए किसी एक विकल्प पर टिक करें

☐ **यदि सलटा सकते हों तो ✔ टिक करें**

☐ **अटल हो तो स्वीकार के ✔ टिक करें**

☐ **अगर सलटायी जा सकती है पर अभी नहीं, तो प्रकृति की न्याय-व्यवस्था पे छोड़ के ✔ टिक करें**

4 समस्याओं की सूची

....

....

....

....

....

....

समस्याओं के समाधान के लिए किसी एक विकल्प पर टिक करें

☐ **यदि सलटा सकते हों तो ✔ टिक करें**

☐ **अटल हो तो स्वीकार के ✔ टिक करें**

☐ **अगर सलटायी जा सकती है पर अभी नहीं, तो प्रकृति की न्याय-व्यवस्था पे छोड़ के ✔ टिक करें**

5 समस्याओं की सूची

....

....

....

....

....

....

समस्याओं के समाधान के लिए किसी एक विकल्प पर टिक करें

- [ ] **यदि सलटा सकते हों तो ✔ टिक करें**
- [ ] **अटल हो तो स्वीकार के ✔ टिक करें**
- [ ] **अगर सलटायी जा सकती है पर अभी नहीं, तो प्रकृति की न्याय–व्यवस्था पे छोड़ के ✔ टिक करें**

6 समस्याओं की सूची

....

....

....

....

....

....

समस्याओं के समाधान के लिए किसी एक विकल्प पर टिक करें

- [ ] **यदि सलटा सकते हों तो ✔ टिक करें**
- [ ] **अटल हो तो स्वीकार के ✔ टिक करें**
- [ ] **अगर सलटायी जा सकती है पर अभी नहीं, तो प्रकृति की न्याय–व्यवस्था पे छोड़ के ✔ टिक करें**

7 समस्याओं की सूची

समस्याओं के समाधान के लिए किसी एक विकल्प पर टिक करें

☐ यदि सलटा सकते हों तो ✔ टिक करें

☐ अटल हो तो स्वीकार के ✔ टिक करें

☐ अगर सलटायी जा सकती है पर अभी नहीं, तो
प्रकृति की न्याय–व्यवस्था पे छोड़ के ✔ टिक करें

8 समस्याओं की सूची

समस्याओं के समाधान के लिए किसी एक विकल्प पर टिक करें

☐ यदि सलटा सकते हों तो ✔ टिक करें

☐ अटल हो तो स्वीकार के ✔ टिक करें

☐ अगर सलटायी जा सकती है पर अभी नहीं, तो
प्रकृति की न्याय–व्यवस्था पे छोड़ के ✔ टिक करें

9 समस्याओं की सूची

समस्याओं के समाधान के लिए किसी एक विकल्प पर टिक करें

- ☐ यदि सलटा सकते हों तो ✔ टिक करें
- ☐ अटल हो तो स्वीकार के ✔ टिक करें
- ☐ अगर सलटायी जा सकती है पर अभी नहीं, तो प्रकृति की न्याय-व्यवस्था पे छोड़ के ✔ टिक करें

10 समस्याओं की सूची

समस्याओं के समाधान के लिए किसी एक विकल्प पर टिक करें

- ☐ यदि सलटा सकते हों तो ✔ टिक करें
- ☐ अटल हो तो स्वीकार के ✔ टिक करें
- ☐ अगर सलटायी जा सकती है पर अभी नहीं, तो प्रकृति की न्याय-व्यवस्था पे छोड़ के ✔ टिक करें

कुल-मिलाकर जो भी चीज आपको परेशान कर रही हो उसे समस्या मान के उपरोक्त चार्ट में लिख लें। प्रमुख दस समस्याएं लिख के उसपर तीन में से एक कॉलम में ✔ टिक मार लें। और उसका पूर्ण ईमानदारी से पालन करें। बस फिर यह देख लें कि आप हाथोहाथ तमाम समस्याओं से मुक्त हो गए कि नहीं? हो ही गए...! बस फिर हर छ: महीने में ऐसी प्रमुख दस समस्याओं की सूची बनाते रहिए व हाथोहाथ उनसे निजात भी पाते रहिए। यही नहीं, अपनी राह आसान करने हेतु प्रकृति का साथ भी पा लीजिए। ...चाहे जो हो जाए, अपने मन को हमेशा समस्यामुक्त ही रखें। न आपको हवाएं बहानी है और न चांद-तारे उगाने हैं, फिर भी समस्याओं में जीना कोई शोभा देता है? सो आज, अभी और यहीं से हमेशा के लिए 'समस्यामुक्त' हो जाइए।

समस्याओं का प्राकृतिक सिद्धांत फॉलो करें

वास्तव में समस्या है क्या? वही जिसका समाधान हो। यानी जिसे आप हाथोहाथ सॉल्व कर सकते हों। जिसे सोल्व ही नहीं कर सकते, वह समस्या कैसे हुई? वह तो आपके विचारों की उपज हुई। वह तो आपकी कमजोर मानसिकता का द्योतक हुई। अत: आज के बाद तय कर लो कि मानसिक कमजोरियों का शिकार नहीं ही होओगे। समस्या उसे ही मानोगे जिसका आपके हाथों में समाधान हो। और जिसका समाधान हो, वह समस्या बची नहीं रह जाती है। उसे तो आप सोल्व कर ही लेते हैं। और जिन्हें सॉल्व नहीं कर सकते उन्हें समस्या मानना बंद कर दो। उसे प्रकृति की न्याय-व्यवस्था पे छोड़ के बेफिक्र हो जाओ। यानी जीवन में कोई समस्या है, यह आज, अभी और यहीं से मानना बंद कर दो। और हाथोहाथ मुक्त आकाश में उड़ने का अनुभव करो। यही प्रकृति की हर मनुष्य के लिए रचना है। तथा यही सारे महान लोगों की महानता के पीछे का राज है। बाहर से देखने पर आपको लगता है कि उन्होंने बड़ा कष्टपूर्ण जीवन गुजारा। लेकिन वास्तव में उन्होंने कष्टों को कष्ट माना ही नहीं। वास्तव में तो वे अपनी सारी समस्याएं प्रकृति को सौंपकर मस्ती में जीते रहे। यह तो आपमें सायकोलॉजिकल ज्ञान का अभाव है जो आपको उनके जीवन में समस्याएं दिख रही हैं और बेफिक्री दिख नहीं रही है। अत: आप महान

बनना चाहते हो तो समस्याएं कुदरत को सौंपकर चैन की वंशी बजाना शुरू कर दो। बाकी का कार्य कुदरत स्वयं कर देगी।

खैर, इसके पीछे बहुत बड़ा स्पीरिच्युअल साइन्स है। पहली बात तो यह मत समझो कि आप अकेले जी रहे हैं। इस धरती पर सात सौ करोड़ से ज्यादा लोग जी रहे हैं। और प्रकृति की न्याय-व्यवस्था के अधीन हरपल करोड़ों घटनाएं घट रही हैं। अब वे घटनाएं क्यों व किसके लिए घट रही हैं, इसका तो कोई ज्ञान आपको है नहीं। और आपकी कमजोर मानसिकता के कारण आप यह समझ बैठते हैं कि जो कुछ भी दुखद घटनाएं घट रही हैं, वे आपको घेरने के लिए ही घट रही हैं। परंतु वास्तव में ऐसा है नहीं। अधिकांश घटनाएं किसी और को लपेटे में लेने हेतु घट रही होती हैं। यह तो आप बेकार में पार्टी बनकर दूसरे की समस्या को अपनी समस्या बना लेते हैं। फिर महीनों व सालों उसका टेन्शन पालते हैं। और फिर अंत में मालूम पड़ता है कि टेन्शन पाला पर समस्या तो आयी ही नहीं। आप भी गौर करना, अधिकांश समस्याएं होती नहीं हैं, आप उनका व्यर्थ मानसिक टेन्शन पालते रहते हैं। यानी समस्या का अस्तित्व आपके मानस पर तो होता है, परंतु वास्तविकता में उसका कोई अस्तित्व नहीं होता है। समझो इतना कि मानसिक तौरपर समस्याओं से घिरे रहोगे और उसका टेन्शन पालोगे, तो जीवन टेन्शन पालने में ही गुजर जाएगा। फिर कुछ परिणामकारी जीवन में कर कैसे पाओगे?

अतः प्रकृति का यह परमसिद्धांत ग्रहण कर ही लो। आप समझ ही लो कि उसका कोई उद्देश्य मनुष्यों को समस्याएं देने का नहीं है। और वहां से आयी समस्या का समाधान आपके हाथ में होता ही है। अतः जिस चीज का समाधान नहीं है, उसे समस्या मानो ही मत। हाथोहाथ एक दृढ़ रिसोल्यूशन पास करके उसे प्रकृति को सौंप दो। वह समस्या जिसकी होगी उस तक उसे प्रकृति पहुंचा देगी। आप बीच में व्यर्थ परेशान होना बंद करो। बस प्रकृति को समस्या सौंपते ही जादू हो जाएगा। आप हाथोहाथ चिंतामुक्त हो जाएंगे। दूसरा यह कि इससे अधिकांश समस्याएं आप तक आएंगी ही नहीं। कुल-मिलाकर अपना जीवन हर तरीके से प्रकृति को सौंप दो। आपकी परम भलाई का दूसरा कोई मार्ग नहीं। और तभी आप एक चिंतामुक्त जीवन गुजार सकते हैं। बस तो इस बाबत एक रिसोल्यूशन पास कर लो। फिर जब

भी समस्या का आभास हो, इसका जाप मंत्र की तरह उपयोग कर समस्या प्रकृति को सौंप दो। और यदि समस्या का समाधान हो तो समस्या को सॉल्व कर लो। परंतु आप हरहाल में हमेशा चिंतामुक्त ही रहो।

स्वयं का जाप मंत्र

....

....

....

....

....

....

....

घर बैठे–बैठे सबके मन की बात जान लो

आप जानते नहीं हैं कि आपके भीतर एक कलेक्टिव कोन्शियस माइंड भी है। और यह मन वो है जो सबसे कनेक्टेड है। अपने इस मन के जरिए जिन्हें भी आप अच्छे से जानते हैं, उनके दिल की बात पकड़ सकते हैं। करना आपको सिर्फ इतना है कि एकांत में आंख बंद कर लगातार उस व्यक्ति का मनन करना है, जिसके मन की आप बात जानना चाहते हैं। मनन इतने गहरे तक करना है कि कुछ समय के लिए आप अपना अस्तित्व ही भूल जाओ। बस तत्काल आप उसके दिल की बात जान लेंगे। आप जान लेंगे कि वह आपके लिए कितना सकारात्मक है तथा कितना नकारात्मक है। यानी आप उसकी फ्रिक्वेन्सी पकड़ लेंगे। और कई बार आप अन्यों की फ्रिक्वेन्सी पकड़ते भी हैं। बस तो इस एक एप्लीकेशन के जरिए जब चाहो तब दूसरे के मन की फ्रिक्वेन्सी पकड़ लो, वह भी घर बैठे। फिर भले ही उस व्यक्ति से मिले आपको सालों क्यों न हो गए हों? फिर वह आपसे आज हजारों किलोमीटर दूर ही क्यों न बैठा हुआ हो? आपके कलेक्टिव कोन्शियस माइंड को यह सब कोई बाधा नहीं। पर हां, इस एप्लीकेशन के दरम्यान आप बीच में नहीं ही आने चाहिए।

उस व्यक्ति बाबत आपकी पुरानी यादें या आपके जाती विचार बीच में नहीं ही आने चाहिए। तभी आप उस व्यक्ति की फ्रिक्वेन्सी पकड़ सकते हैं। यूं भी दुश्मन को दोस्त व दोस्त को दुश्मन होते यहां देर ही कहां लगती है? ऐसे में किसी के पिछले व्यवहारों को आधार बनाकर उसके बाबत आज निर्णय लेना, वैसे ही कोरी मूर्खता है। यहां एक बात और समझ लो। इस एप्लीकेशन के जरिए आप सिर्फ उसी व्यक्ति की फ्रिक्वेन्सी पकड़ सकते हैं, जिसे आप अच्छे से जानते हैं। तथा वह भी सिर्फ उसकी फ्रिक्वेन्सी पकड़ सकते हैं। इसे ही टेलीपैथी भी कह सकते हैं। टेलीपैथी यानी दो मनुष्यों के बीच का वायरलेस कम्यूनिकेशन। आपने भी सुना होगा कि एक मां हजारों मील दूर बैठे अपने बच्चे पर गुजर रहे बुरे वक्त का अहसास घर बैठे कर लेती है। यह बड़ा आसान है। वायरलेस कम्यूनिकेशन एकदम सटीक ही है। बस तो फिर इसका उपयोग करना सीख जाओ। क्योंकि दूसरे के मन में क्या चल रहा है, यह जानने-मात्र से आपका जीवन और भी आसान हो जाएगा।

दूसरे के मन में अपने प्रति सकारात्मकता जगाओ

अब जब आप अपने कलेक्टिव कोन्शियस माइंड के जरिए दूसरे के मन की फ्रिक्वेन्सी जान सकते हैं तो निश्चित ही उसकी फ्रिक्वेन्सी को बदल भी सकते हैं। और चूंकि ये दोनों कार्य होते कलेक्टिव कोन्शियस माइंड के जरिए है, अत: इसकी विधि भी एक ही है। इस हेतु कोई भिन्न प्रैक्टिकल एप्लीकेशन नहीं है। आपका बॉस हो या आपकी प्रेमिका, आप घर बैठे उसके मन में अपने लिए सकारात्मकता जगा ही सकते हैं। बस इस हेतु एकबार फिर एकान्त में बैठकर उस व्यक्ति के खयालों में खो जाना है। आंख बंदकर उसका लगातार अच्छे भावों से मनन करना है। लगातार ऐसा करने पर सामने वाले के मन में आपके लिए सकारात्मकता जागना प्रारंभ हो जाएगी। बस मनन पूरी गहराई से तथा परफेक्शन के साथ होना चाहिए। मनन करते वक्त अपने को भुलाकर के सामने वाले में डूबे होने चाहिए। खैर, यूं भी अब आप इस किताब के अंतिम चरण में हैं। अब तक आप स्पीरिच्युअल साइन्स की अच्छीखासी गहराइयों को ग्रहण कर ही चुके हैं। इसलिए अब हरेक एप्लीकेशन के बारे में विस्तार से बताने की जरूरत नहीं है। सो उम्मीद है कि आपने यह एप्लीकेशन अच्छे से समझ ली

होगी। मुझे यकीन यह भी है कि आप इस उपयोगी एप्लीकेशन का अच्छे से फायदा उठा भी लेंगे। यह ऐसी एप्लीकेशन्स है जिस बाबत कोई रिसोल्यूशन पास नहीं करना है। क्योंकि यह अपनेआप में एक विधि है।

आप अपने एक दिन के मालिक बनो

आप यह समझते हैं कि यह जीवन आपका है। इसकी पूरी जिम्मेदारी आपके सर पे आ पड़ी है। परंतु वास्तव में ऐसा है नहीं। आपके जीवन की जिम्मेदारी तो प्रकृति की ही है, यह तो आप उसे सौंप नहीं रहे हैं। लेकिन सौंप दो, क्योंकि उसी में आपकी भलाई है। और मैं आपको इसकी बड़ी ही सरल प्रैक्टिकल एप्लीकेशन देता हूँ। आप रोज सुबह उठकर इतना तय करो कि आज का दिन मेरा है, बाकी का जीवन प्रकृति का। अत: मैं आज के दिन की जवाबदारी अपने सर लेता हूँ। और बस फिर घर, ऑफिस, आराम, मित्र मिलाकर जो कुछ भी अर्जेन्ट है, वह प्लान करके श्रेष्ठ तरीके से निपटा लो। जो कुछ भी आपके आज के कर्तव्य हैं, उन्हें सलटा लो। जो कुछ भी आपका मन माने, उस हिसाब से आज जी लो। तय इतना करो कि आज के दिन का मालिक मैं हूँ और मैं इसे हर पैमाने पर श्रेष्ठ ही गुजारूंगा। और यहीं पर रुक जाओ। बचे हुए जीवन की चिंता ही मत करो। क्योंकि वह तो आपका है नहीं, वह तो प्रकृति का है। हां, आज के दिन का कुछ समय भविष्य की प्लानिंग में बिताना पड़े तो बिताओ, क्योंकि है तो वह भी आपके 'आज' का ही हिस्सा। करो सिर्फ इतना कि उसका परिणाम प्रकृति पर छोड़ दो। यानी भविष्य में उसका परिणाम आपके मन-मुताबिक आएगा या नहीं, वह प्रकृति की न्याय-व्यवस्था पे छोड़ दो। अर्थात अपने अधिकार को आज के दिन के ऊपर फैलाओ ही मत। बस आज के एक दिन को अपना मानो तथा हर सुबह उसे श्रेष्ठ गुजारने की प्लानिंग कर लो। और चैन से सो जाओ। फिर अगली सुबह आएगी। फिर एक नया दिन मिलेगा। फिर उस दिन का मालिक अपने को मानो। फिर सुबह-ही-सुबह उसे श्रेष्ठतम गुजारने की प्लानिंग कर लो। इस तरह एक-एक दिन कर आप पूरा जीवन श्रेष्ठ गुजार लेंगे। इससे आपको प्रकृति का भी नियमित सहयोग मिलता रहेगा। और इसी के चलते प्रकृति एक दिन आपको सफलता के शिखर पर भी बिठा ही देगी। करो सिर्फ

इतना कि अपने को एकदिन का ही मालिक समझो। उस एक दिन की चिंता आप करो तथा बचे हुए जीवन की चिंता प्रकृति को सौंप दो। चिंतामुक्त, हसीन व सफल जीवन गुजारने का यह एक सीधा उपाय है। बस तो इस हेतु एक दृढ़ रिसोल्यूशन पास कर लो। और उसे अपनी हर सुबह का जाप मंत्र बना लो। और उसके जरिए अपने अधिकार-क्षेत्र को एक दिन तक समेट लो। फिर हर नयी सुबह एक नये दिन के मालिक हो जाओ। जीवन में कितनी सुबह आनी है, इसकी भी चिंता मत करो। कल का सब प्रकृति पे छोड़ के आज का दिन श्रेष्ठ गुजारो। देखो, आपका जीवन क्या-से-क्या हो जाता है...।

स्वयं का रिसोल्यूशन

....

....

....

....

....

....

....

स्टेप-3 का सार

संक्षेप में स्टेप-3 का सार कहूं तो वह इतना ही है कि आपके जीवन की वास्तविक बागडोर प्रकृति के हाथों में है। और जीवन की बागडोर उसे सौंपने में ही समझदारी है। सभी महान लोगों ने यही किया है। मुझे यकीन है कि आप भी यह कमाल कर दिखाएंगे। बस एक महत्त्वपूर्ण बात ध्यान रख लेना। बागडोर प्रकृति को सौंपना, मतलब सौंप ही देना। फिर अपनी चिंता स्वयं नहीं ही करनी है। यदि एकबार भी अपनी चिंता की तो प्रकृति हाथ खींच लेगी। क्योंकि वह तबतक आपकी चिंता नहीं करेगी जबतक आप स्वयं अपनी चिंता कर रहे होंगे। प्रकृति इसमें रत्तीभर मिलावट नहीं स्वीकारने वाली है। शरणागति तथा पूर्ण शरणागति ही प्रकृति के सहयोग पाने का

एकमात्र उपाय है। और उसके सहयोग के बिना जीवन का मजा आने वाला नहीं है। सो निरंतर शरणागति की ओर बढ़ते चले जाएं। जितनी भी प्रैक्टिकल एप्लीकेशन्स दी गई हैं, उनका भरपूर फायदा उठाएं। और अपने हसीन जीवन की नींव डाल दें।

खैर, जब इतना समझे हो तो स्पीरिच्युअल साइन्स की एक गहरी बात और समझ लो। क्योंकि दुनिया में सबसे ज्यादा भ्रम धर्म को लेकर ही है। सो इस संबंध में स्पष्ट कर दूं कि आपके संप्रदायों या उनके शास्त्रों को धर्म मानने की भूल मत कर बैठना। अधिकांशों ने यह भूल की है और इसीलिए अधिकांश लोग जीवन के धक्के खा रहे हैं। सो, धर्म सिर्फ और सिर्फ प्रकृति की रचना है। और धर्म का उद्देश्य सिर्फ और सिर्फ मनुष्य का उद्धार करना है। तथा मनुष्य का उद्धार प्रकृति के दायरे में ही संभव है। ऐसे में सवाल यह कि आस्तिक कौन है? तो प्रकृति की निगाह में आस्तिक वही है जिसने अपने शक्तिशाली मनों का प्रकृति से कनेक्शन बिठा लिया हो। इस लिहाज से यह किताब आपको एक सच्चा आस्तिक बनाने हेतु ही है। फिर सवाल उठता है कि यह धर्मस्थलों तथा धर्मशास्त्रों के भरोसे जीवन गुजारने वाले कौन हैं? क्योंकि सामान्य मान्यता में तो उन्हें ही आस्तिक कहा जाता है। तो इस संबंध में विवेकानंद की कही एक बात आपसे कहता हूँ। उन्होंने आस्तिक की परिभाषा देते हुए कहा था कि जो अपने भरोसे जी रहा हो... वह आस्तिक तथा जो दूसरे किसी के भरोसे जी रहा हो, वह नास्तिक। अर्थात धर्मस्थलों व धर्मशास्त्रों के भरोसे जीने वाला तथाकथित आस्तिक वास्तव में नास्तिक ही है और इसीलिए तो उनके हाल खराब हैं। सो जीवन बनाना चाहते हो तो प्रकृति की शरणागति स्वीकार के सच्चा आस्तिक बनना ही पड़ेगा। और यह तभी संभव है जब सारे बाहरी कनेक्शन आप काट लो। यानी आप पक्के नास्तिक बन जाओ। और गौर से समझेंगे तो स्टेप-1 तथा स्टेप-2 आपको पक्का नास्तिक बनाने हेतु है। अपनी जवाबदारी स्वयं उठाते सिखाने हेतु है। स्टेप-1 तथा स्टेप-2 सारे बाहरी आसरों से कनेक्शन काटने हेतु है। आपको स्वतंत्रता के परमशिखर पर बिठाने हेतु है। कुछ देर अपने बलपर हाथ-पांव मारने हेतु है। और जब अपने बलपर हाथ-पांव मारने से कुछ हासिल नहीं होगा, तब आपको प्रकृति की परमसत्ता का महत्त्व समझ में आएगा। तथा तब कहीं जाकर आप प्रकृति की शरणागति स्वीकार के पक्के आस्तिक हो पाएंगे।

कुल-मिलाकर समझें तो प्राय: लोगबाग तथाकथित आस्तिक हैं। और यही लोग प्रकृति से पूरी तरह से डिसकनेक्टेड हैं। और इसीलिए उनके जीवन का यह हाल है। लेकिन सवाल यह कि ऐसे लोगों का जीवन सुधरे कैसे? तो जीवन महान तो प्रकृति की शरणागति से ही होगा। लेकिन हजारों के भरोसे जीने वाला सीधे प्रकृति के भरोसे जीना प्रारंभ नहीं कर सकता है। उसे पहले अपने हजारों भरोसों से जान छुड़ानी होगी। ...तभी वह प्रकृति पे भरोसा कर पाएगा। इस लिहाज से समझें तो यह एक सम्पूर्ण किताब है। यह किताब स्टेप-1 तथा स्टेप-2 में तथाकथित आस्तिक को पक्का नास्तिक बनाती है। और फिर स्टेप-3 में उसे पक्का आस्तिक बनाती है। क्योंकि स्पीरिच्युअल साइन्स का सिद्धांत सीधा व साफ है। तथाकथित आस्तिक बिना नास्तिक हुए एक पक्का आस्तिक कभी नहीं हो सकता है। इसीलिए अधिकांश महान लोग नास्तिक या पक्के आस्तिक होते हैं। उम्मीद है कि यह पूरा विज्ञान आप समझ गए होंगे। धर्म के बाबत भी आपको अब पूरी स्पष्टता आ गई होगी। सो बस, आपको आपके हसीन जीवन हेतु शुभकामनाएं देता हूँ तथा साथ ही अपनी कलम को यहीं पे विराम भी देता हूँ।

दीप त्रिवेदी द्वारा लिखित अन्य बेस्टसेलर्स

एक ऐसी रोमांचक दास्तान जिसमें रोमांच भी भरपूर है और सीखने हेतु शानदार सबक भी क्योंकि कृष्ण से बड़ा तो कोई गुरु ही नहीं। छह भागों में लिखित ''मैं कृष्ण हूँ'' कृष्ण के जीवन पर रिसर्च बेस्ड एक किताब है जिसमें वर्णित कृष्ण का सायकोलॉजिकल ज्ञान आपका मन-जीवन सबकुछ बदल देगा।

(संपूर्ण छह भाग अलग-अलग एवं कंप्लीट सेट में उपलब्ध)

दीप त्रिवेदी द्वारा लिखित किताब **'मैं मन हूँ'** अपनी एक अलग ही पहचान बना रही है। इस किताब में दीप त्रिवेदी ने मन के रहस्यों पर से पर्दा उठाया है तथा वे इसमें जीवन के हर पहलू जैसे परिवार, व्यवसाय, करियर से संबंधित प्रश्नों के उत्तर भी देते हैं। अब तक इस किताब को लाखों लोगों ने न सिर्फ पढ़ा है बल्कि इसे समझा व अपने जीवन में उतारा और हाथोंहाथ परिवर्तन महसूस किया।

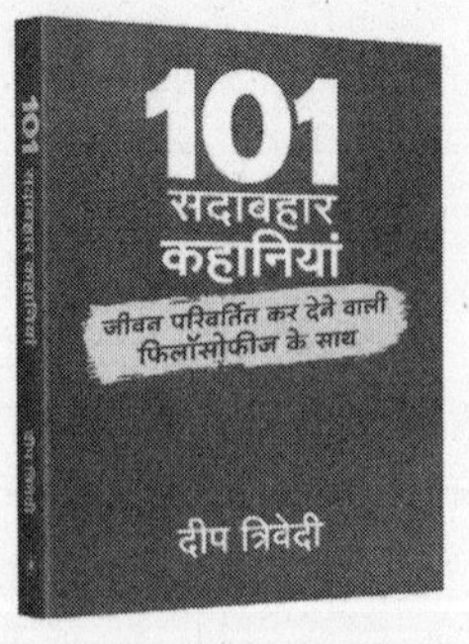

''**101 सदाबहार कहानियां**'' रोचक किस्सों और चुटकुलों का वह संग्रह है जो पाठकों को महापुरुषों, दार्शनिकों एवं वैज्ञानिकों के रोमांचक दुनिया की सैर पर ले जाता है। इनमें हास्य और व्यंग्य के अद्भुत मिश्रण के साथ प्रस्तुत किये गए सायकोलॉजिकल पहलुओं को समझ लेने पर आपके जीवन में आवश्यक सकारात्मक परिवर्तन आएगा।

उपरोक्त सभी किताबें अंग्रेजी, हिंदी, मराठी और गुजराती में www.aatmanestore.com के साथ-साथ सभी प्रमुख बुक स्टोर्स, ई-कॉमर्स साइट्स और दीप त्रिवेदी ऐप में ई-बुक और ऑडियोबुक फॉर्मेट में उपलब्ध हैं।